9인의 경영 구루에게 듣다

헤르메스 CEO

박봉규

9인의 경영 구루에게 듣다

헤르메스 CEO

박봉규 지음

코로나 위기 기회일 수 있다

위기를 기회로 바꾼 대한민국 경영의 신!

구자관 김영철 김형진 남민우 문국현 박기주

윤영달 이승한 주영섭을 만나다

Recommendation

위기 상황일수록 리더의 역할이 중요합니다

오명(吳明)

한국뉴욕주립대학교 명예총장
전)부총리 겸 과학기술부장관
전)건설교통부장관, 체신부장관

세계는 지금 코로나19로 대전환기를 맞고 있습니다. 급작스럽게 찾아온 비대면 시대는 우리의 일상적인 생각과 습관을 완전히 바꾸어 놓고 있습니다.

경제 성장의 수레바퀴는 멈추어 선 지 오래여서 새로운 방법과 방향을 모색하지 않으면 성장 동력을 확보하기가 힘들게 되었습니다. 하지만 우리 민족이 어떤 민족입니까? 최빈국에서 지금은 IT 강국으로 성장했고, 반도체, 디스플레이, 5G, 선박, 자동차, 콘텐츠 강국으로 자리매김하고 있습니다. BTS라는 아이돌 그룹이 세계 젊은이들을 열광시키고, 우리나라 영화계는 세계적 권위의 영화제에서 속속 수상 소식을 전하며 우리 국민에게 희망을 주었습니다. 최근에는 플랫폼 기업들이 세계로 진출하고 있습니다. 이런 와중에 IMF에서 발표한 국가별 GDP 순위에서 우리나라가 10위를 차지했습니다. 코로나라는 위기는 세계 속에 한국의 방역과 국민성을 알리는 계기가 되었습니다. 제가 늘 강조했듯이 우리나라는 우리가 생각하는 것 이상으로 위대한 나라입니다.

위기 상황일수록 리더의 역할은 더욱 중요합니다. 조직을 살리기도 하고 죽이기도 하니까요. 어려울수록 리더는 시대를 앞서는 시선으로 새로운 먹거리를 창출하고 구성원들에게 무한한 가능성과 희망을 불어넣어 주어야 합니다. 우리의 경제가 여기까지 성장할 수 있었던 것은 불굴의 정신으로 도전해 성취한 수많은 리더가 있었기 때문입니다.

박봉규 이사장과 코리아씨이오서밋을 10년 넘게 함께해 오면서 훌륭한 CEO들을 많이 만났습니다. 그들은 무에서 유를 창조하며 조직을 성장시키고 나라의 경제를 이끌었습니다. 이 자리를 빌려 그들에게 무한한 감사와 존경을 표합니다. 리더로서, 그리고 한 인간으로서 그들의 고뇌와 불굴의 정신을 뒷 세대가 배우도록 하는 것도 앞 세대의 도리가 아닐까 생각합니다. 그래서일까요, 박봉규 이사장의 출간 소식이 반가웠습니다.

너무나 훌륭하신 경영 리더들의 이야기를 한 권으로 볼 수 있게 되어 감사한 마음입니다. 아홉 분의 경영 구루 이야기를 통해 젊은 창업자, 벤처 및 스타트업 기업인, 각계 CEO들이 희망을 갖고 위기 속에서도 도전하는 정신을 가지기를 바랍니다. 이 기록이 위대한 대한민국의 저력을 다시 한 번 발휘하는 데 작은 불씨가 되기를 기대합니다.

Prologue

현대판 경영의 신을 만나다

박봉규(朴鳳圭) | 코리아씨이오서밋 이사장
월드블록체인서밋 마블스 회장

코리아씨이오서밋Korea CEO Summit은 대한민국 대표 CEO 커뮤니티입니다. 18년간 CEO를 대상으로 창조 경영, 상상 경영, 마음 경영, 문화 경영을 전파하고 실현시키기 위해 오직 한 길을 걸어왔습니다.

2080 CEO 포럼, 포럼스, 창조 혁신 경영 시마CIMA, 예문사철藝文史哲 인문학 포카4CA, 창조도시문화융합 산업 콘퍼런스 씨콘CICON, 한중 창조도시 문화대전 동방지혜東方智慧, 경영의 신 헤르메스HERMES, 월드 블록체인 서밋 마블스MARVELS, 씨아이콘C'ICON, KCS 엑셀러레이팅 & 서밋포럼 등 다양한 포럼과 강연회, 콘퍼런스 등을 개최해 오면서 8,000개 회원사의 리더들에게 창조적 생각과 무한한 상상력, 영감을 불어넣고, 새로운 정보와 지식을 공급 · 공유하며 그들이 리더로서 부족함이 없도록 그들과 동행했습니다.

미래를 보는 남다른 시각과 통찰력, 도덕적인 가치관, 과감한 실행력으로 조직을 이끌어야 하는 리더는 늘 새로운 것을 갈망합니다. 코리아씨이오서밋은 CEO들의 그런 요구에 부응해 커뮤니티를 통해 서로를 비춰보며 배우고, 다양한 경험을 나눌 수 있는 기회의 장이 되어 왔습니다.

그중에서 '헤르메스HERMES'는 대한민국 경제 성장에 큰 기여를 했거나 그에 준하는 인물들을 선정하여 만든 네트워크 커뮤니티입니다. 올림푸스 12주신 중의 하나인 헤르메스는 신의 세계, 인간 세계, 지하 세계를 자유자재로 넘나드는 신으로 '상업의 신', '경영의 신', '다산의 신', '지혜의 신' 등으로 불립니다. 코리아씨이오서밋 헤르메스에서는 기업가 정신을 바탕으로 경영에서 탁월한 성과를 이뤄낸 현대판 경영의 신들을 치하하고, 그들의 경영 노하우와 경영 철학, 행동력을 탐구합니다.

물방울로 바위를 뚫은 기업인 구자관 삼구아이앤씨 책임대표사원, 사람을 키우는 리더 김영철 바인그룹 회장, 자강불식自彊不息의 경영인 김형진 세종텔레콤 회장, 1세대 벤처 신화 남민우 다산네트웍스 회장, 피터 드러커식 혁신 경영의 대가 문국현 한솔섬유 대표이사(전 유한킴벌리 회장), 긍정과 열정의 게임 체인저 박기주 케이디파워 · 스마트파워 의장, 아트 경영의 선구자 윤영달 제과그룹 크라운해태그룹 회장, 창조 경영의 아이콘 이승한 넥스트앤파트너스Next & Partners그룹 회장(전 홈플러스그룹 회장), 한국의 세계화를 설계하는 리더 주영섭 한국디지털혁신협회 회장(전 중소기업청장 · ㈜현대오토넷 대표이사) 등 아홉 분의 경영 구루를 모시고 이들이 기업을 일군 일화와 기업의 가치, 기업가 정신을 들었습니다.

이들의 경험은 차세대 리더의 귀감이 되어 우리 경제를 발전시키는 밑거름이 되어줄 것입니다. 헤르메스 CEO들의 리더십과 경영 철학, 위기 극복 경험이 많은 사람과 공유된다면 산업 현장에서 살아남기 위해 고군분투하는 리더들에게 희망이 되고 길잡이가 될 것입니다.

이에 코리아씨이오서밋은 탁월한 경영 성과로 우리 경제 발전을 주도해온 헤르메스 CEO들의 기업가 정신과 경영 철학, 위기 극복 능력을 기록으로 남겨 미래를 이끌어갈 젊은 세대와 스타트업, 현장에서 어려움을 겪고 있는 수많은 CEO와 그 경험을 공유하고자 합니다. 헤르메스 CEO들이 걸어온 길과 경영 방식은 경제이론서에서 경험하지 못한 의미 있는 정보를 제공할 것입니다. 또한 그들의 경험을 통해 위기를 돌파해나갈 용기와 지혜를 얻게 될 것입니다.

CEO의 자리는 고독한 자리입니다. 막중한 책임감과 중압감을 버텨내며 결단해야 하는 엄중한 자리입니다. 그들이 일하는 데에는 24시간도 모자랍니다. 누구보다 열심히 일하고, 공부하고, 고민해야 하는 자리입니다. 일신의 영달이 아닌 조직을 우선해야 하는 자리입니다. 비록 먹고살기 위해 시작한 일이라 할지라도 조직이 점점 커지게 되면 자신을 버리고 조직을 위해 자기의 능력과 그릇을 키워나가야 하는 자리입니다. 하지만 세상은 그들의 노고보다 그들의 허물을 먼저 봅니다. 그만큼 외롭고 쉽지 않은 자리입니다.

이들의 노력이 없었다면 우리나라가 이만큼 잘사는 나라가 되지는 못했을 것입니다. 치열한 경쟁 속에서 기업들이 살아 남아준 덕분에 우리도 일자리를 찾아 윤택한 삶을 누릴 수 있었습니다. CEO들의 열정과 노력은 칭송받고 인정받아야 마땅합니다.

불확실성의 시대, 코로나19로 세상은 더욱 변화를 가속화하고 있습니다. 하지만 필자가 만난 헤르메스 CEO들은 세상을 비관하지 않았습니다. 그들은 위기 속에서도 기회를 찾았고, 희망을 보았습니다. 어떤 CEO는 위기를 만나면 더욱 오기가 생긴다고 했고, 어떤 분은 지금이 기회라고 말했습니다. 그들은 덤불 속에서도 길을 찾아내는 사람들이었습니다. 그들의 긍정적 사고와 패기, 진취적인 실행력은 감동을 주기에 충분했습니다.

CEO마다 성장 환경과 성격이 다르듯 그들의 리더십에도 분명 차이가 있었지만, 그들을 성공으로 이끈 저변에는 공통점 또한 있었습니다. 아홉 분의 헤르메스 CEO들의 목소리를 통해 다르지만 같고, 같지만 다른 리더십을 경험하시길 바랍니다.

Contents

한국의 세계화를 설계하는 리더 *p*319

– 주영섭 한국디지털혁신협회 회장(전 중소기업청장 · ㈜현대오토넷 대표이사)

9인의
경영 구루에게
듣다

헤르메스 CEO

물방울로 바위를 뚫은 기업인

구자관(삼구아이앤씨 책임대표사원)

현)

- 삼구아이앤씨 책임대표사원
- 제5대 도산아카데미 이사장

전)

- 삼구아이앤씨 대표이사
- 한국HR서비스협회 회장
- 한국경비협회 회장

- 전경련 국제경영원 최우수 경영인상(2003)
- 국민훈장 동백장(2007)
- 신지식인경영대상(2011)
- 대한민국 창조경영인상(2013)
- 한국경영학회 최우수 경영대상(2018)
- 서강경제대상(2018)

분수를 아는 사람

수장천석水將穿石! 부드럽고 겸손한 물이 바위를 뚫는다는 뜻으로, 이 구절은 2020년 삼구아이앤씨의 경영 지침이자 삼구아이앤씨가 걸어온 길을 잘 대변하는 말이기도 하다. 먹고살기 위해 남의 집 변기를 닦아주던 작은 일이지만 불평하지 않고 묵묵히 걸어온 결과 1조 기업으로 성장했으니 기업 성장 과정에 얼마나 큰 노력과 많은 눈물이 있었을지 짐작이 되지 않을 정도이다.

필자는 수장천석을 이뤄낸 삼구아이앤씨의 창업자 구자관 책임대표사원을 만나기 위해 날씨가 매섭던 12월 어느 날 삼구아이앤씨 본사가 있는 서울 청계천 시그니처 타워를 찾았다. 시그니처 타워 6층에 자리 잡은 삼구아이앤씨는 1조 기업이란 명성과는 달리 아담하고 아늑한 분위기였다. 회사가 크지 않은 것은 회사 사무실이 여기저기 흩어져 있어서이기도 하지만 소탈한 창업자의 경영 철학 때문이라고 하는 것이 더 맞을 것이다. 중역들의 방이 클 필요가 없다는 구자관 창업자의 소신 때문에 본인이나 사장 등 임원들의 방은 전부 크기가 똑같고, 중역들의 집무실은 책상 하나에 의자 하나 정도 들여놓을 수 있는 넓이에 창문도 없었다.

"나 같은 사람이 방을 넓게 쓰면 직원들의 자리가 좁아지잖아요. 중역들은 자리를 넓게 쓸 필요가 없어요. 일을 하는 직원들이 더 넓게 써야 합니다."

너무도 당연하게 말씀하셔서 순간 필자의 상식이 잘못되었는가 착각할 정도였다. 삼구아이앤씨에서는 전망이 좋고 밝고 넓은 공간은 직원들의 쉼터로 할애하고 있었다. 중역들은 손님이 찾아오면 회사 내에 있는, 4~6명 정도 들어갈 수 있는 서너 개의 응접실을 활용하고 있었다. 고정관념을 깨는 신선한 충격이었다.

삼구아이앤씨에서 구자관 창업자의 직함은 '책임대표사원'이다. 책임이라는 단어가 가장 먼저 눈에 들어온다. 직원 3만 5천 명에 1조 6천억 원의 매출을 올리는 기업 창업자의 직함이라고 하기엔 너무도 소탈하여 분명 거기에는 깊은 뜻이 있으리란 기대감이 들었다.

"저희 회사 직원들은 외부에 나가 일을 하는데, 현장에 있는 시설이나 물건들은 하나도 저희 회사 것이 없습니다. 전부 남의 것이죠. 남의 물건을 관리만 해주는 것이니 우리 직원들은 물건이나 시설에 대한 책임만 있지 권리가 없습니다. 그러니까 무서워서 손을 댈 수가 없죠. 일하다가 깨뜨리거나 망가뜨리면 책임이 돌아옵니다. 직원들이 그것 때문에 스트레스를 받으면 소신껏 일할 수가 없습니다. 회사에서 누군가 직원들을 대신해 책임져줄 사람이 필요하다고 생각했습니다. 대신 책임져주는 사람이 있다면 직원들이 안심하고 일할 수 있지 않겠습니까? 그래서 직원을 대표해서 책임을 지는 사람이라고 자처하고 그때부터 저를 '책임대표사원'이라고 이름 지었습니다. 제가 유일하게 쓰는 이 이름은 20년 넘게 쓰고 있어요. 제 명패에도 제 방에도 그렇게 되어 있고 저희 회사 전체가 저를 책임대표사원이라고 부릅니다."

책임이란 단어의 무게는 가볍지 않다. 될 수 있으면 피하고 싶고, 누군가에게 의탁하고 싶은 것이 책임이 가진 무게 때문이다. 달리 말하면 대신 책임을 져준다는 말은 천군만마를 얻은 듯 안정감을 주고 힘이 되어 주는 것이다. 회사를 대표하여 모든 책임을 진다는 것은 CEO의 기본적인 의무이지만 가장 기본적인 것을 직함에 넣어 강조하니 원칙을 지키겠다는 창업자의 경영 철학이 단번에 읽혔다.

구자관 책임사원은 늘 하는 말씀이 있다. 분수를 알아야 한다는 것이다. 분수를 알아야 자기를 볼 수 있다는 말을 강조한다. 그의 그런 일면은 첫 대면부터 드러난다. 바로 90도에 가까운 인사이다. 몇 번을 만나도 한결같은 그의 인사법이다. 덕분에 인사를 받는 사람도 함께 깊숙이 머리를 숙이게 된다.

"제가 맨 처음 청소하러 갔을 때 식당 주인에게 어떻게 했을까요? 건방지게 청소하러 왔으니까 청소 좀 시켜주세요, 그랬을까요? 저는 그때하고 지금하고 달라진 것이 아무것도 없습니다. 지금 회사가 좀 잘된다고 건방을 떨면 내 초심은 어디서 찾아야 합니까? 그래서 똑같이 인사하는 겁니다."

그의 인사법은 처음 만나는 사람이나 직원이나 고객이나 상관없이 똑같지만 처음 보는 사람은 오해 아닌 오해도 한다고 한다. 3년 전 처음 시그니처 타워로 이사 왔을 때 현관에서 안내하는 보안원과 여직원에게 깍듯이 인사했더니 삼구아이앤씨의 직원이었던 그들은 책임사원님이 이사를 왔으니 무언가를 보여주려고 잠시 그런가 보다 생각했다고 한다. 그러나 만날 때마다 한결같으니 그들도 이제는 구 책임사원의 초심을 분명히 읽었을 것이다.

자신의 분수를 알기에 그가 하지 않는 일은 또 있다. 그는 이것을 3三不이라고 하는데, '주례 안 서기', '강의 안 하기', '책 안 쓰기'라고 한다. 그런데 살다 보니 강의를 안 하겠다는 원칙은 무너졌다. 중증 시각장애인들의 학교인 인천 혜광학교에서 강의 요청이 들어와 부득이하게 허락했는데 그 뒤로 실업고나 마이스터고, 산업대 등에서 강의 요청이 와 본의 아니게 강의를 하게 되었단다. 시각장애인의 사연을 듣고 의안 수술 돕기를 하고 있는 구 책임사원에게는 자신의 소신을 꺾을 만큼 이들에게 희망을 주는 일이 더 시급하다고 생각했을지 모를 일이다.

그는 책도 쓰지 않겠단다. 그가 스스로 천지가 개벽할 일이라고 할 만큼 회사가 믿기지 않는 성장을 이룬 배경에는 어디서도 듣기 힘든 절절한 사연이 숨어 있기에 많은 사람과 기관에서 책 쓰기를 권유했다. 구 책임사원 스스로도 그동안 여기저기 글을 써주기도 했다고 한다. 남기기 위한 글이 아니라 그때그때 쓰고 버리듯 하나둘 써 준 것이 90여 편은 될 것이라고 한다. 구 책임사원을 잘 아는 대학 교수로부터, 유명 언론사 기자로부터, 경영 관련 단체로부터 책 쓰기를 권유받았지만 그는 번번이 허락하지 않았고, 만들어 놓은 책도 바깥으로 나도는 것이 싫어 더 이상의 출판 작업을 멈추게 했다.

> "학교도 제대로 못 나오고 남의 집 변기를 닦아주던 사람이 어느새 27개 자회사에 3만 5천 명의 임직원을 데리고 1조 6천억의 매출을 올리니 그걸 자꾸 부각시키려고 하는데, 회사를 이렇게 만든 것은 제가 아니고 우리 직원들입니다. 저는 이 자리를 지킨 것밖에는 없어요. 그리고 책을 만들려면 좋은 이야기만 써야 합니다. 내가 살아오면서 거짓말하고 나쁜 짓 했던 것 다 빼놔야 합니다. 그건 거짓말이고 가짜 이야기잖아요."

대신 그는 일기를 쓰고 있다. 87년도부터 하루도 빼놓지 않고 써온 일기가 40여 권 책장에 꽂혀 있다고 한다. 일기를 쓸 때도 그만의 원칙이 있었다. 컴퓨터가 나오기 전에는 직접 일기장에 썼지만 컴퓨터가 보편화되고 난 후로는 컴퓨터로 작성해 반드시 프린트해서 꽂아놓는다고 한다. 컴퓨터로 일기를 쓰면 다음 날 고치고 싶은 마음이 들어서 그런 유혹을 떨쳐내기 위해 일기를 쓰는 즉시 프린터로 뽑아놓는다는 것이다. 손으로 쓴 일기는 고치면 흔적이 남지만 컴퓨터로 수정한 것은 흔적이 남지 않아서 쉽게 수정의 유혹을 느끼기 때문이란다.

일기를 쓰는 이유는 아들과 딸에게 아버지의 기록을 유산으로 남기기 위해서다. 일기에는 거짓말 없이 하루하루를 기록한다. 구 책임사원은 거짓 없이 기록한 일기로 자신의 책을 대신하고 싶다고 말했다.

구 책임사원이 자신의 분수를 강조하는 것은 몹시도 어려웠던 어린 시절과 젊은 시절의 고난에서 사무치게 배운 그만의 삶의 지혜가 아닌가 생각한다.

고난과 위기에서 지혜를 얻다

한국전쟁 이후 구 책임사원의 아버지는 일찍부터 양계 사업과 고무 사업에 도전했지만 번번이 실패했다. 7남매 중 맏아들만 대학을 보내고 나머지 자식들은 가난 때문에 학교 진학은 꿈도 못 꾼 채 고모 댁이나 외가로 뿔뿔이 흩어져서 자라야 했다. 구 책임사원은 외가에서 초등학교를 다녔는데 월사금이 없어 초등학교 졸업장도 받지 못했다. 14세부터 아이스케키 통을 메고 생계를 위해 장사에 나섰을 때 까만 교복에 교모를 쓴 중학생을 보면 그렇게 부러울 수가 없었다. 가난 때문에 여름에는 아이스케키 장사를, 겨울에는 메밀묵 장사나 구두닦이를, 봄에는 신문팔이를 했다. 그러다, 배움에 대한 갈망은 늘 가슴 한편에 자리 잡고 있었기에 초등학교 졸업장 없이도 갈 수 있는 용문고등학교 야간 학교에 진학하게 되었다. 밤에는 야간 학교에 가고 낮에는 걸레나 빗자루 등을 만드는 청소용품 공장에서 일했다.

야간 학교를 다니기 위해서는 새벽 4시 30분이면 어김없이 일어나 남들보다 빨리 출근해야 했다. 그래야 오후 5시 이후에 시작하는 야간 학교 수업을 들을 수 있었기 때문이다. "네까짓 게 무슨 공부냐?"고 주위에서 무시할수록 구 책임사원은 이를 더 악물었다. 책을 읽고 싶으면 동대문에서 미아리까지 걸어 다니며 버스비를 아껴 책을 샀다. 수업을 마치고 돌아오면 자정이 넘었다. 그때야 저녁을 먹고 잠이 들면 금세 새벽은 밝아왔다.

1968년 군 제대 후에는 미아리 집마저 압류된 상태였다. 초등학교 졸업장도 없이 야간 고등학교 나온 사람을 받아주는 곳은 없었다. 구두닦이를 하려니 체구도 작고 힘이 없어 구역이 정해져 있는 그곳에서 자칫 깡패들에게 맞아 죽겠다는 생각이 들었다. 할 수 없이 먹고살기 위해 선택한 것이 청소였다. 청소는 구역이 없어 누가 이권을 주장하며 괴롭히지도 않고, 야간 학교 다닐 때 청소용품 만드는 공장에 다닌 경험도 있고 해서 쉽게 시작할 수 있었다.

1970년대는 여기저기 빌딩이 들어서던 시기였다. 규모가 큰 빌딩은 힘 있는 사람들이 연줄을 동원해 관리하던 시절이었다. 구 책임사원은 그때까지도 남의 집 청소를 해주는 수준이었다. 그러다 충무로 스카라 극장 옆 작은 빌딩의 청소 용역을 따냈다. 여사님 두 분을 데리고 성심성의껏 청소하며 빌딩을 관리해 나가던 어느 날, 건물주가 인근에 새로 들어선 10층짜리 건물의 회장을 만나보라고 권유했다. 이유도 모르고 회장을 찾아가니 새 건물의 회장이 자신의 빌딩 청소를 구 책임사원에게 맡기는 것이다. 알고 보니 그 회장은 구 책임사원이 관리하는 건물에 평소 자주 들르다 건물이 하도 깨끗하게 관리되는 것을 보고 자신의 건물도 맡기게 된 것이었다. 그 일을 수주하면서 두 명이던 직원에서 몇 명을 더 뽑았고, 그때부터 삼구의 청소 실력은 점점 입소문을 타기 시작했다.

그러나 모든 일이 순탄하지만은 않았다. 당시 우리나라는 왁스 만드는 기술이 없어 미군 부대에서 흘러나오는 것을 썼다고 한다. 공급이 충분하지 못하자 구 책임사원은 왁스를 직접 만들어보기로 했다. 수십 번의 실패 끝에 왁스 만들기에 성공했고, 왁스 공장까지 하게 된다. 그러나 그 기쁨은 잠시뿐이었다. 청소용 왁스에는 솔벤트라는 인화성 강한 물질이 사용되는데, 바닥에 고여있던 인화성 가스에 불이 붙어 왁스 공장에 큰불이 난 것이다. 그때 구 책임사원은 전신의 3분의 1에 해당하는 부위에 3도 화상을 입었고, 수세미로 화상 입은 피부 조직을 떼어내는 매우 고통스러운 치료를 받았다. 그때 구 책임사원의 나이가 30대 후반이었다.

치료를 마치고 돌아오니 임금을 받지 못한 직원들과 8천만 원(당시 아파트 한 채 값이 2천만 원 정도였다고 한다.)이 넘는 거액의 빚이 구 책임사원을 기다리고 있었다. 빚더미에 몸까지 그 지경이 되니 '살아서 뭐하나?'라는 생각에 병원과 잠수교에서 자살 시도를 했다. 결국 모두 실패해 '죽을 운명도 정해져 있다.'는 것을 깨닫고 다시 재기에 나섰다.

다행히도 81년대 초반 '국풍81'이라는 5만 명이 몰리는 행사에서 행사장을 정리하는 일을 맡아 거기서 알루미늄 캔을 모아 판 덕분에 빚을 그나마 갚을 수 있었다. 80년대 후반에는 내로라하는 기업들과 대학으로부터 일을 따내기 시작했다. 한 번 일을 시작하면 10년 계약을 유지하는 것은 보통이었고, 거래 액수도 대기업의 경우 적게는 200억에서 많게는 800억 원 규모였다.

위기는 1998년, IMF 때도 찾아왔다. 경기가 어려워지자 회사들이 경비나 청소 인력을 줄이는 바람에 거래를 끊겠다는 업체가 늘어났기 때문이다. 당시 구 책임사원은 빚을 지고 사옥을 산 상황인 데다 매출이 두 동강 나면서 벼랑 끝으로 몰리는 위기를 맞았다. 그런데 그때 직원들이 나섰다. 직원들 스스로 나가 일감을 찾으며 회사를 살리기 위해 힘을 모았다. 직원들이 하나로 똘똘 뭉쳐준 덕분에 위기를 벗어났고 이후 구자관 책임사원의 회사는 아웃소싱 회사로 거듭나게 되었다. 구 책임사원은 그때 깨달았다고 한다.

'이 회사는 내가 만든 회사가 아니다. 이 회사를 어떻게든 직원들의 회사로 만들어야 되겠다.'

구 책임사원은 그때부터 직원들을 자신의 든든한 백으로 삼았다. 직원들을 만나면 마음 같아서는 절이라도 하고 싶은 심정이라며 "여사님 고맙습니다.", "고생이 많으십니다."라는 인사를 잊지 않는다. 추위에 떨며 새벽에 나와 정성껏 청소하면서 가족들을 먹여 살리고 자녀들을 교육하는 그들에게 어떻게 존경심을 갖지 않을 수 있느냐는 것이다. 그래서 구 책임사원은 여성 직원에게는 '여사님', 남성 직원들에게는 '선생님'이라는 호칭으로 높여 부르며 몸소 직원 존중의 마음을 표현하고 있다.

회사 성장의 비밀에 대해서도 구 책임사원은 말한다.

"우리 회사가 여기까지 온 이유를 제가 모릅니다. 저희 직원한테 제가 믿고 맡겼던 것, 그것 외에는 아무것도 없습니다. 제가 아는 사람 찾아다니면서 일 달라고 해서 받아온 적 없고요. 저희가 관리하는 대한민국 재벌 기업들 회장님의 그림자도 밟은 적이 없습니다. 그분들 찾아가서 일 달라고 한 적이 한 번도 없습니다. 근데 어떻게 회사가 컸냐고요? 그건 내가 한 게 아니라 우리 직원들이 한 겁니다."

구 책임사원은 삼구아이앤씨를 직원들의 회사로 만들기 위해 84년도에 회사 주식의 47%를 직원들에게 무상이나 다름없이 나눠 주었다. 구 책임사원의 아내와 동생, 친구가 가지고 있던 주식을 모두 회수해서 당시 액면가 5천 원으로, 그것도 보너스 대신 주었다고 한다. 가족들에게는 수고한 사원들이 회사의 주인이니 회사 넘보지 말라고 진작부터 일러두었다고 한다. 그뿐이 아니다. 3만 5천여 명의 직원들은 수습 기간에 있는 직원들을 제외하면 거의 정규직이며, 직원들 모두에게는 자신의 것과 똑같은 명함을 만들어주고 있다. 직원들이 대출을 받을 때도 기업의 신용도가 반영되어 큰 도움을 주고 있다.

회사가 성장한 것은 현장에서 일하는 직원들이 최선을 다해 주었기 때문이지 자신이 회사를 키운 것이 아니라고 한다. 자신은 일 안 하는 직원에게 월급을 준 적이 없고 직원들도 일한 만큼 대가를 받아 가는 것뿐이란다.

그는 또한 고용주와 고용인 간의 신뢰를 매우 강조한다. 조직은 명령이 아니라 모든 것을 위임하는 체계 속에서 운영되기 때문에 신뢰가 바탕이 되어야 하며, 이 신뢰도 경영자가 먼저 모범을 보여야 생겨난다고 말한다.

구 책임사원은 현재 삼구아이앤씨의 대표이사가 아니다. 창업자는 대표이사가 되면 안 되고, 소유와 경영을 분리해야 한다는 게 구 책임사원의 생각이다. 삼구아이앤씨의 대표이사는 공채 1기 출신의 동일범 사장이며, 구 책임사원은 모든 일을 임원들에게 위임하고 그들이 하는 일에 책임만 지는 역할을 하고 있다.

보통 CEO들이 일을 위임한 뒤에도 이것저것 간섭하기 마련인데, 구 책임사원은 위임을 했으면 간섭하지 말아야 한다는 주의다. 몇백 억을 투자하든 새로운 사업으로 무엇을 하든 전혀 관여하지 않는다. 일을 맡겼으면 끝까지 믿어야 하고 믿지 못하면 아예 그 일을 맡기지 말아야 한다는 것이다.

> "저희 회사가 1조 6천억 하는 회사지만 저는 단 한 장 전표에도 사인한 적이 없고요, 일계표, 월계표를 만져본 적도 없습니다."

그는 자신의 월급 통장 관리마저 비서에게 위임했다. 직원들이 돈을 빼돌리려고 했다면 회사는 진작 망했어야 하는 것 아니냐는 것이다. 그의 말에서 직원들에 대한 믿음이 얼마나 확고한지, 삼구아이앤씨가 얼마나 신뢰로 뭉쳐있는 기업인지를 알 수 있었다.

창립 기념일도 모르고 이름도 없었던 회사

구자관 책임사원에게는 난감한 질문이 두 가지 있다. 첫째는 창업 동기가 무엇이냐는 것이고 둘째는 창립 기념일이 언제냐는 질문이다. 구 책임사원은 웃으며 이렇게 말한다.

"날 보고 제일 재미있게 물어보는 게, 어떻게 이런 일이 산업이 될 거라고 생각했느냐는 질문이에요."

그에게 우리가 기대하는 거창한 창업 동기는 없었다. 가장 원초적이고 본질적인 대답만 돌아올 뿐이다.

"무슨 혜안이 있어서가 아닙니다. 먹고살자고 무작정 시작한 것이 청소예요."

다양성을 추구하는 요즘과 달리 당시에는 청소를 업으로 생각하는 사람은 없었다. 그러나 요즘은 어떤가? 삼구와 같은 크고 작은 아웃소싱 기업이 6만 5천여 개가 있다고 한다. 준공 · 입주 청소, 파출부, 심부름 센터, 직업소개소, 경비, 시설 관리 등 인력을 구해주는 모든 일이 삼구와 같은 업종이다. 그중에서도 삼구는 단연 으뜸이다. 삼구아이앤씨는 1조 원대의 매출을 올리는 반면 삼구와 같은 민간 인력 서비스 업종의 2위 기업은 연 매출 5천억도 되지 않는다고 한다. 아웃소싱 업종에서 삼구아이앤씨를 따라올 기업은 전무하다고 해도 과언이 아니다.

그러고 보니 대단한 혜안이 아닌가. 누구나 꺼리는 3D 업종을 산업화시켜 52년 된 중견기업으로 키웠으니 당시로서는 시대를 앞지르는 리더였고 대단한 경영자라고밖에 표현할 길이 없다.

창립 기념일에 대한 질문도 구 책임사원에게 난감하기는 마찬가지다. 삼구아이앤씨 본사에 가면 창립 기념일을 알려주는 액자가 걸려 있다.

"손이 시렵지 않았고 발이 시렵지 않았던 어느 봄의 날이었다."

참으로 정겨운 이 문구가 삼구의 창립 기념일이다. 매우 시적으로 들리지만 내막을 들여다보면 그 시대의 아픔이 엿보인다.

60년대 후반에는 산업화로 여기저기 빌딩이 들어서고, 빌딩에서 일하는 화이트칼라들도 늘어 점심시간이 되면 화이트칼라들이 회사 인근 식당으로 몰렸다. 큰 식당도 아닌 조그마한 밥집에서 밥을 맛있게 먹지만 식당 뒤꼍에 있는 화장실은 너무 불결해 피하고 싶은 공간이었다. 문을 열면 코를 찌르는 냄새도 대단했다. 변기에 노랗고 딱딱하게 눌어붙은 요산 때문에 볼일을 보다 보면 온몸이 암모니아 냄새로 절여지는 듯했다.

구 책임사원은 화장실 냄새의 원인이 무엇인지 생각했다. 야간 고등학교 시절 화학을 배웠던 구 책임사원은 변기에 붙어 딱딱하게 굳어진 것이 알칼리성의 물질이란 것을 알았고, 저것을 없애면 화장실도 깨끗해질 뿐만 아니라 냄새까지 잡는다는 것을 깨달았다. 세제로도 철수세미로도 지워지지 않는 알칼리성의 물질은 강한 산성으로 녹여 없애야 한다는 사실을 떠올리고 몇백 원짜리 염산 한 병을 사 들고, 양동이에 하이타이 한 봉 넣고 다니며 청소를 하기 시작했다.

> "남의 집 화장실 청소하러 가는데 친구 불러서 돼지머리 놓고 개업식을 했을 리 없고, 납세 번호나 허가증 받아서 가지는 않았을 겁니다. 먹고 살아야 하니까 그냥 들고 나간 거지요. 그러니 무슨 창립 기념일이 있겠어요?"

회사가 점점 성장하다 보니 창립 기념일은 필요했다. 그래서 만들기로 하고 곰곰이 생각해보니 추운 겨울은 절대 아니라는 결론을 내렸다. 날씨가 따뜻할 때는 변기에 염산을 부으면 파란 연기를 내며 요산이 타서 없어지지만 변기가 얼어붙으면 염산을 부어도 아무 반응이 없다고 한다. 보통 4월까지 꽃샘추위가 이어지니 사업을 시작한 때는 적어도 5월은 되어야 가능하다는 확신을 얻었다. 연도는 군 제대한 해를 추측해 68년도로 정했다. 그래서 탄생한 창립 기념일이 '손이 시렵지 않았고 발이 시렵지 않았던 어느 봄날'이다.

구체적인 날짜는 스승의 날인 5월 15일로 정했다. 학교를 제대로 다니지 못한 구 책임사원의 마음속에는 세상에서 가장 위대하신 분이 선생님이었다. 그런 선생님에 대한 존경의 마음을 담아 스승의 날을 창립일로 기념하기로 했다. 구 책임사원에게는 스승의 날이야말로 길일 중의 길일이었다. 창립 기념일에 대한 사연은 너도나도 어렵던 그 시절의 아픔과 어우러져 묘한 향수를 불러일으킨다. 이보다 더 멋진 창립 기념일을 필자는 아직 보지 못한 것 같다.

'삼구(三具)'라는 이름에도 사연이 많다.

구 책임사원이 화장실 청소를 너무도 깨끗하게 하니 식당 주인들은 흡족해했다. 야무지게 일 잘하는 구 책임사원에게 화장실 청소 외에 식당 청소와 같은 다른 일도 시켜보고 싶지만 구 책임사원이 어떤 사람인지 믿을 수 없어 망설이곤 했다. 화장실이나 청소하는 남루한 청년에게 식당 일을 믿고 맡기기에는 많은 시간이 필요했을 것이다. 만약 믿고 맡겼다가 식당에 쌓여 있는 쌀과 고기, 그 밖의 식자재를 도난당한다면 장사의 밑천을 잃어버리는 것이나 마찬가지기 때문에 생각은 굴뚝 같아도 의심의 눈을 거두지 못했다. 믿을 수 없는 사람에게 빈집의 열쇠를 선뜻 내어주는 사람은 없기 때문이다.

그때 누군가 구 책임사원에게 회사를 만들면 신분이 보장되어 업주들에게 믿음을 줄 수 있을 것이라고 조언했다. 그래서 구 책임사원은 회사를 만들기로 결심하고 서류를 작성하기 위해 대서방에 찾아갔다. 대서방에는 연세가 지긋한 남자분이 계셨다. 구 책임사원은 그분의 함자를 아직도 기억하고 있을 정도로 그날의 기억이 생생했다.

"왜 법인 이름이 없어?"

대서방 직원이 서류를 검토하다가 불쑥 구 책임사원에게 물었다.

"청소하는 회사를 만들려고 하는데 학교도 제대로 못 나와서 한자도 모르고 영어도 모릅니다. 청소를 하려면 빈집의 열쇠를 받아야 하는데 세 가지만 있으면 된다고 생각합니다. 첫째는 사람입니다. 사람이 있어야 맡길 수 있으니까요. 둘째는 신뢰가 있어야 합니다. 믿음이 가야 일을 맡길 수 있다고 생각합니다. 셋째는 신용이 있어야 합니다. 청소를 하기로 했으면 정해진 시간 안에 일을 해놓아야지 그렇지 않으면 식당 일에 차질이 생기게 되어 식당 주인에게 피해를 줍니다. 이 세 가지만 있으면 빈집의 열쇠를 받을 수 있지 않겠습니까? 이 세 가지를 다 포함하는 좋은 이름을 아무리 찾아도 생각이 안 납니다. 멋있는 영어 이름도, 그럴듯한 한문 이름도 몰라서 그냥 왔습니다."

구 책임사원은 그분 앞에서 자신이 여기에 온 이유를 말씀드리기 시작했다. 이야기를 다 들은 대서방 직원은 대서방에서 일하면서 법인 이름도 안 지어 오는 놈은 처음 보았다며 대뜸 구 책임사원의 이름에 있는 '구' 자가 무슨 구 자냐고 물었다. 능성 구씨라고 대답했더니 한자로 구 자가 무슨 구 자냐고 묻는 것이다.

"갖출 구 자입니다."

"그럼 이름 다 지어 왔네. 세 가지를 갖춘다면서? 그러면 '삼구'라고 지어."

당시는 두 글자의 상호를 짓기 위해서는 별도의 비용을 지급해야 했기 때문에 삼구개발이라는 네 글자 이름을 그 자리에서 지었다. 그때부터 구 책임사원의 회사는 '삼구개발'이 된 것이다.

창립 기념일도 가짜고 이름도 남이 지어준 회사, 하지만 삼구아이앤씨는 52년을 성장해 왔고, 지금은 한국을 넘어 해외로까지 뻗어나가고 있는 중이다. 베트남과 폴란드, 미국에 이미 삼구의 지사가 있고 미얀마와 인도네시아도 진출할 계획이라고 한다. 청소업으로 시작했지만 지금은 반도체 기기 세척부터 배터리 필름 분리막 생산 등 직접 공장을 지어 OEM, ODM 방식으로 생산까지 하고 있다. 삼구가 출자한 회사가 국내에 21개, 해외에 5개가 있다. 그러나 구 책임사원의 목표는 여기서 끝이 아니다.

"겨우 1조 원대의 기업이 되었을 뿐"이라고 말하는 것에서 그의 그릇은 우리가 상상하는 것 이상임을 쉽게 짐작할 수 있었다. 의주를 가는 먼 길이 있다면 아직 짚신도 신지 못했다는 그의 말에서 웃음밖에 지을 수 없었다. 구 책임사원은 1조 기업이 시작이며 앞으로 가야 할 길이 천리만리라고 표현했다. 구두닦이도 사업을 하면 재벌이 될 수 있다는 것을 보여주고 싶다고도 했다. 과연 삼구가 어디까지 뻗어 나갈지 기대가 되는 대목이다.

도산 안창호 선생님을 가장 존경합니다

구자관 책임사원은 2020년에 제5대 도산아카데미 이사장에 취임했다. 도산아카데미는 1989년 도산 정신으로 인류 국가를 선도한다는 취지 아래 흥사단 부설 '도산아카데미 연구원'으로 설립되었다가 2000년 사단법인으로 등록된 단체이다.

이 단체는 도산의 사상과 철학을 사회 지도층과 청년들에게 알리기 위해 한국 사회 발전의 방향을 모색하는 도산 리더십 포럼을 매월 진행하고 있고, 정보화 사회를 선도하기 위한 사회 지도자 포럼도 운영한다. 도산아카데미에서 주관하는 애기애타 봉사단에서는 다문화 가족 자녀의 교육 자금을 지원하는 등 다양한 봉사활동을 이어가고 있다. 구 책임사원은 애기애타 봉사단의 단장을 역임하기도 했다.

구 책임사원이 이곳 이사장을 맡은 것은 우연이 아니다.

구 책임사원의 도산에 대한 존경심은 야간 고등학교 시절부터 시작되었다. 야간 고등학교를 다니면서도 배움에 대한 의지가 강했던 구 책임사원은 당시 식자들만 읽는다는《사상계》라는 잡지를 사서 모을 정도로 좋아했고, 배움에 대한 열정이 강했다. 그《사상계》라는 잡지를 통해 도산 안창호 선생의 사상을 접했고, 선생에 대한 동경심을 키웠다. 그 후 '거짓말하지 말라'는 도산의 가르침은 그의 삶 전반을 관통하는 철학이 되었고, 도산의 '애기애타愛己愛他'와 무실務實, 역행力行, 충의忠義, 용감勇敢의 사상을 삶과 경영의 지침으로 삼았다.

도산에 대한 이야기를 시작하면 구 책임사원의 목소리에서 결기가 느껴질 정도로 힘이 들어간다. 그가 얼마나 도산 선생을 존경하는지 그의 도산 이야기를 들으면 느낄 수 있다.

그는 나를 사랑해야 남을 사랑할 수 있다는 도산의 '애기애타' 정신을 기업가들이 배우기를 바란다. 도산이 임시 정부 초기 내무총장으로 부임했을 때 "나는 여러분의 머리가 되려 하지 않았습니다. 여러분을 섬기러 왔습니다."라고 말한 것을 강조하며 사랑과 섬김의 리더십이야말로 이 시대 경영자에게 꼭 필요한 덕목이라고 말한다. 남을 섬기는 것이 곧 나를 섬기는 것이라는 점을 알아야 한다는 것이다.

큰 원칙도 중요하지만 작은 원칙부터 지키라는 도산의 가르침도 경영인들이 명심해야 할 경구라며, 경영은 기본 원칙을 잘 지키는 것부터 시작되어야 한다고 강조한다. 기본적인 질서를 지키지 않는 사람은 큰 질서도 지키지 않는다는 것이다.

그가 회사의 모든 일을 믿고 위임하며 책임자의 역할을 자처한 것도 도산의 정신과 관련이 있다. "동지를 믿고 속아라."라는 도산의 가르침은 그의 이런 경영 행태에 그대로 드러나고 있다. 사람을 믿으면 배신하지 않는다는 것을 도산 선생은 아셨다며 약속이 어그러졌다고 상대를 탓하고 원망할 것이 아니라 자신의 잘못이 없는지 먼저 되돌아볼 줄 알아야 한다고 강조한다.

구 책임사원은 일제 강점기에 독립 투사는 많았지만 국민 정신을 계몽한 사람은 없었다며 도산 선생이야말로 한국민의 정신을 바로 세우기 위해 애쓴, 어쩌면 유일한 사람일지 모른다고 말한다.

도산에 대한 이야기를 들려주면서 구 책임사원은 우리에게 질문을 하나 던졌다. 도산 선생이 미국에 유학 갔을 때, 이민 온 한민족을 위해 제일 먼저 무엇을 하신 줄 아느냐고.

> "도산 선생이 청소를 하셨습니다. 이민 온 한민족이 외국인 중 최하층으로 살면서 지저분하게 사는 것을 보시고 저처럼 집 안의 청소부터 시작하셨습니다. 자기가 사는 곳부터 깨끗하게 해놓아야 지저분해지지 않고 게을러지지 않잖아요. 그걸 해놓고 오렌지밭에 가서 말씀하셨습니다. 오렌지 하나를 따더라도 정성을 다해 따라. 정성을 다해야 농장 주인이 너희가 이렇게 성실하니 독립할 자격이 있는 민족이라고 인정할 것 아니냐, 그렇게 말씀하셨습니다."

그가 얼마나 도산 정신을 가슴 깊이 새기고 있는지 그의 확신에 찬 말투에서 고스란히 느낄 수 있었다. 그래서일까? 구 책임사원은 2013년 흥사단 100주년을 기념하는 행사를 위해 현재 대학로에 있는 도산 선생의 흉상을 제작해 기증하기도 했다.

우리나라 여러 다른 위인들도 존경하지만 안창호 선생을 가장 존경한다는 구 책임사원은 앞으로 십만 원짜리 지폐가 발행된다면 당연히 도산 선생이 지폐의 그림이 되어야 한다며 웃었다.

공부는 끝이 없다

구 책임사원은 지독한 가난으로 월사금을 내지 못해 초등학교 졸업장도 받지 못했다. 그러다 졸업장 없이도 누구나 갈 수 있는 용문 고등학교 야간부에 진학했다. 그는 어려운 환경 속에서도 버스비를 아껴 책을 사 보는가 하면 당시 지식인들의 사상 운동을 주도하던 《사상계》라는 잡지를 사서 읽었을 정도로 배움을 향한 욕구가 누구보다 강했다. 단지 학교를 다니지 못했을 뿐 누구보다 열심히 공부하는 사람이었다. 그가 스스로 배우지 못한 사람, 다른 CEO와 격이 다른 사람이라고 겸양의 말을 하지만 필자가 지켜본 구 책임사원은 경영자로서 충분한 식견과 통찰력을 지닌 분이다. 52년의 역사를 가진 1조 기업이라는 결과물이 그것을 입증해주고 있다. 절대 학력으로 사람을 쉽게 평가할 문제가 아니라는 것을 몸소 보여주시는 분이다.

그는 조찬 강의를 많이 듣기로도 유명하다. 새로운 사업으로 확장해 가기 위해서는 시대를 읽고 선제 대응하는 것이 필요하다며 CEO라면 반드시 공부해야 한다고 강조한다. 어떤 조직이든 어떤 기업이든 공부하지 않는 CEO가 있다면 그 조직은 발전할 수 없다고 단언한다.

구 책임사원은 한 달에 열여덟 번의 조찬 강의에 참석한다. 그러나 요즘은 코로나 때문에 조찬에 참석하지 못한다고 한다. 삼구아이앤씨는 월요일마다 아침 6시 20분에 회의가 있는데, 벌써 몇십 년째 내려오는 전통이다. 단 1분만 늦어도 회의실의 문이 닫혀 입실하지 못하기 때문에 회사 팀장들에게 월요병을 유발할 정도로 원칙을 고수하는 회의다. 그렇기 때문에 월요일 회의가 있는 날이면 구 책임사원 역시도 조찬에 참석하지 못한다. 월요일을 제외하면 나머지 나흘 동안 모두 조찬에 참석하는 것이다. 매주 4회씩 한 달에 4주 반을 나가면 18회 정도 참석할 수 있는데, 하루도 거른 날이 없다. 자신만 공부하는 것이 아니라 시대 흐름에 민감할 수 있도록 회사 직원들을 상대로도 교육하고 있으며 상황에 따라서는 전 직원을 상대로 온라인 교육도 하고 있다.

퇴근 후에도 그는 공부한다. 일흔일곱의 나이에도 배움을 향한 그의 열정은 도무지 식지 않는다. 늘 책을 보면서 트렌드를 어떻게 좇아갈 것인지, 산업의 변화에 회사가 어떻게 대응해 나갈지, 정부 정책이 어떻게 변화할지, 세계 경제의 흐름은 어디로 갈지 등을 전문가 강의나 책을 통해 공부한다. 그는 최근 정부의 그린 뉴딜 정책에 어떻게 대응하고 변화해가야 할지를 고민 중이다. 선제로 준비하지 않으면 그다음을 대응하기 어렵다며 앞으로 풀어야 할 숙제가 많다고 말한다.

구 책임사원은 각 대학이나 사회기관에서 진행하는 CEO 과정을 많이 들으러 다녔다. 처음에 젊은 직원들이 영어라도 섞어서 말하면 한 마디도 못 알아듣는 자신을 발견하고 직원들과 소통할 수 있는 기본 바탕은 되어 있어야겠다는 생각에서 시작한 공부가 예순한 살에 대학 진학을 결심하게 만들었다. 그는 환갑의 나이에 용인대 경찰행정학과에 수시 2차 모집으로 합격했다. 늦은 대학 생활이었지만 신입생 오리엔테이션부터 각종 MT에 졸업여행까지 모든 행사에 빠짐없이 참석했으며, 막내아들뻘인 선배들에게도 반말 한 번 하지 않고 선배 대접을 했다고 한다. 태권도에서는 F학점을 맞아 재수강을 하기도 했지만 여느 학생들처럼 웃통을 벗고 뛰어다니며 열심히 하자 교수들이 오히려 무리하지 말라고 말리기도 했단다.

예순여섯에는 서강대 경제대학원에 들어가 노동경제학을 배웠다. '고령 인력의 활용 방안'이라는 제목으로 2011년에 석사 학위까지 받았는데 당시 우수 논문상을 받았다고 한다. 국내 최고령 석사 학위였다.

공부뿐만이 아니다. 쉰 살에는 골프를 치기 시작했고, 쉰여섯에는 스키를, 예순에는 번지 점프를 했다. 예순다섯에는 오토바이를 타기 시작했는데, 미국에 있던 딸이 절대 안 된다고 극구 말렸지만 원동기 시험 합격과 동시에 할리데이비슨 오토바이를 사고, 가죽 점퍼에 부츠, 고글에 마스크까지, 몸에 쇠사슬을 주렁주렁 달고 타고 다녔다고 한다. 동호회 투어링에도 꼬박꼬박 참석하는 등 젊은이 못지않은 노익장을 발휘했다. 심지어 일흔이 넘은 나이에 수상 스키도 배웠다.

"할 수 있다고 생각하면 하늘의 별도 딸 수 있습니다."

나이 이야기가 나오면 그는 할 수 있다고 생각하면 나이와 상관없이 하늘의 별도 딸 수 있는 게 사람의 능력이라며 앞으로도 여러 가지에 도전할 것임을 내비친다.

그는 가족과 떨어져 지내지만 자기 관리에도 철저하다. 건강 관리를 어떻게 하느냐고 여쭤보니 돈 들여서 하는 헬스장이나 수영장은 다녀본 적도 없고 갈 시간도 없단다. 대신 새벽 5시에 일어나면 발매트 위에서 제자리 뛰기 600회를 하고 푸시업을 50회씩 한다. 골프가 있는 날이면 제자리뛰기를 하지 않지만 그 외에는 하루도 거르지 않고 자신만의 운동을 한다. 골프를 다닐 때도 2만 보에 가까운 전 홀을 걸어서 이동한다고 한다. 어떤 이는 구 책임사원의 다리를 만져보고 칠십 넘은 노인네 다리가 왜 이렇게 단단하냐며 놀란다고 한다.

하루가 끝나는 시간, 그는 늘 일기를 쓴다. 30년이 넘는 기간 동안 하루도 거르지 않고 일기를 써 왔고, 가끔 시도 쓴다. 그는 시를 써서 지인에게 보내주기도 한다. 한때 평소 알고 지내는 대학교수로부터 시집을 내자는 제안도 받았지만 거절했다. 얼마 전 그가 평소 여기저기 뿌렸던 시들을 찾아보았더니 80~90편이 되었다고 한다. 찾은 것만 그렇다는 것이다. 필자는 어렵게 구 책임사원의 시를 한 편 구했다.

엄마의 행주치마

– 구자관

저 아련한 산등성이 너머
저녁노을 질 때면
안방 부엌 솔가지 타는 냄새
향기롭고

뒤곁 야트막한 축대 위
나무 굴뚝에 피어오르던
뽀얗고 하얀 연기가 정겨운데

해 지는 줄도 모르고
꽁꽁 얼어붙은 논빼미에서
썰매 지치다가
구수한 밥 짓는 냄새에 이끌려
얼어 굽은 두 손을 호호 불며
집으로 내달린다

지난 늦가을
텃밭에 자라던 파아란 배추는
엄마 손맛으로
잘 익어 빠알간 속 가득 찬 새콤달콤 김장김치

한 숟갈 떠 넣으면
입안 가득 톡 쏘는
맑고 시원한 동치미

처마 밑 매달려 있던 시래기도
어느덧
따끈하고 시원한 시래깃국 한 대접으로

저녁밥 한상 가득 차려놓고
활짝 열린 싸리문 앞에서
한없이 따뜻하고 다정한 눈빛으로
나를 반기시던 어머니!

나는 썰매를 내던지고 엄마 행주치마 폭으로 안겨든다

아~
추운 줄 모르고 지냈던 그 시절!
그 겨울!
오늘따라
왜 엄마가 더욱 그리워지는 걸까?

시를 잘 모르는 사람이 읽어도 그리운 고향과 따뜻한 어머니의 품이 생각날 정도로 그의 시는 수준급이다.

하는 일로 그 사람의 인품까지 평가할 수는 없다. 어쩌면 남들이 보잘것없다고 여기는 일에도 정성을 다하는 그 사람이야말로 진정 고귀한 사람이 아닐까? 그의 시와 그의 삶을 돌아보면서 드는 생각이다.

기업은 젖소다

기업과 국가의 관계는 어떠해야 할까? 우리는 흔히 둘의 관계를 불신의 관계로 보곤 한다. 국가는 하나라도 더 뜯어낼 것이 없는지 감시의 끈을 놓지 않는 것 같고, 기업은 어떡하면 국가의 감시를 피해 갈까 요리조리 머리를 굴리는 것 같다. 하지만 구 책임사원의 국가관을 듣는다면 그러한 생각이 얼마나 잘못된 것인지를 깨닫게 된다.

구자관 책임사원은 국가와 기업을 동업 관계로 규정하고 기업이 국가에 내는 세금을 아까워하지 말라고 강조한다.

> "국가가 나한테 해준 것도 없이 내 돈을 뺏어간다고 생각하는 것은 잘못된 생각입니다. 내가 이 땅에서 기업을 할 수 있게 국방을 튼튼히 하고 치안을 유지해주고 기업 활동에 필요한 인프라를 구축해주는 것이 누구입니까? 해외에서 장사하기 쉽도록 외교 활동을 하는 것이 누구입니까? 그거 다 국가가 하잖아요. 국가가 해주니까 우리가 편하게 기업할 수 있는 겁니다."

기업이 세금을 줄이고자 장부를 속이는 것은 국가와의 약속 위반이라고 한다. 속이지 않으면 두려워할 것이 없고 세무 조사를 피할 이유도 없다는 것이다. 국가 역시도 기업의 돈을 받았으면 기업과 약속한 것을 지켜야 한다. 그렇게 되기 위해서는 우리 개인의 생각이 중요한데, 국가가 바르게 일할 수 있도록 국민이 관심을 갖고 제대로된 일꾼을 뽑아야 한다는 것이다.

삼구가 얼마나 성실하게 납세를 했는지를 알 수 있는 일화가 있다. 한때 삼구의 자회사 하나가 세무 조사를 받았다고 한다. 두 달 동안 세무 조사를 받고 2천만 원이 넘는 추징금이 나와 실수를 인정하고 추징금을 냈다고 한다. 그런데 한 달이나 지났을까, 세금이 과오납되었다며 국가로부터 돈을 도로 찾아가라는 연락을 받았다. 2억이 넘는 돈을 그것도 현금으로 돌려주겠다고 하여 구 책임사원은 순간 경리부 책임자를 불러 야단을 쳐야 할지 칭찬을 해야 할지 고민했다고 한다. 그러다 아침 저녁으로 직원들에게 "국가를 속이지 말라", "원칙대로 해라"라고 수없이 강조했던 기억이 나서 잘못 계산해놓고 찾아내지 못한 직원들의 게으름은 탓할지언정 세금을 많이 낸 것은 잘못한 일이 아니라는 결론을 내렸다고 한다.

세무 조사를 받을 때면 구 책임사원이 직원들에게 하는 이야기가 있다. 세무 조사를 받는다고 생각하지 말고 컨설팅을 받는다고 생각하라는 것이다. 국가의 시책을 잘 몰라서 실수했다면 고쳐야 하고 배워야 한다고. 국가와 국민 사이에도 신뢰가 바탕이 되어야 한다고.

그는 국가와 기업의 관계를 이렇게 표현했다.

> "기업은 젖소라고 생각합니다. 젖소를 키우는 목적은 우유를 생산하기 위함입니다. 우유를 많이 내려면 건강한 초지와 사료, 좋은 환경을 만들어주어야 합니다. 그래야 젖소가 편안하게 즐기면서 자기 임무를 다해 우유를 풍부하게 생산하고 그 우유는 여러 사람이 나눠 먹을 수 있습니다. 기업도 똑같아요. 국가가 기업이 활발하게 활동할 수 있도록 좋은 초지와 환경을 만들어주고 좋은 먹거리를 제공해 주면 기업은 돈을 많이 벌고, 기업이 세금을 잘 내면 국고는 저절로 튼튼해지는 겁니다. 반대로 젖소한테 초지도, 사료도, 환경도 만들어주지 않으면서 우유를 안 낸다고 두들겨 패면 젖소는 점점 비쩍 마르면서 나중에는 젖이 나오지 않게 됩니다."

구 책임사원은 기업은 국가를 믿고, 국가는 약속을 지켜야 한다며 국가가 기업을 젖소처럼 대한다면 둘의 갈등은 해결의 실마리를 찾을 것이라고 이야기한다.

나눔의 실천

구자관 책임사원은 한때 기업경영학회에서 주는 상을 받은 적이 있다. 전국의 교수들이 그해에 기업 경영을 잘한 한 사람을 뽑아서 주는 의미 있는 상이었다. 그에게 상을 준다고 해서 황당하기도 했지만 거절하기도 뭣해서 상은 받았지만, 그는 상을 받는 자리에서 이렇게 말했다고 한다.

> "교수님들이 보시기에 제가 기업 경영을 반듯하게 하신다고 생각해서 주신 것 같은데, 저는 지금도 살아있습니다. 오늘 상을 받았지만 내일 제가 무슨 짓을 할지는 아무도 모릅니다. 이런 상을 주시려면 제가 죽은 다음에 주셔야 합니다. 죽은 다음에는 딴짓을 못하니까요. 제가 이 상을 받은 이유는 여태까지 하던 것을 그대로 연속해서 잘하고, 다시는 나쁜 짓 할 생각하지 말라고 주시는 상으로 알겠습니다."

시상식이 인연이 되어 구 책임사원은 전국 교수 3천 명이 모인 기업경영학회에 매년 거금의 상금을 기부하게 되었다. 덕분에 이 학회는 전국에서 가장 논문을 많이 제출하는 학회가 되었다고 한다.

그는 인천 혜광학교라는 중증 시각장애아 교육 시설에서 어쩔 수 없이 강의를 수락한 적이 있다. 강의를 하고 나니 아이들이 너무 좋아해서 그 아이들을 위해 무엇을 할까 생각하게 되었다. 그때부터 시각장애인의 눈을 정상적으로 보이게 하는 의안 수술을 해주는 봉사 단체 '마주보기'를 만들어 매월 한 명씩 수술을 해주기 시작했다. 매달 자신의 월급에서 돈을 떼어 적립해 나가고 있다.

앞으로 그는 장학재단을 만들어 공부하고 싶어도 돈이 없어 못 하는 아이들을 위해 장학금을 지원하고 싶다고 한다. 정말 돈이 없는 학생들은 공부하고 싶어도 아르바이트한다고 제대로 공부할 수 없는 실정이라며 다른 재단처럼 성적순이 아닌 형편이 어려운 학생들을 위해 쓰고 싶다고 한다.

그는 한 방송 인터뷰에서 요즘 젊은이들에게 이렇게 말했다.

> "나이 들어서 하는 것은 무지 힘듭니다. 모든 일에는 수난이 있기 마련이죠. 도전을 해보지도 않고 '이건 안 돼'라고 생각하지 않았으면 좋겠습니다. 안 된다고 전제된 일을 이루는 것은 아무도 못 합니다. 할 수 있다고 생각하면 다 이룰 수 있습니다. …… 나는 의사가 내일 아침에 죽는다고 해도 내일 아침 일을 설계할 것입니다. 조찬회 갈 것과 직원들과 무슨 얘기를 할 것인지를 준비할 것입니다. 열 달 후에 죽는다는 판정을 받더라도 1년 후에, 10년 후에 할 일을 계획할 것입니다. 내가 살아있는 한 내 일이 있어야 합니다. 목표를 정하고 뭐든지 할 수 있는 용기를 가졌으면 좋겠습니다."

손이 시렵지 않고 발이 시렵지 않은 어느 날, 여사님 두 분을 모시고 소박하게 시작한 작은 청소업체가 현재 27개의 자회사(해외 법인 5개 포함)와 3만 5천 명의 임직원과 함께 1조 6천억 원의 매출을 올리는 중견기업으로 성장했다. 특히나 초등학교도 제대로 졸업하지 못한 창업자가 청소 용역으로 시작해 1조 원대 기업을 이루었다는 것은 결과만 놓고 보았을 때 기적 같은 이야기다. 삼구아이앤씨는 부드러운 물이 바위를 뚫듯 작은 일이라도 최선을 다한다면 못 이룰 것이 없음을 우리에게 직접 보여주고 있다.

오늘도 삼구아이앤씨의 직원들은 청소 용역뿐만 아니라 실버 복지, 판촉 위탁공 관리, 건물 · 시설 관리, 통합 물류 관리, 식음료 사업 관리, 골프장 관리, 해외직구 배송 대행 등 11개의 영역, 전국 1,500여 개의 사업장에서 땀 흘리며 일하고 있다. 앞으로 삼구아이앤씨는 베트남, 중국, 미국을 넘어 2025년까지 글로벌 10만 임직원을 목표로 하고 있다. 작은 것으로 기적을 이뤄낸 삼구아이앤씨의 영향력이 더 넓어지고 커지기를 기대한다.

참고문헌

- [이재만이 만난 사람] 삼구아이앤씨 구자관 회장의 희망 이정표, 《여왕의 품격 Queen》, 박천국 기자, 2014. 5. 1.
- 박종인의 외길인생 - 악몽 같은 가난 딛고 일어난 구자관 회장, 《조선일보》, 박종인 선임기자, 2009. 7. 6.
- 구자관 삼구개발 회장, 만학도 정열로, 사업의 홈런을 날린다, 《북라이프》 3월호, 2009.
- 박혜린이 만난 경영 구루(3), 구자관 삼구아이앤씨 책임대표사원, 《CEO&People》 01호, 2019, 10. 14.
- [월요인터뷰] 인력파견업 '50년 외길' 구자관 삼구아이앤씨 대표, 《한국경제》, 조아란 기자, 2017. 9. 17.

유튜브

- 2016년 OBS '명불허전' 인터뷰
- 김민호의 사람 이야기-구자관 편, 2016. 12. 13.
- 삼구아이앤씨 구자관 대표-현장에서 만난 CEO, SBS, 2016. 12. 13.

9인의
경영 구루에게
묻다
헤르메스
CEO

사람을 키우는 리더

| **김영철**(바인그룹 회장)

현)

- 바인그룹 회장
- 동화세상에듀코 대표이사
- 한국스포츠문화재단 이사장
- 세계생활체육연맹 총회 조직위원회 위원장

- 한국언론인연합회 자랑스런 한국인대상 인재육성 부문(2007)
- 책의 날 국무총리 표창(2010)
- 중소기업청, 중소기업중앙회 11월의 자랑스러운 중소기업인(2012)
- 한국인간개발연구원 인간경영대상 교육 부문(2015)
- 코리아씨이오서밋 문화경영대상(2017)

역경을 메쳐라

"제가 대학 나왔으면 이 사업 안 했습니다.
배운 게 많은데 뭣 하러 공부하러 다니겠습니까?
못 배웠기 때문에 제가 배우러 다녔던 것입니다."

바인 그룹의 김영철 회장은 중고등학교 내내 유도 선수로서 운동만 했다. 운동하느라 학교도 거의 다니지 않았다. 궁핍한 가정 환경 속에서도 운동만 열심히 하면 대학에 장학생으로 갈 수 있다는 체육 선생님 말씀만 믿고 오로지 운동에만 전념했다. 국가대표를 목표로 어떤 유혹도 멀리하며 쉬는 날도 없이 연습한 결과 전국대회에서 입상하여 유도 선수로서의 가능성을 입증했다. 그 후로 당시 유도 명문 경기대학교 특기 장학생으로 입학했지만 입학한 지 6개월도 안 되어 무릎 연골이 파열되는 부상을 입고 말았다. 부상과 함께 국가대표 유도 선수의 꿈은 저 멀리 날아가 버렸다.

국가대표로 뛸 날만 손꼽아 기다리던 그에게 유도가 아닌 다른 길은 상상도 할 수 없는 일이었다. 그는 이 시기가 인생에서 가장 힘들었던 순간이라고 회고한다.

선수의 꿈을 접고 그는 고향인 강원도 양구로 내려가 농사일부터 막노동까지 전전하며 방황의 나날을 보냈다. 그러다 1980년 단돈 7천 원을 들고 무작정 서울로 올라왔다.

상경해서 그가 처음으로 취직한 곳은 성동구에 있던 한 어린이 책 전문 출판사 인쇄 공장이었다.

> "새로운 직종에서 반드시 성공해 잃어버렸던 명예를 찾고 싶었습니다. 공장에서 일하다 회사 선배들에게 가장 전망 있는 부서가 어디냐고 물어보니 영업 부서를 추천해주더군요. 그때부터 영업부로 옮겨 일하기 시작했습니다. 그때가 스물한 살 무렵이었습니다."

처음 회사 동료들은 운동선수 출신이 아는 것도 없는데 얼마나 책을 팔 수 있겠느냐며 무시했다. 김영철 회장은 그럴 때마다 운동선수 특유의 인내심과 근성으로 날마다 책을 읽고 열심히 공부해 누구보다 현장 영업을 잘 해내었다. 다행히 그가 일했던 출판사는 직원 누구도 차별하지 않는, 누구나 노력하면 성공할 수 있다는 믿음을 주는 곳이었다.

그가 하는 일은 전집이나 백과사전 등을 전국으로 돌아다니며 방문 판매하는 일이었는데, 연골 파열 후유증으로 책을 들고 계단을 오르내리기가 몹시 힘들었지만 압박 붕대를 몇 개씩 갖고 다니며 고통을 이겨냈다. 덕분에 그는 사내에서 10년간 영업 실적 1위를 기록하며 영업팀 본부장이자 억대 연봉자가 되었다.

"유도를 하며 몸으로 익힌 정신력, 위기 관리 능력, 팀워크, 후배를 챙기고 선배나 스승님을 모시는 진심이 도움이 됐습니다. 그건 어느 분야, 어느 곳에서든 통하더군요. 그 외에 두려우면 피하기보다 부딪친다는 실행력, 모든 것에는 길이 있다고 생각하는 긍정성 등 몸으로 배운 것이 영업과 사업을 할 때 많은 도움이 됐습니다."

그의 성공 비결은 이뿐만이 아니다. 운동만 하던 그에게 동화책 속의 세상은 그가 지금까지 접해보지 못했던 경이롭고도 아름다운 것이었다. 그림과 함께 펼쳐지는 동화 세상에 홀딱 반해버린 그는 책을 팔 때도 신이 났다. 자기 책에 흠뻑 감동하여 판매하니 아이 엄마들이 책을 더 잘 사더라는 것이다. 그가 나중에 그의 회사명을 '동화세상에듀코'라고 한 것도 그때 동화에서 받은 감동 때문이라고 한다.

그러나 성취의 달콤함은 짧기만 했다. 1990년대에 접어들자 출판 시장에 변화가 찾아왔다. 각 가정을 돌며 판매하던 기존의 영업 방식이 더 이상 통하지 않게 되었다. 회사에 뼈를 묻을 각오로 일했지만 시장 상황이 변하니 회사의 업종도 바뀌어 버렸다. 회사에서 할 수 있는 일이 사라지자 그는 더 이상 회사에 머무를 이유가 없었다.

퇴계로의 조그마한 3층짜리 건물 2층에서 '국민에디코'라는 법인을 설립하였다. 장마철이면 여기저기 물이 새 통으로 빗물을 받아야 했던 곳이지만 '성공자는 남다르다'는 사훈 아래 성공에 대한 의지를 불태웠다. 창업할 때까지만 해도 그는 돈을 많이 벌어서 출세하고 싶은 욕망이 대단했다.

그런 그의 눈에 포착된 것은 당시 새롭게 형성되고 있는 교육 시장의 변화였다. 유아, 영아를 대상으로 하는 한글 교육 시장이 조성됨을 알아차리고 이 시장을 대상으로 사업을 구상했다. 단순한 교재 판매에서 벗어나 교사가 가정에 직접 방문해 아이들을 일대일로 가르치는 일을 생각해 냈다.

당시는 몬테소리, 삐아제 등의 교육 이론이 쏟아져 나올 때였다. 프뢰벨의 교육 이론을 바탕으로 한 교구들도 인기를 모으며 전집류 시장에 나왔다.

김영철 회장은 삐아제 연구원을 설립해 좋은 반응을 얻었는데, 그때 삐아제 연구원에 대한 직원들의 자부심도 대단했다고 한다. 삐아제팀은 교재 보급과 함께 회원 수를 늘리며 매출을 증가시켜 주었다. 김영철 회장은 거기에 머무르지 않고 최초로 '코칭'을 도입해 창의력을 키우는 교육 전문 회사로 한발 더 나아갔고, 이후 온오프라인 초중고교 교육 사업을 아우르며 교육 전문 기업으로서의 입지를 탄탄히 했다.

그는 경영을 전문적으로 배운 사람은 아니지만 넓은 시각과 불굴의 의지로 교육 사업을 기반으로 여행, 무역, 임대, 외식, 호텔, IT, 자산운용 등으로도 계열사를 확대해 지금의 바인 그룹을 탄생시켰다.

> "제가 겪었던 고난은 세월이 지나고 보니까 신이 나를 크게 쓰시려고 단련시킨 것이더라고요."

이순耳順을 넘긴 그는 현재 20여 개의 계열사를 가진 한 그룹의 총수가 되었다. 성공자가 되기 위해 젊음을 바쳐 분투했던 그의 노력은 어느덧 맛과 향기를 가득 품은 포도송이로 알알이 맺혔다. 운동선수가 사업을 잘할 수 있겠느냐는 세상의 편견을 시원하게 메치며 끊임없이 도전한 결과였다.

회사의 핵심 가치는 구성원입니다

사업을 시작했을 때 그는 돈에 한이 맺힌 사람처럼 성공에 대한 집착이 컸다. 운동선수 특유의 승부 근성으로 성과가 나오지 않으면 구성원들을 혼내기도 하면서 수치에 예민하게 반응했다. 잘해보자고 시작한 일인데 뜻대로 되지 않는 일이 많아졌다. 회사의 목적을 위해 내부 구성원들이 도구화되어 가는 현상을 목격하며 자신의 부족함을 돌아보게 되었다.

> "돈이나 벌어보자고 시작했는데, 일을 하다 보니 막히는 부분이 많았습니다. 배운 게 없었으니까요. 그래서 우리나라에서 좋다는 교육은 다 받으러 다녔습니다. 교육을 받다 보니 저의 내면에 많은 변화가 일어났습니다. 성과보다는 사람을 우선해야 한다는 것을 그때 깨닫게 되었습니다. 이후 서서히 구성원 중심으로 회사의 지향점을 바꿔나갔습니다."

그는 사람은 누구나 교육으로 변화될 수 있다는 것을 체험으로 깨달았고, 교육을 통해 자신의 잠재력을 믿게 되었다. 인간의 무한한 가능성은 교육과 코칭을 통하면 발현될 수 있다는 확신을 얻어 그때부터 내부 구성원들에게도 리더십 교육, 자기 계발 교육, 관계성 교육 등을 받도록 했다.

> "교육을 받다 보니 내가 유도만 잘하는 줄 알았는데 내 안에 다양한 능력이 있다는 것을 알았습니다. 사업도 할 줄 알고, 커뮤니케이션, 마케팅, 조직 관리도 할 줄 안다는 것을 알고 매우 자신감을 얻었습니다. 이런 능력이 나에게만 있는 것이 아니라 모든 직원에게도 있겠구나 생각했습니다."

그의 예상처럼 교육은 사내 구성원들을 변화시켰고, 교육과 코칭을 받은 코치들은 잠재력을 발휘해 성과를 내기 시작했다.

김영철 회장은, 회사 구성원은 '성장의 존재'이며 회사가 그들의 성장을 지원할 때 성장한 인재들이 회사를 키워주는 선순환 구조를 이룬다고 강조한다. 구성원을 성과나 매출의 수단으로 생각하는 분위기는 장기적으로 전혀 회사 성장에 도움이 되지 않는다는 것이다. 그래서 그에게는 항상 내부 구성원들이 1순위다.

교육 사업에서 코치의 역량이 곧 회사의 역량과 직결되기에 바인 그룹은 이들에 대한 투자를 아끼지 않는다. 회사 이익의 20%가량을 인재를 양성하는 비용으로 지출한다. 전 구성원을 대상으로 독서 경영, 코칭, 리더십, 마케팅 등에 관한 10대 교육을 받게 하여 교육 인재로서의 내공을 갖추도록 하고 있다.

교육에 대한 김영철 회장의 믿음은 국내 최초로 '코칭'을 교육에 접목한 콘텐츠로 나타났다. '코칭' 교육은 바인 그룹의 뿌리가 된 동화세상에듀코의 핵심 성장 비결이며, 2000년대 중반 티칭 위주의 교육 시장에 '코칭'이라는 개념을 도입해 학생들이 자신의 무한한 가능성을 깨달아 스스로 학습해가도록 이끌었다. 성적 위주의 교육에 지친 아이나 학부모에게 코칭 시스템은 큰 반향을 불러일으켰고, 코칭 학습 시장은 확대되어 회사는 최고의 코칭 전문 교육 회사라는 자리에 오르게 되었다.

구성원의 성장을 회사의 최대 목적이자 핵심 가치에 둔 김영철 회장의 변함없는 경영 철학이 뒷받침되었기에 회사의 꾸준한 성장이 가능했다. 그는 늘 절절한 마음으로 구성원들의 성장을 바랐다. 하부 조직까지 그의 메시지가 잘 전달되었던 것은 그의 절절함 때문이라고 한다. 그 절절함은 내부 구성원들을 거쳐 이제는 고객의 성장까지 이어지고 있다.

> "회사의 핵심 가치는 첫째도, 둘째도, 셋째도 구성원입니다. 그다음에 고객이고, 회사의 이익은 맨 뒤입니다. 다들 시장이 어렵다고 하지만 저희 회사는 계속 성장하고 있고, 신규 사업도 계속 진행하고 있습니다. 구성원들이 이렇게 회사를 키워준 것입니다. 저는 이들을 키워주고 환경을 만들어주었을 뿐입니다. 회사에서 인정해주고 기대해주고 교육해주니 이들이 헌신하더라고요. 저는 깜짝 놀랐습니다. 세상에 이런 구성원들이 없다고 생각합니다. 매출이나 규모로는 저희보다 더 큰 회사들도 많겠지만 사람 키우는 회사로는 저희가 최고가 아닐까 생각합니다."

이렇듯 내부 구성원에 대한 그의 자부심은 대단하다. 그는 앞으로 이런 영향력이 코칭을 받는 학생들에게까지 전해질 수 있도록 더욱 노력할 생각이다.

김영철 회장의 경영 밑바닥에는 '선善'이라는 가치가 기본적으로 전제되어 있다. 코치의 능력도, 이익도, 회사의 성장도 선을 바탕으로 할 때 의미를 가진다는 것이다. 사회에 유익이 되지 않는 콘텐츠는 아무리 달콤한 유혹이 있어도 시도하지 않는다.

> "사업하는 사람은 뜻이 올발라야 합니다. 뜻이 올바르지 않으면 하늘 문이 닫힌다고 합니다. 이건 인간의 힘으로는 못 연다고 해요. 하지만 뜻이 올바르면 하늘 문이 열리는데, 이것 역시 인간의 힘으로는 못 닫는다고 합니다."

흔히 기업에서는 엘리트를 선호하지만 그는 혼자 똑똑한 엘리트보다 함께하는 선한 리더를 양성하는 것이 중요하다고 믿는다. 리더는 다른 사람에게 영향을 주는 사람이므로 회사에서 교육받아 변화된 삶을 통해 이웃과 고객과 가족과 동료들에게 선한 영향력을 끼치는 사람이야말로 회사에 꼭 필요한 인재라고 한다.

회사의 구성원들이 변화되어 삶의 향기를 나누며 세상의 빛과 소금과 같은 존재가 된다면 그들과 관계하는 회원과 그 가족들 역시 영향을 받는다는 것이다. 그래서 그의 비전에는 3만 명의 구성원을 선한 리더로 육성하겠다는 목표가 담겨 있다.

그의 사무실 안 구석에는 조그마한 방이 하나 있다. 한두 평 남짓한 방에는 십자가와 성경책이 놓여 있는 작은 자리가 마련되어 있다. 출근하자마자 그가 하는 일은 기도라고 한다. 이 자리에서 그가 하는 기도의 내용은 늘 정해져 있다.

> "회사의 구성원들 모두를 사랑하게 하십시오!
> 그들의 엄청난 가능성을 인정하게 하십시오!
> 그 엄청난 가능성이 발휘될 수 있도록
> 우리 회사를 도구로 써 주십시오!"

포도씨 한 알에 숨은 가능성

히딩크 감독이 없었다면 세계적 축구 선수 박지성이 있었을까? 박항서 감독이 없었다면 베트남 축구는 어떻게 되었을까? 이렇듯 김영철 회장은 한 사람의 영향력이 대단히 중요하다고 강조한다. 한 사람의 영향력 있는 리더를 만들기 위해서는 최고의 교육 콘텐츠를 찾아 제공해야 하는데, 그러한 노력은 기업과 구성원이 함께 성장하기 위한 것이고, 100년 기업의 미래를 만들기 위한 가장 기본적이면서 핵심적인 전략이라는 것이다.

> "저는 구성원들에게 항상 말합니다. 자신이 얼마나 대단한 존재인지 알아야 한다고요. 자기 속에는 상상도 못 할 엄청난 잠재력이 있고, 자신은 자기가 생각하는 것보다 위대하다는 것을 끊임없이 강조합니다."

바인 그룹은 구성원들이 그러한 잠재 능력을 표출할 수 있도록 자체적으로 인재 양성 시스템을 구축해 핵심 인재를 양성하고 있다. 그것을 통해 사회에 빛이 되는 3만 명의 선한 리더를 배출하는 것이 회사의 목표이다.

자체 인재 양성 시스템인 '바인아카데미'에는 오랫동안 축적된 교육 노하우를 바탕으로 열 가지 다양한 프로그램을 마련하고 있는데, 이 프로그램을 다 이수하려면 3년이 걸린다고 한다. 사내에서 실시하는 교육 과정만 이수해도 퇴직 후 사회에서 코칭 전문가로 활동할 수 있을 정도로 퀄리티 또한 높다고 한다.

회사에서는 세계적 자기 계발 전문가인 브라이언 트레이시의 리더십 과정과 스티븐 코비의 성공하는 사람들의 7가지 습관, 데일카네기, 크리스토퍼 리더십 등의 과정을 위해 라이선스 비용을 아끼지 않고 지원하고 있다. 그 외에도 리더의 마인드와 스피치 기술을 함양하는 프로그램, 팀 운영이나 아이디어 실행에 독서를 활용하는 프로그램, 마케팅 프로그램, 아이디어를 도출해 적용하고 실행하는 방법을 길러주는 프로그램, 감사와 행복을 나누는 프로그램, 코칭에 필요한 프로그램 등을 골고루 갖춰 구성원들의 성장뿐만 아니라 업무에 필요한 것들까지 모두 제공하고 있다.

바인 그룹은 좋은 프로그램이 생기면 아낌없이 투자하기 때문에 매년 직원들의 교육비가 늘고 있다고 한다. 하지만 그들의 성장이 곧 회사의 성장이므로 예산을 아끼지 말아야 한다는 것이 김영철 회장의 지론이다.

'바인아카데미' 프로그램은 코스가 정해져 있는 것이 아니다. 구성원들에게 선택권을 주어 원하는 교육을 듣도록 하고 있는데, 특히 고객 관리와 코칭 관련한 콘텐츠는 업무와 직결된 프로그램이어서 업무에 미숙한 신입들의 실무에 많은 도움이 되고 있다고 한다. 조직 관리자가 되면 MBA

과정을 밟게 해주고, 임원이 되면 전문가의 일대일 코칭도 제공한다.

인재 양성 프로그램은 영상 플랫폼으로도 제공된다. 전사 교육 시스템을 통해 바인아카데미 프로그램을 비롯한 리더십, 직무, 사례 등 다양한 분야의 콘텐츠를 그룹 구성원들이 자신의 역량에 맞게 선택하여 학습할 수 있도록 하고 있다. 그 외에도 명사를 초청하여 강연을 듣고, 외부 전문 코치를 초빙하여 코칭 포럼을 개최하거나 해외로 직원을 연수보내는 등 다양한 방법으로 구성원들의 역량을 높이고 있다.

많은 교육 중에서도 특히 김영철 회장이 강조하는 것은 '독서'이다. 그는, 독서는 모든 교육을 아우를 수 있을 만큼 효과적인 것이라고 말한다.

그가 독서를 강조하는 이유는 그 자신이 독서광이기도 해서이다. 그는 매일 출근 전 새벽에 한두 시간씩 책을 읽고 출근할 정도로 독서에 열심이다. 장르와 주제를 가리지 않고 다독하는 편으로 책에서 아이디어를 많이 얻는다고 한다.

그가 독서 못지않게 중요시하는 것이 또 하나 있는데, 그것은 바로 정신 자세, 세상 공부, 공동체 정신이라고 한다. 혼자 열심히 하는 것도 중요하지만 옆 사람과 함께할 때, 다른 분야와 협업할 때 더 큰 성과를 얻을 수 있다는 것이다.

김영철 회장은 운동선수 출신으로 자신이 교육을 통해 변화된 사례이기 때문에 인재를 볼 때도 학력이나 경력으로 판단하기보다는 아이들을 가르칠 수 있는 소양과 인성을 중심으로 본다. 업무 관리직에는 정년도 두지 않았다. 능력이 있는 사람은 나이에 상관없이 능력을 발휘할 기회를 주어야 한다는 것이다.

그는 포도씨 안에는 포도가 없지만 심으면 포도가 나오지 않느냐며 교육과 코칭이 더해지면 구성원들의 잠재된 능력이 표출된다고 확고하게 믿는다. 경력과 학력, 나이나 전공이라는 고정 관념에 더 이상 갇혀 있지 말고 마음껏 잠재력을 발휘하기를 바란다. 회사에서 이렇게 구성원들을 믿고 지원해주니 회사에 대한 구성원들의 자부심도 대단하다고 한다.

코칭을 전문으로 하는 동화세상에듀코에는 경력 단절 여성들이 많이 문을 두드린다. 나이와 상관없이 기회를 제공하는 데다 교육 사업이다 보니 아이를 가진 엄마들이 선호한다고 한다. 능력이 있어도 쉽게 도전하지 못하는 그들에게 동화세상에듀코는 자아 성취와 자기 성장의 기회를 동시에 제공하고 있는 셈이다. 그래서인지 기회를 주어서 감사하다는 육아맘들의 경험담을 많이 접할 수 있다.

김영철 회장은 내부 구성원들과의 소통을 위해 전 구성원에게 그의 전화번호를 공개했다고 한다. 그들에게 오는 많은 메시지 중 자신의 꿈을 이루었다거나 과거와 다르게 변화되었다는 내용을 보면 가장 기쁘다고 한다.

구성원들을 믿고 기다려주면 서로 통하게 된단다. 하지만 자만심을 갖지 않도록 무조건적인 자애보다는 70%의 지지와 믿음, 30%의 요구와 지적이 필요하다고 덧붙인다.

그는 사람 경영을 참 잘하는 사람 같다. 그것은 아마도 사람을 잘 알고 이해하기에 나오는 능력이 아닐는지.

바인그룹 사옥

백년 기업을 향한 굳히기

1995년 유아 놀이 교육 사업으로 시작한 '국민에디코'는 초중등 홈스쿨 교육, 온라인 교육으로 사업을 확장해 나가며 2000년에는 '에디코'로, 2012년에는 '동화세상에듀코'로 이름을 바꾸었고, 2017년에는 10여 개의 계열사를 거느린 '바인그룹'으로 거듭났다. 바인Vine이란 척박한 토질에서도 잘 자라는 포도나무를 뜻하며, 포도나무에 주렁주렁 열리는 포도는 인간의 역사에서 오랫동안 함께한 신뢰와 성장의 열매로서 바인 그룹의 철학과 가치를 담고 있다. 전체 계열사를 총괄하는 이 이름은 8개월가량 고심한 끝에 탄생한 것이라고 한다. 위기를 기회 삼아 성장해 비전을 이루어 나가는 그룹의 모습이 포도나무의 생태와도 잘 들어맞는 것 같다.

포도 덩굴이 끊임없이 뻗어 나가 수많은 열매를 맺듯이 바인 그룹 역시 교육 사업을 근간으로 IT/모바일 플랫폼, 자산 운용, 호텔, 무역, 유학, 외식 사업 등으로 계열사를 확장해 나가며 연 매출 1,700억 원대를 기록하는 중견기업으로 성장했다.

바인 그룹의 모체가 되는 '동화세상에듀코'는 티칭에 코칭을 접목한 교육 방식을 교육 시장 최초로 도입하여 지난 25년간 한 번도 멈추지 않고 매년 20% 이상의 성장을 보여왔다. 이제 교육 시장에서 자기주도학습은 대세가 되었고, 앞으로 교육이 나아가야 할 바람직한 방향이 되었다.

끊임없는 질문과 대화로 스스로 답을 찾아 나가도록 일깨우고 이끌어 주는 코칭은 동화세상에듀코의 주력 상품이며, 코칭은 학습뿐만 아니라 진로 코칭, 인성 코칭, 부모 코칭, 커리어 코칭에 이르기까지 그 대상과 분야를 넓혀 나가고 있는 중이다.

특히 중고등학생을 대상으로 한 '상상코칭'은 학습, 진로, 인성에 대한 청소년 전문 프로그램으로써 올바른 자아정체성과 목표를 확립하게 하고 적합한 공부 방법을 찾아주어 자기주도학습 능력을 키워주는 교육이다. 중고등 교육 시장은 쉽게 진입하기 어려운 분야이기 때문에 이 부분에서는 현재 우리나라에서 동화세상에듀코가 가장 앞서나가고 있다. 온라인 교육 시장 역시 동화세상에듀코가 가장 먼저 도전했던 분야로써 코로나 이후에 더욱 상승 추세에 있다.

동화세상에듀코는 교육 시장의 변화에 항상 발빠르게 대응한 덕분에 성장을 지속할 수 있었고, 위기 상황 속에서는 오히려 더 발전하는 저력을 보였다. 그리고 이렇게 성장한 교육 사업은 그룹화의 밑바탕이 되었다.

김영철 회장은, 사업의 다각화는 다양한 잠재력을 지닌 구성원들에게 하나의 비전만 제시하는 것이 아니라 여러 분야에서 능력을 발휘할 기회를 만들어 줄 것이라고 자신한다. 그들의 잠재력을 믿고 잘할 수 있는 것, 시장성이 있는 것, 대기업에서 하지 않는 것, AI나 로봇이 하지 못하는 영역 등을 찾으면 사업의 요소는 무한정 있다는 것이다. 그래서 그는 구성원들에게 '지금 하는 업무 외의, 새로운 업무의 CEO에 도전하라'는 말로 구성원들의 도전 의식을 자극하기도 한다.

바인 그룹의 비전은 백년 기업, 20개의 계열사를 거느린 글로벌 기업으로 나아가는 것이다. 기업의 신념과 원칙은 지키되 끊임없이 도전하고 변화하여 포도나무처럼 많은 결실을 맺자는 것이다.

백년 기업의 비전을 이루어 나가기 위해 바인 그룹에는 '백년 달력'이라는 것을 만들었다. 백년 기업으로 가기 위해 매년 수행해야 할 목표들을 적은 달력인데, 1995년부터 2094년까지의 목표가 빼곡하게 기록되어 있다.

> "백 년 가이드니까 1년마다 체크를 합니다. 저희는 목표를 항상 써 붙입니다. 목표들을 눈으로 확인하며 동화 속 주인공이 되는 것이지요. 이것들은 십몇 년 전부터 써놓은 것입니다."

그는 새로운 일을 두려워하지 않는다. 글로벌 기업으로 가기 위해서는 앞으로도 도전을 멈추지 않을 생각이다. 어려울 때일수록 오기가 난다는 그는 항상 되는 쪽만 본다. 사람들은 보이는 것만 보지만 자신은 보이지 않는 더 큰 것을 보며 나아간다고 한다.

20개의 계열사를 향한 도전은 바인그룹의 사내 벤처 프로젝트인 '100 프로젝트'에도 잘 나타나 있다. 전체 구성원들이 참여한 100개의 아이템을 선정하여 투자해보자는 것이 '100 프로젝트'인데, 현재 30%가량 성공시켰다. 이것 역시 써 붙여 놓고 시각화하며 하나하나 추진하고 있다.

처음에는 김영철 회장 자신의 아이디어가 많았는데, 점점 구성원들의 참여가 이어지고 있으며, 이제는 '100 프로젝트' 팀을 만들어 수익 나는 모델을 자체적으로 검증하고 있다. 팀에서 분석하여 반응이 좋은 모델은 구성원들의 가능성을 믿기에 과감하게 투자를 진행한다.

사내 벤처는 리스크를 줄이면서 회사의 경험과 기회를 활용할 수 있는 장점이 있어 앞으로도 많이 지원하고 활용할 것이라고 한다. 구성원의 재능이 많으면 회사는 그것을 펼칠 수 있게 도와주어야 한다는 것이다.

사회에 해가 되는 일이 아니라면, 사행성 있는 일이 아니라면 무엇이든 사업화할 수 있다는 것이 그의 생각이다. 문어발 경영 아니냐는 세간의 곱지 않은 시선이 있지만 그의 생각은 다르다.

> "아마존이나 카카오 보십시오. 계열사가 80~90개나 됩니다. 이제는 패러다임이 바뀌고 있습니다. 플랫폼 비즈니스 시대입니다. 무엇이든 연결하면 새로운 것을 창출할 수 있습니다. 우리의 잠재력으로 연결하면 얼마나 많은 먹거리가 생겨나겠습니까?"

그는 사람들이 과거의 생각에 갇혀 있다며 누군가 우리에게 입력해 주었던 지식, 실패의 경험, 안 된다는 생각을 깨버리라고 조언한다.

코로나 사태로 국제 경제가 위기를 맞고 있는 요즘, 그의 입에서는 뜻밖의 말이 나왔다.

"코로나가 우리에게 선물을 주었습니다. 25년 아날로그 조직을 디지털화시키고, 온라인 전문 기업, AI 코칭에 대한 비전을 주었습니다."

바인의 교육 사업은 90%가 대면 비즈니스였다. 미래에 닥쳐올 온라인 시대를 대비해 준비는 하고 있었지만, 코로나가 그 시기를 훨씬 앞당겨 놓았다는 것이다. 모든 수업을 화상으로 진행하게 되었고, 코치들의 근무 형태도 현장 코치들은 모두, 관리자는 주 2회 재택근무로 바꾸었다.

회사 내 회의도 모두 비대면으로 전환하는 등 발 빠르게 대처한 덕분에 교육 사업에서 뜻하지 않은 큰 성과를 내고 있다고 한다. 코치들이 센터별로, 주간 단위로 영상을 지속적으로 올리니 경험이 공유되며 교육 사업이 더욱 활성화되더라는 것이다. 물론 손실 난 사업도 있지만 발빠르게 대응한 덕분에 오히려 더 큰 선물을 받았다며, 코로나라는 위기는 잘만 극복한다면 또 다른 기회를 준다고 말한다.

그는 앞으로 교육 사업에도 AI가 활용될 것으로 예측하고 AI 대학원에 다니며 공부하고 있다. AI를 이용해 고객의 선호도에 맞는 캐릭터를 개발해 코칭과 접목할 수 있다는 것이다.

"나중에는 대한민국 학생들을 AI가 교육하는 시대가 올 것입니다. 그것을 대비하고 있습니다."

현재 전 코치들은 유튜브 영상을 교육과 홍보에 활용하고 있으며, 마케팅 역시 유튜브나 블로그, 카페를 활용하고 있다고 한다. AI 코칭 시대를 대비해 데이터를 모으는 작업과 함께 미디어 센터도 만들고 있다. AI 코칭 사업이 잘되면 중국과 일본 시장도 개척해볼 생각이다. 교육 콘텐츠는 데이터를 헌팅하거나 우수 콘텐츠 업체와 협업하면 된다며 무한한 가능성을 내비쳤다.

> "IMF 위기 때도 우리는 두 배 더하자고 그랬습니다. CEO는 항상 되는 쪽만 봐야 합니다. 환경을 탓하면 답이 나오지 않습니다. 어려울 때일수록 희망을 주며 더 적극적으로 할 때 위기를 기회로 바꿀 수 있습니다."

어려울 때일수록 오기가 생긴다는 그는 역시 타고난 승부사였다.

섬김의 기업 문화

"이제 학습은 제 DNA가 된 것 같습니다."

김영철 회장은 누구 못지않게 열심히 공부하는 CEO다. 그는 강의를 유형별로 다운받은 MP3를 여러 개 가지고 다니며 산책할 때, 운동할 때, 출장 갈 때, 조찬회에 갈 때마다 듣는다. 외국에 나가서도 강의를 듣거나 책을 읽는 일을 빼놓지 않는다. 학습은 습관이 되어 하루도 거르지 않고 하고 있다. 그는 자기 학습의 중요성을 강조하며, 특히 경영자나 리더가 되고자 하는 사람은 자기 능력을 키우는 것이 1순위라고 말한다.

운동하느라 배운 것이 부족해 먹고살기 위해 교육을 받으러 다녔지만, 하나둘 지식이 쌓이면서 그는 학습의 매력에 빠지게 되었다. 축적된 학습에서 정보와 아이디어와 전략이 나오고 그 기운이 조직과 팀원들에게 전달되었다. 나중에는 사업을 떠나 사람과 세상을 알게 되었고, 자신이 어떻게 살아야 하는지 깨닫게 되었으며 삶의 영역이 넓어진 것을 느낄 수 있었다. 자신 안에 지식과 정보가 쌓이니 꿈이 커지고 기회가 보였으며 보이지 않았던 것이 보이더라는 것이다. 그래서 처음에는 경영학만 공부했지만 점점 인문학과 같은 다양한 분야를 접하며 새로운 세계를 경험함과 동시에 또 다른 꿈과 도전 의식을 가지게 되었다고 한다.

그는 한 인터뷰에서 "리더의 에너지는 공부에서 나온다. 공부는 가장 확실한 자기 충전 방법이다. 리더가 구성원들에게 나눠줄 것은 에너지다. 내가 매일 공부하는 이유다."라고 말했다. 본인이 경험했기에 그는 교육의 힘을 굳게 믿고 솔선수범하며 구성원들에게 간절한 마음으로 권한다. 그래서일까? 그는 사람을 키우는 일을 하는 사람, 생명을 다루는 사람들에게 늘 존경심을 갖고 산다. 명함을 받았을 때 그 사람이 교사나 교수, 강사, 판사와 같은 직업의 사람들이면 저절로 존경심이 우러나온다고 한다. 교육하는 일, 사람을 키우는 일, 생명을 다루는 일은 사명 없이는 할 수 없는 일이어서 하늘이 정해주지 않으면 안 되는 일이라고 생각하기 때문이다. 그것은 공교육이든 사교육이든 마찬가지다. 그래서 그의 마음속에도 늘 교육에 대한 사명 의식과 자신에게 가르침을 준 사람에 대한 고마움이 자리잡고 있다고 한다. 그는 자신의 두 아들에게도 늘 스승에 대한 존경심을 잃지 말라고 가르치며, 중요한 행사가 있을 때마다 자신의 스승님을 맨 앞자리에 모셔놓고 본인이 먼저 존경과 감사의 모범을 보인다고 한다.

그가 자식들이나 구성원들에게 업무에 관한 것보다 더 많이 이야기하는 것은 섬김의 자세다.

"부모와 스승과 상사는 평가하지 마라. 조금 부족해도 그냥 섬겨라. 아내를 섬겨라….”

요즘 아이들에게 가장 부족한 점도 섬기는 태도라며 섬김의 자세를 가르쳐야 한다고 말한다.

그의 섬김의 자세를 단적으로 보여주는 예가 있다. 그의 집무실은 17층 건물의 2층이다. 전망 좋고 넓은 로열층이 아니라 맨 아래층인 2층에 자리 잡은 이유는 구성원들을 내려다보지 않고 아래에서 섬기겠다는 마음의 표현이라고 한다. 또 집무실은 오전에는 구성원들이, 오후에는 본인이 쓰며 공유하고 있다. 그는 일할 때도 앉아서 하지 않고 늘 서서 한다. 현장에서 열심히 일하는 코치들을 생각하면 편안히 앉아서 일하기 어렵다는 것이다.

그는 명함에 사명선언서를 써서 다닌다. 사명선언서에는 자신과 남에 대한 섬김의 태도가 잘 드러나 있다.

“나 김영철은 한평생 끊임없이 수양하여 자신을 누리며 남들에게 유익함을 주는 삶을 살아가겠습니다.”

‘한평생 수양하는 것’은 나를 섬기는 것이고, ‘남들에게 유익함을 주는 삶’은 남에 대한 섬김의 표현이라고 한다.

“명함에 써가지고 다니기 때문에 내가 그렇게 안 살 수 없습니다. 이렇게 써가지고 다니면서 남에게 피해 주면 안 되잖아요. 삶이든 사업이든 마찬가지예요.”

코칭을 중심으로 한 바인그룹의 사내 문화는 어떨까?

바인그룹은 구성원들이 스스로 코칭을 경험하도록 하고 있다. 바인그룹 구성원이라면 누구나 받을 수 있는 '퍼스트 코칭'과 직무 컨설팅이 그것이다. 사내 코칭 제도라 할 수 있는 이 제도는 직무에 상관없이 구성원들끼리 서로 소통하고 어려움을 나누며 발전해 나가는 것이다. 아울러 현장에서 코칭해야 하는 코치들이 직접 코칭을 받아봄으로써 그 효용성을 체감하기 때문에 코칭에 진정성을 더할 수 있다고 한다.

내부 구성원이 4,500명에 달하는 바인 그룹의 경영은 곧 사람 경영이라 해도 과언이 아니다. 서로 존중하고 배려하는 문화, 화합하는 기업문화는 반드시 필요한데, 직무와 부서를 넘어 어려움이 생기면 서로 코칭하고 격려하기 때문에 이 사내 코칭을 통해 섬김과 배려의 문화, 격려의 문화가 싹튼다고 한다. 직무 컨설팅도 직원들 간에 서로 멘토-멘티 관계를 맺도록 하여 업무를 숙지하는 데 도움을 주고, 부서 간 융합에도 큰 도움이 된다고 한다. 멘토와 멘티가 친분이 없어도 운영자가 조율해 주기 때문에 서로 부담 없이 진행할 수 있고, 선후배 간에 꼭 필요한 정보를 세심하게 제공받을 수 있어 만족도가 높다고 한다.

김영철 회장은 누구에게든 지적하지 않는다. 지적하거나 비난하는 것은 오히려 상황을 악화시킬 뿐 답을 찾기 어렵게 만들기 때문이란다. 지적할 일이 생기면 코칭하여 스스로 문제를 알아차리도록 해야 한다는 것이다.

바인그룹은 회사에 섬김의 문화, 칭찬하는 문화, 격려하는 문화를 정착시키기 위한 콘텐츠도 개발 중이다. 콘텐츠를 만들고 있는 중에 벌써 사내 분위기의 변화가 나타나고 있다며 김영철 회장은 긍정적인 기대감이 가득했다.

그는 요즘 청소년들의 인성에 대해서도 많은 고심을 하고 있다. 맞벌이 부부에 외동이 많은 요즘 시대에 청소년들이 바른 인성으로 자라게 하기 위한 고민이 필요하다는 것이다. 좋은 대학을 보내는 것에만 관심 갖지 말고 기본적인 예의를 가르치고 섬김과 배려의 자세를 길러야 한다는 것이다. 그의 이런 뜻에 맞게 청소년 인성 코칭은 콘텐츠로 개발되어 좋은 반응을 얻고 있다고 한다. 그러고 보면 코칭의 세계는 정말 무궁무진한 것 같다.

한평생 자신을 수양해서 남을 기쁘게

배움을 통해 그의 의식이 자랐다. 이기는 것밖에 모르던 그는 학습과 훈련을 통해 그동안 보지 못하던 것을 보게 되었다. "성공자는 남다르다"는 사명은 어느새 "한평생 자기 자신을 수양해서 남을 기쁘게"로 바뀌었다. 실적보다 자기 성장을 이룬 구성원을 보면 그냥 기뻤다.

그의 내면의 변화를 반영하듯 바인 그룹은 사회 공헌에도 관심이 많다. 대표적인 것이 청소년 사회 공헌 프로그램인 '위캔두'이다.

교육 사업으로 성공한 그는 은퇴 후엔 청소년들에게 무료 콘텐츠를 제공하여 청소년의 성장을 돕고 싶었다. 그러나 TV만 틀면 나오는 정쟁과 비리, 폭로전을 보며 저런 것을 보며 청소년이 무엇을 배울까 걱정이 많았다. 자신의 은퇴 후를 기다리다가는 때를 놓칠 것 같아 '위캔두' 프로그램을 만들었다고 한다.

'위캔두'는 청소년의 변화와 성장을 돕는 무료 리더십 프로그램으로 이 역시 코칭을 통해 청소년의 무한한 잠재력을 끌어내는 교육 활동이다.

이 프로그램은 세계적인 동기부여가 브라이언 트레이시Brian Tracy의 성취심리세미나Maximum Achivement와 바인 그룹 자체 개발 교육 프로그램 '액션 스피치 리더십 코스', '감사행복나눔' 등으로 구성해 참여식 학습 활동으로 운영하고 있다. 전국에 있는 학교, 학생들, 지역 사회 청소년들을 직접 찾아간다. 그러나 프로그램을 통해 나타나는 아이들의 긍정적인 반응을 보고 지역 사회에서 오히려 행사를 요청하는 경우도 있다고 한다. 행사에 참여한 강사들은 학생들이 프로그램을 통해 자신과 주변 환경을 돌아보고 삶에 대한 흥미를 갖는 것을 보고 많은 보람을 느낀다고 한다.

김영철 회장은 '위캔두' 활동 과정에서 절대 영업 행위를 하지 말 것과 회원들의 신상 정보를 물어보지 말 것을 당부하지만 순수한 목적으로 한 사회 공헌 활동이 뜻밖에도 회원 가입으로 연결되는 경우도 생겨났다.

그 밖에 바인 그룹은 부모들의 코칭을 위해서 '코칭맘'이라는 정기 구독 정보지를 무료로 발행하고 있다. 아이는 부모의 영향을 많이 받기 때문에 부모의 변화가 우선되어야 한다는 생각에서 시작한 일인데, 현재 7만 부를 발행하고 있다. 자녀 상담, 입시 관련 자료, 저명인사의 강의, 문화 관련 콘텐츠를 담고 있어 정보와 교양을 동시에 얻을 수 있다. 돈이 안 되는 일이니 줄이자는 사내 임원들의 의견도 있지만 김영철 회장의 의지는 확고했다. 이 정보지의 정기 구독이 늘어날수록 지출은 늘어나겠지만, 그만큼 세상은 달라질 것이라며, 부수가 늘더라도 무료 발행을 지속해야 한다는 견해를 유지했다. 당장의 이익보다 세상의 선한 변화를 그는 기대하기 때문이다.

얼마 전부터 김영철 회장은 젊은 벤처사업가들을 지원해주기 위해 모임을 하나 만들었다. 경영 선배로서 미래를 이끌어갈 젊은 벤처 기업인들을 이끌어주어야 한다는 생각에 성공적으로 사업을 진행하고 있는 스무 명 남짓의 청년 사업가들을 모아 그들의 고충을 듣고 상담도 해주고 있다. 코로나로 전 회원이 모두 모이기는 어렵지만 개별적으로는 만남을 이어가고 있다. 정부 기관과 투자자들을 연결해주기도 하고, 축적된 사업 노하우를 전수하며 그들이 두려움 없이 도전할 수 있도록 멘토 역할을 해주기도 한다.

김영철 회장은 아끼는 동생, 또는 후배라는 생각에 모임의 경비를 모두 지원하고 있으며, 인생 선배로서, 경험자로서 "돈만 보고 사업하지 말라."며 필요할 땐 아낌없는 조언도 해준다. 다양한 모습과 기발한 아이디어로 자신의 사업을 이끌어가는 젊은 벤처인에 대한 이야기를 할 때는 마치 대견스러운 자식을 보듯 김영철 회장의 얼굴에 미소가 번졌다.

실적보다 사람에 초점을 두는 부드러운 카리스마, 선한 영향력을 위해 자신이 먼저 실천하는 솔선수범의 리더십, 하지만 일단 도전하면 승부를 보고야 마는 타고난 승부사 김영철 회장은 요즘 젊은이들에게 해주고 싶은 이야기가 많다.

그는 한 비즈니스 잡지에서 이렇게 말했다.

"세 가지 조언을 들려주고 싶습니다.

무엇보다 자신의 정체성을 깨닫고 잠재력에 대한 확신을 가졌으면 좋겠습니다. 스스로 생각하는 것보다 '나'라는 존재는 크고 대단합니다.

두 번째는 경험을 많이 하라는 이야기입니다. 처음이라 서툴고 힘들더라도 일단 직접 경험해보아야만 자신의 것으로 만들 수 있기 때문이죠.

마지막으로 자신이 좋아하는 일을 하는 것도 중요하지만, 자신이 잘 할 수 있는 일을 해야 합니다. 잘하는 일 중에서도 미래가 밝은 일을 찾는 안목이 있어야겠죠. 현재는 초라한 일일지라도 미래가 밝다는 확신이 있다면, 꾸준히 도전한다면 그 결실은 대단할 것이라 믿습니다."

젊은이들이 사회를 탓하고, 형편을 탓하고, 조건을 탓하기 전에 김영철 회장의 말처럼 크고 대단한 자신의 숨은 가능성을 믿고 도전하기를 바란다.

참고문헌

- ‘백년기업에 도전하는 김영철 바인그룹 회장’, 브라보마이라이프, 김성회 CEO 리더십연구소 소장과의 인터뷰, 2018. 6. 4.
- CEO& 커버 스토리 ‘동화 같은 기업, 포도나무로 다시 태어나다-바인그룹 김영철 대표’, 2017년 4월호
- 월간 HRD 김영철 대표 표지 스토리 ‘직원의 자기 성장을 통해 세상의 선한 변화를 추구하다’, 2016년 11월호
- 헤럴드 경제 ‘직원은 가족…정년없는 회사를 꿈꾸는 ‘교육프런티어’, 2016. 10. 4.
- ‘글로벌경영으로 제2 도약 바인그룹 김영철 회장’, By whiz, 2018. 1.12.
- ‘김영철 바인그룹 CEO 한국 언론 발전에 기여한 2016 제16회 공로 대상 수상자 신년대담’, 정경뉴스, 2017. 1. 10.
- 바인그룹 사보 ‘DREAM of VINE 25th’, vol 72
- 진짜 부모가 되는 코칭맘 2020. 10. vol. 30

유튜브

- 지식과 정보의 공유 휘즈노믹스 ‘변화에 부응하는 바인그룹 경영 철학과 국내외 사업 확장’

9인의
경영 구루에게
듣다
헤르메스
CEO

자강불식(自强不息)의 경영인

김형진(세종텔레콤 회장)

현)

- 세종텔레콤 대표이사 회장

전)

- 홍승기업 대표이사
- 세종기술투자 대표이사 사장
- 세종증권 대표이사 회장
- 세종캐피탈 회장
- 국가경영전략연구원 자문위원
- 세종금융지주회사 회장
- 전국경제인연합회 국제경영원 이사
- 안익태 기념재단 이사장
- 엔터프라이즈네트웍스 대표이사

- 한국의 최고경영인상 지속가능경영 부문(2013)
- 제21회 전남도민의 날 자랑스러운 전남인상(2017)
- 코리아씨이오서밋 씨아이콘(C°ICON) 경영대상(2020)

수기치인(修己治人)의 길

선종의 5조 홍인 선사가 어느 날 선법을 물려주기 위해 제자들에게 그동안의 깨달음을 게송으로 읊게 했다. 학식이 깊고 덕망 있는 상좌승 신수神秀가 나서서 게송을 지어 붙였다. 그러자 후미진 곳에서 나무하며 방아 찧던 일을 하던 혜능도 신수의 게송을 보고 자신의 깨달음을 게송으로 지었다. 홍인 선사가 보기에 배움이 없는 혜능의 깨달음이 열심히 공부한 신수보다 나았다. 선종의 적통은 깨달음을 얻은 자였기에 홍인 선사는 깨달음을 얻은 혜능에게 법과 가사를 물려주고 시기하는 무리로부터 혜능을 보호하기 위해 몰래 그를 떠나보냈다. 그렇게 혜능은 선종의 6대 조사가 되었다.

세종텔레콤의 김형진 회장은 신수와 혜능의 이야기를 들려주며 신수가 인삼이라면 혜능은 산삼으로 비유했다. 인삼은 그 효능이 산삼만 못하지만 재배를 통해 많은 사람에게 널리 이롭게 쓰인다. 반면 산삼은 재배할 수 없어 쓰임이 제한적이고 널리 사용할 수 없지만 그 효능이 인삼보다 탁월하여 중병 환자에게도 효험이 있다. 비록 산삼은 거칠고 험하고 보이지 않는 곳에서 오랜 세월을 견디며 자라지만 누군가의 생명을 살리는 귀한 약초로 자라난다.

사람도 마찬가지로 인삼같이 쓰이는 사람이 있는가 하면 산삼같이 쓰이는 사람이 있다. 학식이 높고 능력이 탁월하지만 깨달음이 부족한 신수는 쓰임이 보편적인 인삼 같은 사람으로, 교종教宗을 통해 불교를 널리 보급했다. 많이 배우지 못했지만 깨달음이 깊은 혜능은 앎을 두텁게 하여 탁월한 위기 극복 능력으로 천지개벽을 이룬다.

성학십도 제2도에 '天地之塞 吾其體(천지지색 오기체), 天地之師 吾其性(천지지사 오기성)'이라는 말이 있다. 세상을 이끌어가는 힘은 머리를 쓰는 힘이 아니라 마음을 쓰는 힘이라고 했다. 성공의 7 대 3 법칙, '운칠기삼運技七三'은 심칠뇌삼心七腦三이라는 말과 같다. 《대학》에서 말하는 수기치인修己治人도 많은 수양을 통해서 앎을 두텁게 하는 배움의 과정이 필요하지만 그것은 선인善人이 되어 백성과 생사고락을 함께하는 마음 쓰임에서 그 도의를 다하는 것이라 했다.

김형진 회장은 어려서 지독한 가난과 아픈 가족사를 겪었다. 또 살면서 두 번의 구치소 생활을 경험했다. 하지만 그럴 때마다 한 번도 나쁜 생각을 해본 적이 없었다. 개천에서 용이 나오고 천한 곳에서 산삼이 나온다고 생각했기에 산삼 같은 사람이 되기 위해서는 포기하거나 부끄러워하거나 비관해서는 안 된다고 생각했다. 자신이 겪었던 여러 고난은 깨달음을 위한 하늘의 교육(도법자연, 道法自然)이라고 생각하고 견뎌 내었다.

김형진 회장은 전남 장흥군의 가난한 농가에서 5남 2녀 중 셋째 아들로 태어났다. 얼마나 가난했는지 살던 집을 허름한 오두막집과 맞바꾸어 중학교에 갈 돈을 마련했을 정도였다. 설상가상으로 그의 어머니마저 그가 중학교 2학년 되던 해에 돌아가셨다. 그러니 고등학교 진학은 언감생심이었다.

그는 고등학교 진학을 포기하고 지긋지긋한 가난을 피해 상경했다. 서울에서 그는 외삼촌의 도움으로 사법서사(지금의 법무사) 사무소에서 일하며 어깨너머로 각종 민원 서류 작성법을 배웠고, 구청, 동사무소, 등기소, 은행을 자주 들락거리며 금융의 흐름을 몸으로 체험하게 되었다. 방송통신고등학교도 이때 다녔다. 동대문 등기소 사환이라는 말단 공무원을 거쳐 1978년에는 국내 최연소 사법서사 합동사무소 정식 사무원이 되었고, 이후 법원 임시서기보 시험에 합격해 서울민사지방법원 성동지원과 강동 등기소에서 근무하게 되었다. 그리고 방위 소집 영장을 받아 저녁에는 군부대에서 야간 급수병으로, 낮에는 사법서사 사무실에 근무하면서 채권의 유통 과정을 터득하게 되었다. 이후 명동의 한 채권 사무실에서 일하면서 채권의 가치에 눈을 떴다.

그의 나이 스물넷, '대흥사'라는 회사를 설립해 본격적으로 채권업에 뛰어들었다. 전신전화 채권과 국민주택 채권을 취급하며 1년 만에 견실한 채권 도매상으로 급부상했다. 당시 그는 '명동의 백한 바퀴'로 불렸는데, 얼마나 부지런했으면 '명동 백 바퀴'로 불리는 사람보다 더 부지런하다고 해서 그런 별명이 붙었다고 한다. 그는 평소 쌓은 신용과 채권에 대한 풍부한 지식, 인간 관계망을 통해 큰돈을 벌게 되었고, 명동의 큰손들과도 연결되어 사업은 단기간에 급성장했다. 그러다 잠시 주식에 한

눈을 팔아 20억의 빚을 지며 위기에 몰리기도 했지만, 곧 다시 본업으로 돌아와 '홍승기업'을 설립했다.

돈을 벌 기회는 다시 찾아왔다. 금융실명제 실시를 앞두고 차명으로 돈을 숨겨둔 사람들이 발을 동동 구르고 있을 때 김형진 회장은 이들의 돈을 찾아주고 10억 원을 벌었다. 그리고 국내에서 막 활성화되던 전환사채convertible bond, CB를 가장 먼저 거래하며 50억가량의 자금을 확보했다. 홍승기업은 홍승파이낸스로, 1997년에는 '홍승캐피탈'로 이름을 바꾸며 금융 전문 회사로 거듭났다.

1997년 외환 위기는 그에게 큰 부를 안겼다. 자본금 100억 원을 조성해 중소기업청이 인가한 창업 투자 회사인 '세종기술투자'를 설립하고 유동성 위기를 겪고 있는 기업들의 회사채 및 국공채를 사들여 '금리 선물 거래' 방식으로 판매를 떠안았다. 신용 우량 등급의 30개 기업의 회사채 1조 7천억 분량을 모두 팔아 1998년 530억 원을 남겼다. 그는 이 돈으로 동아증권을 인수해 '세종증권'으로 바꾸고 마침내 제도권 안으로 진입했다.

1998년 세종증권의 발족은 그가 18년간 유지해온 비제도권 금융업의 한계를 극복했다는 데 의미가 있었다. 그러나 당시 세종증권의 전신인 동아증권은 업계 하위권이어서 기업 인지도 제고를 위해 어떤 방식으로든 혁신이 필요했다.

김형진 회장은 부실 증권사라는 오명을 털고 세종증권만의 강점을 만들기 위해 먼저 '인터넷 홈트레이딩 시스템HTS'을 개통했다. 당시 몇몇 증권사가 홈트레이딩 시스템을 한발 먼저 도입하기는 했지만 속도도 느리고 시스템도 불안정해 고객 만족도가 떨어지는 상황이었다. 그는 인터넷 홈트레이딩 시스템을 도입해 비용을 절감하여 고객에게 수수료를 감면해주자는 생각을 가졌다. 대부분의 증권사가 거래 수수료로 먹고사는 실정에서 수수료 인하는 말도 안 되는 이야기였지만, 김형진 회장은 수수료를 낮추고 대신 고객을 더 많이 확보해 펀드나 채권을 하는 것이 낫다고 판단했다.

그 후 세종증권은 업계 최초로 수수료를 인하하는 획기적인 조치를 취했고, 그의 예상대로 신규 고객은 폭발적으로 몰렸다. 이후로도 투자 정보뿐만 아니라 주식 매매 서비스까지 제공하는 무선 통신 단말기를 고객에게 무료로 제공하기도 했고, 차세대 금융 정보 시스템인 '넥시스NexSIS'를 도입하는가 하면 최초로 사이버 영업소까지 개설하며 업계를 선도해 나갔다.

그러던 중 그는 두 번의 옥고를 치른다. 첫 번째는 외환 위기 당시 30여 개의 회사채 1조 7천억 원어치를 허가 없이 매매해 530억 원의 차액을 챙긴 혐의를 받았다. 무허가 채권 거래 행위에 증권거래법을 적용하여 처벌받은 것은 그때가 처음이었다. 그러나 IMF 사태라는 특수한 상황에서 사회 경제적으로 볼 때 결과적으로 국가 경제 회복에 도움을 준 데다 그러한 행위는 당시 관행이었음이 인정되어 결국 벌금형을 선고받고 풀려났다.

김형진 회장이 돈을 벌었다는 소문이 나자 여기저기서 부탁이 들어왔고, 부탁을 다 들어줄 수 없어 거절하자 주변의 인맥들이 냉담하게 돌아섰다. 그는 혼자가 되었다. 그들이 김형진 회장을 끌어내리기 위한 방법이 '증권거래법 위반'이었던 것이다. 그때 그의 나이 마흔한 살이었다. 눈에 보이는 것도 없었고, 세상 돌아가는 이치를 알 만큼 성숙하지도 못한 때였다.

"왜 명동 거리의 수많은 채권 중개 상인들은 가만히 놔두면서 하필 나만 잡아들이느냐고 항변해봤자 부질없다는 생각이 들었습니다. 수많은 사람이 무단으로 건너는 횡단보도에서 나만 재수 없게 걸렸다고 해도 그것이 위법인 것은 틀림없기 때문입니다."

두 번째는 2009년 세종증권이 농협에 매각되도록 농협중앙회 회장에게 청탁과 함께 뇌물을 건넸다는 혐의를 받았다. 법이 바뀌어 벌금형 이상의 처벌을 받은 사람은 금융업을 할 수 없게 되어 어쩔 수 없이 세종증권을 매각하게 되었는데, 매각 과정에 부산 출신인 경영진이 당시 대통령 측근과 친해 게이트 사건에 휘말리고 만 것이다. 김형진 회장은 과거 한 번의 수감 생활 이후에는 투명하게 경영했기에 끝까지 혐의를 부인했고, 그 결과 무죄를 선고받았다.

180일 동안 억울하게 구치소 생활을 했지만 그는 누구도 탓하지 않았고 오히려 그것을 자신을 돌아보는 계기로 삼았다. '채권의 귀재', '미다스의 손'이라는 칭찬에 오만하지는 않았는지, CEO로서 제대로 역할을 했는지, 기업의 사회적 책무를 외면한 채 수익 창출에만 몰두하지 않았는지를 돌아보며 자신의 부족함을 깨달았다. 그 때문에 수감 생활 이후 오히려 주위의 신뢰를 회복하며 인간 관계망이 더욱 두터워졌다.

그는 수감 생활 동안 독서에 심취해 마음을 다스렸는데, 특히 주역의 '천행건 군자이자강불식天行健 君子以自强不息[1]'이란 구절에 꽂혔다. 이 말처럼 겸손

1) 하늘의 운행 질서는 잠시도 쉬지 않고 굳건하게 움직이니 군자는 마땅히 이를 본받아 끊임없이 쉬지 않고 자신을 닦아야 한다

한 마음으로 끊임없이 자신을 담금질하며 한눈팔지 않고 몸과 마음을 가다듬어야겠다고 생각했다. 제도권 엘리트들이 자신에게 품은 경멸과 무시, 질투심을 이해하게 되었다. 그 마음은 자신이 제도권 권력을 향해 품었던 동경과 본질적으로 다르지 않다는 것도 알았다. 결국 삶의 질을 드높이는 것은 반성하는 자의 몫이라고 생각했다.

수감 생활 이후 그는 기업을 통해 보란 듯이 사회적 가치와 꿈을 실현하고 싶었다. 그러기 위해서는 더 배워야겠다는 생각에 2000년 경기대 경영학과에 입학했고, 2006년에는 석사 과정까지 마쳤다. 그 후에도 서울대, 고려대, 연세대, 서강대 등 경영 관련 프로그램에 참여하며 향학열을 불태웠다.

세종증권은 감정싸움까지 치닫는 우여곡절 끝에 2006년 1월 농협에 매각되었다. 김형진 회장은 세종증권을 농협에 1,100억 원에 넘기고 부채를 갚고 남은 700~800억 원으로 법정 관리에 있던 엔터프라이즈네트웍스EPN를 인수했다. 과거 세종증권 시절 사이버 거래를 하면서 통신의 중요성을 깨달은 터라 통신 사업에 뛰어들기로 한 것이다. 2011년에는 온세텔레콤을 인수해 2015년 세종텔레콤으로 회사명을 바꾸었다. 통신 회사는 그가 처음부터 원했던 사업이 아니었지만 그렇게 운명처럼 그에게 다가왔다.

자율적 조직으로 거듭나다

김형진 회장이 인수한 엔터프라이즈네트웍스EPN는 1996년 지앤지텔레콤으로 출발해 설비 투자에 막대한 돈을 들였지만 늘 적자를 기록했던 회사였다. 2007년 인수 당시에도 3년간의 법정 관리 상태였다. 그나마 다행인 점은 꾸준한 설비 투자로 전국에 15,000㎞의 유선 통신망을 구축해 놓고 있었다는 점이다.

"김형진이 주판알을 잘못 굴렸다."는 말이 들려왔다. 하지만 김형진 회장은 자신 있었다. 잘 경영해서 수익을 내고 사회에도 기여하는 회사로 만들겠다는 욕심이 생겼다.

당시 EPN의 분위기는 법정 관리 3년 동안 어떠한 회복 노력도 없이 무기력한 상태였고, 직원들의 패배 의식도 팽배해 적자 상황보다 바닥을 기는 정신 상태가 더 심각했다. 김형진 회장은 인수 전 EPN 노조와 일곱 시간의 대화 끝에 3년간의 고용 보장과 경쟁사 수준의 임금 인상을 약속하고 사명도 '세종텔레콤'으로 바꾸었다. 약속한 대로 임금을 올려 주고 복리 후생을 강화하자 분위기가 쇄신되었다.

경쟁력을 잃은 사업 분야에는 영업 인력을 확충하고 통신망 관리와 업그레이드를 위해 과감한 투자도 단행했다. 보수 체계도 연공서열에서 능력 위주로 바꾸고 인센티브제를 도입해 직원들에게 도전 의식을 심어주었다. 2010년에는 영업부서를 2본부 체제로 바꾸고 영업 단위와 분야를 세분화해 영업 조직을 강화해 나갔다. 공격적인 영업 조직으로 전환하자 세종텔레콤은 연 20%씩 성장하게 되었다.

서비스도 강화했다. 통신사의 신뢰를 좌우하는 것은 납기 준수, 즉 적기 개통인데, 세종텔레콤은 적기 내 개통을 위해 영업팀과 기술팀, 공사업체가 합심하여 불가능을 가능으로 바꾸어냈다.

2011년에는 온세텔레콤을 인수했다. 전국망의 기간 통신망을 갖고 있는 EPN과 음성 통신 서비스 분야인 온세텔레콤을 결합한다면 시너지를 창출해 더욱 안정적인 통신 인프라로 서비스를 제공할 수 있을 것으로 생각했다. 하지만 기대는 잠시, 온세텔레콤을 인수해 내부 체제를 정비하는 데만 많은 시간과 비용을 쏟아부어야 했다. 4년의 시간을 투입해 회사를 정상화시키고, 2015년 세종텔레콤의 통신 사업을 온세텔레콤에 양도해 새로운 세종텔레콤을 출범시켰다. 2018년에는 조일 ECS를 인수해 전기 사업에도 뛰어들었다.

김형진 회장의 경영 방식과 철학도 변했다. 당초 '세종'이란 사명을 쓸 때는 세종대왕이 당시 최고 고액권에 나오는 인물이어서 금융을 하는 기업의 상징적 의미로 썼다. 그러다 회사가 성장하고 여러 어려움을 겪으면서 '세종'이란 이름의 진정한 의미를 돌아보게 되었다.

김형진 회장이 처음으로 창업한 기업의 이름은 '홍승기업'이었다. '홍승'이란 이름은 홍익인간의 뜻을 담고 있는데, 기업을 하면서 먹고살기에 바빠 단군 사상의 큰 뜻을 잊고 살았다. 그러다 '세종'이란 이름을 다시 짓게 되었고, 기업이 성장하고 경영자로서 연륜이 쌓이다 보니 '세종'이 가진 본래의 뜻을 되새기게 되었다. 생각해 보니 세종대왕은 누구보다 홍익인간의 이념을 잘 실천했고, 수기치인修己治人을 잘한 인물이었다. 자기를 수양해 백성을 이롭게 한 것을 본받아 '세종'이란 기업 역시 수기치인의 정신으로 정도경영, 인재경영, 창조경영을 통해 세종의 나눔 정신을 발휘해야겠다고 마음먹었다.

세종대왕의 정신을 이어받아 윤리적이면서 투명한 기업, 보다 발전하는 기업으로 만들기 위해 그는 경영 구조를 '본부장과 팀장 중심의 조직 체제'로 전환했다. 그는 대표이사로서 자율적인 조직, 수평적 조직, 직무와 역할 중심의 조직으로 만들기 위해 과감하게 권한을 위임했다. 인재를 선발하고 연봉을 정하는 것도 본부장과 팀장에게 일임했다. 세종텔레콤에서는 직원을 뽑을 때 팀장이 80%, 본부장이 20%를 평가하고, 팀장 평가 때는 본부장이 80%, 사장이 20%를 평가하며, 노조 의견 또한 청취한 뒤 수렴 여부를 검토한다.

김형진 회장은 《목적의 힘》이라는 책을 전 임직원에게 나눠주며 말했다.

> "여러분이 옳다고 생각한 사업은 하고 옳지 않다고 생각하는 사업은 버리십시오. 이 책에서는 조직에서 내가 하고 싶은 일을 시키면 '스윗 스팟Sweet Spot'이 실현되지만 내가 하기 싫은 일을 시키면 '로스Loss'가 발생한다고 했습니다. 하고 싶은 일을 하되 이익이 되는 일을 하십시오. 단 그것은 좋은 일이어야 합니다. 내가 좋은 일만 하면 우리 회사가 좋은 회사가 되는 것입니다. 그러면 회사는 그 결과를 가지고 평가하겠습니다."

김형진 회장이 과감하게 권한을 위임하며 자율적 조직으로 체질을 개선하려 했던 또 하나의 이유는 《도덕경》에서 찾을 수 있다. 그는 《도덕경》을 통해 최고의 법은 자연에서 배우는 법이란 가르침을 얻었다.

자연은 하고 싶은 대로 한다. 개는 개대로 멧돼지는 멧돼지대로 뱀은 뱀대로 자기들의 생존 방식을 찾는다. 누가 시켜서 하는 것이 아니다. 개구리나 다람쥐나 참새는 약하지만 총을 쏘거나 덫을 놓지 않는 이상 쉽게 잡을 수 없다. 그만큼 잘 살아남는다는 뜻이다. 하지만 우리가 기르는 가축은 자유를 억압당한 채 남이 주는 것만 얻어먹다 자생력을 잃는다. 그러다 인간에게 모두 잡아먹히고 만다.

> "조직 경영을 할 때 가축 경영을 해서는 안 됩니다. 짐승처럼 '자연 경영'을 해서 스스로 먹고살게 해야 경쟁력이 생기지, 이것 해라 저것 해라 탑다운 방식으로 지시하는 것은 가축 경영이나 다름없고, 결국 스스로 망하는 길이라고 생각합니다."

그는 덧붙여 아마존 창업자 제프 베조스의 '첫날 정신'도 강조했다. 언제나 첫날 같은 새로운 마음가짐으로 도전해야지 경쟁력을 갖게 된다며 조직이 느슨해지고 정신이 해이해지면 결국 죽음으로 갈 수밖에 없다는 것이다. 그가 말하는 '자연 경영'이나 '첫날 정신'을 살리는 데는 '본부장 중심의 조직', '팀장 중심의 사업'으로 가는 것이 적합하다고 강조했다.

김형진 회장은 조직을 혁신한 뒤에는 새로운 경영 이념을 내세웠다. 그것은 '정도 경영, 인재 경영', '창조 경영'이다.

정도 경영의 핵심 가치는 '수기치인修己治人'이다. 자신의 몸과 마음을 닦은 후에 남을 다스린다는 뜻으로, 기업 스스로 윤리에 바탕을 둔 올바른 경영을 끊임없이 해나가며 고객에게 나아가야 한다는 것인데, 나보다 직원이나 고객을 먼저 생각하는 경영을 강조한 개념이다.

인재 경영에 대해서는, '인사가 만사'라며 김형진 회장은 인재를 다루는 방식을 네 글자의 한자로 표현했다. 그가 써 내려간 한자는 《손자병법》에 나오는 '부정거사扶正祛邪'였다. 정의로운 것은 한없이 부양해주고 사악한 것은 보이는 즉시 제거해야 한다는 뜻이다. 사람을 쓰는 데 신상필벌이 분명해야 한다며, 목적 경영을 잘하는 사람은 한없이 부양해주지만 그렇지 못한 사람에게는 페널티가 가해져야 한다는 것이다. 회사에서 사람을 함부로 해고할 수는 없으니 노조와 협의해 회사가 영업 적자가 생겼을 때, 직원의 10% 범위에서 부진자를 선정하고, 관리 직군은 최대 15%까지, 영업 직군은 최대 30%까지의 범위 내에서 연봉을 줄일 수 있다고 한다.

경영 성과는 노조와 공유하는데, 기업이 성장하여 영업이익이 전년대비 증가하면 그 몫은 다시 구성원들에게 돌려주는 시스템으로 노사합의를 진행하는 등 회사와 임직원 모두가 생사고락을 함께하고 있다.

정도 경영도 중요하고 인재 경영도 중요하지만 무엇보다 기업은 생존이 중요하다며 김형진 회장은 '창조 경영'을 강조했다. 창조 경영을 위해서는 자강불식自强不息해야 한다는 것이다. 우주가 끊임없이 팽창하듯이 사람도 회사도 끊임없이 변화해가며 이익을 창출해야 한다는 의미이다. 게으르지 않고 쉼 없이 남들이 하지 않는 방식으로 새로움을 추구한다면 오랫동안 생명력을 유지할 수 있다고 한다.

회사의 경영 이념처럼 세종텔레콤은 금융 사업에서 통신 사업으로 변신한 데 이어 통신을 기반으로 한 알뜰폰, 모바일 앱, ICT 융합 서비스, 블록체인 등으로 사업의 저변을 확대하고 있다. 앞으로는 세종 커넥티비티Connectivity 플랫폼을 통해 새로운 기술과 서비스를 가진 기업들과의 전략적 제휴로 다양한 서비스를 제공하고 수익을 분배하는 공유 경제로 나아갈 것이다. 자강불식하며 나눔의 공유 경제를 실현하고자 하는 세종텔레콤의 미래가 기대된다.

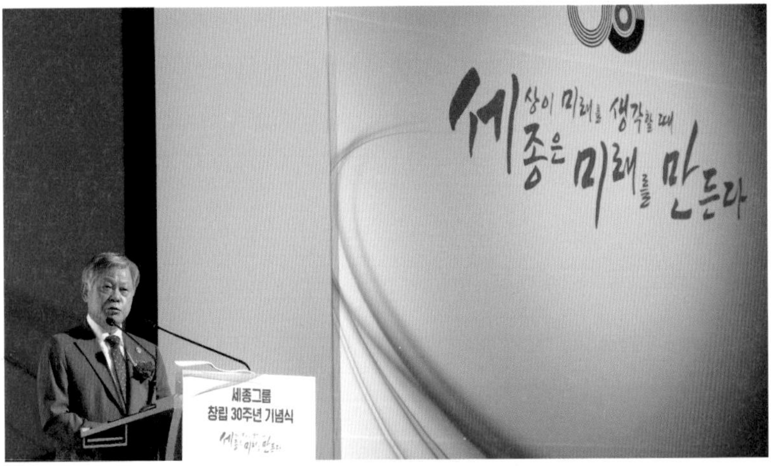

세종그룹 창립 30주년 기념사 장면

돈은 굴리는 사람의 것

'금융의 귀재', '미다스의 손', '재계의 악바리'

모두 김형진 회장을 부르는 별칭이다. 그의 삶을 돌아보면 돈에 대한 감각은 가히 동물적이라 할 만큼 뛰어나다는 생각이 든다. 한국의 월스트리트라 할 수 있는 80년대 명동 채권 시장에서 몸으로 익힌 돈에 대한 감각과 두둑한 배포, 철저한 신용 관리와 남다른 부지런함이 더해진 결과로 보인다.

젊은 시절 그는 무조건 돈을 벌어야 했기에 눈에 불을 켜고 돈을 쫓아다녔다. 돈을 벌었다는 소문만 들리면 꼭 찾아가서 그 사람을 만났다. 그에게 어떻게 하면 돈을 벌 수 있는지를 묻고 또 물었다. 그리고 들은 내용을 메모해서 나라면 어떻게 할까를 생각했다. 남들은 그가 돈을 쉽게 번다고 생각할지 모르지만 그는 금리가 오르내릴 때마다 피를 말리는 고통을 감내해야 했다. 겉으로는 웃고 있지만 속은 바늘을 한 움큼 삼킨 심정이었다고 고백했다.

그는 이론보다 실물을 거래하며 경제적 감각을 몸으로 습득했다. 사법서사 사무소, 지금의 법무사 사무실과 등기소에서 근무하며 재산과 관련한 각종 서류나 증명, 고지서, 부동산 관련 서류를 다루며 경제 용어를 비롯한 경제 흐름을 익혔고, 사법서사 사무소로 찾아오는 큰손 고객들을 통해 채권 거래에 눈을 뜨게 되었다. 거기서 금리와 금융 정책에 따라 돈이 어떻게 도는지 금방 파악할 수 있었다. 그는 다양한 정보를 입수해 자기만의 판단 기준을 세우고 실행에 옮겼다.

김형진 회장은, 큰돈은 쓸 줄 알고 투자할 줄 아는 사람에게 들어온다고 말한다. 투자할 때는 돈을 쫓는 것이 아니라 경제의 흐름을 타고 발 빠르게 먼저 움직여야 한다는 것이다. 명동에서 어음으로 돈놀이하던 사람은 어음으로, 채권으로 장사하던 사람은 채권으로 망했다며, 변신을 꾀하지 않으면 결국 망한다고 강조한다. 그는 명동을 주름잡을 때 하나에 성공했다고 해서 거기에 안주하지 않았다. 국공채, 회사채, 양도성 예금증서, 전환사채로 경제의 흐름이 바뀌면 과감하게 갈아탔다. 그는 항상 남들이 움직이기 전에 움직였다.

> "돈을 모으려면 보이지 않는 곳에서 볼 줄 알아야 하고, 보이는 곳에서는 안 보이는 것을 생각할 줄 알아야 합니다. 살기 어려운 사람은 호경기에도 생기고, 큰돈을 버는 사람은 불경기에도 나오는 것입니다."

사람들은 대개 남들이 하지 않는 초기에 하면 항상 불안해하지만 그는 남들이 하지 않을 때 사업하는 것이 더 안전하다고 생각한다. 돈이 된다는 판단이 서면 바로 실행에 옮겨 위기를 기회로 바꾼 경우가 많았다.

그는 1984년 무기명 CD[양도성예금증서]가 발행되자마자 미국이나 일본의 사례를 보며 국내에서도 곧 CD가 본격적으로 유통될 것으로 예감하고 전략을 세워 기회를 기다렸다. 그는 이때 충청은행의 양도성예금을 이용해 1억 8천만 원, 당시 30평형 아파트 네댓 채를 구입할 만큼의 돈을 벌었다. 1993년에는 주식으로 빚더미에 올랐지만 당시 막 시작된 금융실명제라는 제도의 이면을 파고들어 빚을 갚고 살아났다. 그리고 아무도 하지 않았던 전환사채에 눈을 돌려 50억 원을 벌었다.

그는 당시 꿈에서라도 새로운 금융 기법 이야기만 들으면 자다가 일어나 불도 켜지 않은 채 메모할 정도였다고 한다. IMF 때는 만기가 도래하는 회사채를 사들여 530억 원을 벌어 동아증권 인수 자금을 마련했다. 이렇듯 그는 돈이 되는 일을 누구보다 빨리 알아채고 기회가 왔을 때는 과감한 배팅으로 기회를 잡고야 말았다.

제도권 사업에서도 선도적이고 과감한 그의 실행력은 이어졌다. 세종증권 초기 인터넷 홈트레이딩 시스템을 도입해 업계 최초로 거래 수수료를 낮추었고, 무선 통신 단말기를 제공해 짧은 기간 세종증권을 하위권에서 업계 10위권으로 올려놓았다. 새로운 온라인 거래 시스템 구축이나 전국에 사이버 영업소를 설치한 것도 제일 먼저였다.

1999년에는 케이블방송 GTV를 인수하고 회사 이름을 홍승캐피탈에서 'SDN㈜'로 바꾸었다. 2000년에 SDN은 '에스디엔닷컴'이라는 '하이퍼 포털사이트'를 선보였는데, 이것은 네티즌들이 여러 사이트를 돌아다닐 필요 없이 그 안에서 모든 정보를 얻을 수 있도록 한 원스톱 솔루션이었다. 이것 역시 우리나라 최초였다. 에스디엔닷컴은 2000년 4월 당시 4,000시간의 방대한 동영상 자료와 1만 페이지의 텍스트 자료를 보유하여 자체 제작 동영상뿐만 아니라 SDN TV, YTN, MBN 방송도 24시간 실시간으로 볼 수 있게 했다. 언론은 SDN이 불과 몇 개월 만에 이러한 동영상 포털 사이트를 구축할 수 있었던 것에 놀랐다.

비밀은 시대를 앞서는 김형진 회장의 생각과 실행력에 있었다. 김형진 회장은 동영상 포털 서비스에 필요한 기술과 콘텐츠를 단일 기업이 짧은 시간 안에 갖추기에는 불가능하다는 것을 알고 핵심 기술과 콘텐츠를 보유한 벤처 기업들을 패밀리 네트워크로 결합했던 것이다. 사이트 운영에 필요한 기술을 가진 11개 협력사와 1대1 비즈니스 관계를 맺는 것뿐만 아니라 협력사들끼리도 '윈-윈'하는 파트너십을 형성해 지배 구조 없이 전체를 하나의 패밀리 개념으로 묶은 것이다. 또 1999년에는 국내 최초 디지털 데이터 방송 벤처인 '에어코드'에 투자해 국내에서는 처음으로 데이터 방송을 실시했다.

결과만 두고 본다면 성공하지 못했지만 그가 얼마나 시대를 앞서가는 사람인지를 보여주는 사례라 하겠다. 한 가지 더 예를 든다면 그는 2010년에 유행했던 3D 입체 영상 시스템을 2000년대 초에 도입하려고 실험했다고 한다.

> "동영상 포털 사이트를 우리가 아마 세계 최초로 만들었을 겁니다. 그런데 이때는 아직 회선, 서버, 스트리밍 기술이 충분히 성장하지 않았던 때였지요. 결과적으로 방송 통신 부분의 투자는 실패했습니다. 하지만 그때 투자한 게 지금 인터넷 TV[IPTV] 시대를 앞당기는 데 밑거름이 되지 않았습니까? 너무 일찍 투자해서 성공하지 못했지만 의미 있는 경험이었습니다."

세종텔레콤은 시대의 흐름에 따라 변화하기를 두려워하지 않았다. 투명성과 효율성, 비용 절감을 위해서라면 과감하게 조직을 정비하고 시스템을 바꾸었다. 2018년에는 신규 사업의 전략적 추진과 조직간 업무의 상호 연계성을 고려해 부서 간 장벽을 허물고 본부장–팀장–팀원으로 구조를 단순화했다. 또한 사업도 유선 통신 등 인프라 사업만으로 생존에 한계를 느껴 알뜰폰 사업, 결제 · 보안 등의 ICT 솔루션, 라이프스타일 플랫폼 등 다양한 분야로 진출했으며, 최근에는 블록체인, 빅데이터, 인공지능 같은 스마트 기술을 바탕으로 한 신사업 추진에 몰두하고 있다.

그의 돈 철학은 이제 버는 것에서 쓰는 것으로 바뀌었다. 투자를 통해 기업의 가치를 높이고 고용을 창출하여 이 나라 경제에 기여하는 것이 더 중요하다고 생각한다. 그래서 그는 "돈이란 남의 돈이든 내 돈이든 그것을 굴리는 사람의 것이지 돈을 갖고 있는 사람의 것이 아니다."라고 말한다. 크게 벌어 이자놀음을 하거나 임대업을 통해 평생 여유롭게 살 수 있지만 그런 삶은 그에겐 이제 무의미하다는 것이다.

> "주주가 종업원들을 위해 돈을 쓰면 직원들이 만족을 느껴 일을 더 열심히 합니다. 그러면 결국 주주에게 대가가 옵니다. 그런데 내 돈부터 챙기려고 하고, 한계에 부딪힐 때마다 자꾸 자산을 팔아서 회수해 버리면 악화가 악화를 구축해 회사는 망합니다. 경영자는 투자할 때 내가 나중이고 직원이 먼저라고 생각하고, 직원은 일을 할 때 내가 나중이고 고객이 먼저라고 생각하는 것이 올바른 경영이라고 생각합니다."

돈이나 사람의 능력은 나보다 내 다음 단계를 먼저 생각하며 사용할 때 의미가 있다는 것이다.

돈이 한 사람이나 조직에 고이지 말고 고루고루 잘 돌아가는 사회가 되길 바란다는 그의 말의 울림이 크다.

궁하면 변하라窮則變
변하면 통하리라變則通
통하면 영원하리라通則久

김형진 회장은 게으른 사람을 본능적으로 싫어한다. 그 자신이 그렇게 살아본 적이 없었다. 가난 때문에 열심히 일했던 경험을 그는 큰 축복으로 생각한다. 비록 제때 배우지는 못했지만 끊임없는 노동을 통해 역경을 헤쳐나갔던 과정이 그에게 학교에서는 배울 수 없는 커다란 가르침을 주었기 때문이다. 그는 명동 시장에서 가장 발품을 많이 파는 사람으로 알려져 사람들에게 '백한 바퀴'라는 별명을 얻을 정도였다. 발품을 팔며 열심히 뛰어다녔기에 누구보다 시대의 변화를 빨리 알아차리고 대비할 수 있었다.

"어떤 운도 준비되지 않은 사람에게는 오지 않습니다. 코로나가 아무에게나 수혜를 주지 않습니다. 가장 수혜를 많이 입은 데가 네이버, 카카오톡, 쿠팡 아니겠어요? 그만큼 준비가 잘 되어 있었기 때문입니다. 태극의 원리에 의하면 12년마다 한 번씩은 사이클이 바뀝니다. 60년 주기로 오는 것이 생명의 사이클이라고 했고, 12년마다 오는 것을 혁신의 사이클이라고 했습니다. 그런데 지금은 12년마다 생명의 사이클이 옵니다. 그만큼 빠르게 변하고 있습니다. 준비가 필요하다는 말입니다."

보통 제조업의 경우 감가상각이 8년마다 찾아온다면 통신의 경우는 8년이 지나면 완전히 다른 상품이 나온다고 한다. 8년 후에는 4배 싸지고 60배, 100배 더 좋은 상품이 나온다는 것이다. 그래서 조금만 뒤처지면 망하기 십상이란다. 김형진 회장은 늘 변화를 도모하지 않으면 망한다며, 언제나 첫날을 맞이한 기업만이 살아남는다고 힘주어 말한다.

현재 세종텔레콤은 유무선 통신 사업에서 커머스, ICT 솔루션, 전기공사, 블록체인 등으로 사업을 다각화하며 급변하는 시대에 대처하고 있다. 기존 통신망만으로는 경쟁력이 약해 통신의 파생 상품을 만들어 경쟁력을 키워 나가고 있다. 세종텔레콤은 커머스나 블록체인 분야에 미래 비즈니스가 있을 것으로 보고 이 분야에 R&D 투자를 많이 하고 있으며, 자율적인 사내 분위기를 통해 직원들의 창의력을 고무시키고 있다.

세종텔레콤은 얼마 전 커머스 사업부를 분사해 100% 자회사인 콘텐츠캐리어로 공식 출범했다. 급격하게 변화하는 유통 산업에서 빠른 의사결정으로 경쟁력을 갖추기 위해 내린 결정으로, 대형 플랫폼사가 주도하는 커머스 시장의 판도를 바꾸겠다는 의지가 담겨 있다. 또한 데이터 중심 콘텐츠 유통 전문 기업으로 기반을 확고히 하기 위해서이기도 하다.

콘텐츠캐리어는 중소 사업자들을 대상으로 브랜딩, 판매, 배송 등을 지원해 경쟁력을 강화시켜주는 기업으로 중소 사업자의 경쟁력 강화라는 공익적 목적에도 부합하고 있다.

사업은 크게 다섯 가지 부문으로 나뉘는데, B2C 마켓플레이스 '왈라뷰', 숏폼 콘텐츠 제작 및 유통 채널 '스튜디오컵누들', 도심 내 물류 유통 센터인 '왈라비', 인플루언서 및 SNS 마켓에 최적화된 판매 솔루션 '샵코왈라', 글로벌 상품 유통을 지원하는 '㈜아이오앤코코리아'가 있다. 이러한 서비스를 통해 수집되는 구매, 배송, 재고 데이터와 이용자 데이터를 유기적으로 연결해 콘텐츠캐리어는 더욱 경쟁력 있는 콘텐츠 유통 플랫폼 기업으로 자리매김해가고 있다.

알뜰폰MVNO과 모바일 사업에서도 혁신를 꾀하고 있다. 그간 김형진 회장은 소비자가 더 많은 혜택을 누리기 위해, 그리고 신생 기업과 소규모 기업이 한국 통신 시장에서 발전 공간을 확보하기 위해서는 선의의 경쟁을 펼칠 수 있는 환경이 조성되어야 한다고 주장해 왔다. 이를 위해서 모바일 플랫폼은 세종텔레콤에게 매우 중요한 시장이다.

세종텔레콤의 알뜰폰 서비스인 스노우맨의 경우 2022년 브랜드 론칭 10주년을 앞두고, 기존 KT 외 LG U+ 임대망을 추가하고, 5G 독자 요금제를 출시하는가 하면 당일 배송 서비스, 스노우맨 다이렉트몰 개편 등으로 활기찬 변화의 행보를 보이고 있다. 그밖에도 소비자들의 라이프 스타일 변화에 맞게 쇼핑, 검색 등으로 데이터 확보가 가능한 산업과의 합종연횡을 통해 B2C 서비스에도 박차를 가하고 있다. 즉 고객의 생활 패턴을 더욱 효과적으로 분석해 기존 이동통신 사업자와 차별화된 신선한 자극으로 소비자 선택권을 한층 강화해갈 계획이다.

세종텔레콤은 잘 알려진 것처럼 이동통신 시장 진입을 검토해왔다.

최근에는 5G 서비스를 필요로 하는 기업 등에 최적화된 네트워크를 기획, 설계, 구축, 운영해주는 5G 특화망 사업 모델을 지속적으로 발굴하고 있다. 앞으로는 이통사가 주파수를 독점하는 시장에서 벗어나 통신 사업의 핵심 역량을 갖춘 강소 통신 사업자가 5G 특화망 주파수를 이용해 사업할 수 있는 시장이 열리게 되었다.

이를 위해 세종텔레콤은 현재 디지털 혁신이 가능한 유스 케이스Use Case[2]를 다양하게 검토하고 있으며, 앞으로 지자체 및 수요 기업과 파트너십 제휴를 통해 '5G 특화망 모바일 카라반 운영 및 실증 파일럿 테스트'를 진행할 예정이다. 이것은 분야별 전문가로 구성된 카라반팀이 특화망을 도입하려는 기업을 방문해 애로 사항을 파악하고 해결 방안을 제시해주는 솔루션이다. 카라반에 참여하는 사업자는 매출 규모나 지역에 제한을 두지 않고, 기술력을 갖춘 사업자라면 누구나 참여할 수 있도록 해 지역 중소기업과도 상생을 도모할 예정이다.

세종텔레콤은 최근 중고폰 유통 기업인 큐비즈에 투자해 중고 모바일 및 IT 디바이스 유통 시장에도 진출했다. 중고 휴대폰이나 IT 기기를 수거한 뒤 리프레시 과정을 거쳐 국내외 다양한 유통처에 공급하거나 수출하는 사업은 세종텔레콤의 알뜰폰 사업과 맞물려 소비자들의 구매 부담을 대폭 줄여줄 것으로 보인다. 또한 탄소 배출량 저감화를 통한 환경 개선과 한정된 자원의 효율적 분배라는 가치를 부여해 재활용 선순환 문화 조성이라는 ESGEnvironmental, Social and Governance 가치를 실행하고 있다. 세종

2) 유스 케이스(Use case)는 UML(통합 모델링 언어)의 행위자(액터)와 액터가 요구하여 시스템이 수행하는 일의 목표이다.(출처: 위키백과)

큐비즈는 중고 모바일 시장 1위라는 목표와 함께 가전, 셋톱박스, 라우터, CCTV, IoT 등 다양한 통신 장비를 다루는 IT 전문 솔루션 플랫폼 기업으로의 성장도 계획하고 있다.

전기 사업도 있다. 전기 공사 사업은 코로나 악재에도 대규모 수주 소식을 전하며 목표한 매출을 상회하는 성과로 통신에서의 손해를 만회해주고 있다. 전기, 통신, 소방 공사에 특화된 시공 기술과 경험, 기술 인력을 토대로 철도, 전력, 도로와 터널 공사 등 국가 기반 시설이나 공공 인프라 사업에 참여하고 있다. 국내뿐만 아니라 글로벌 시장에서도 민간 건축 공사에 참여하며 가능성을 보여주고 있다.

세종텔레콤은 새로운 먹거리를 위해 블록체인 분야에도 공을 들이고 있다. 4년 전부터 자체 네트워크 운영과 개발 기술력을 활용해 블록체인 기반의 메인넷 '블루브릭'을 완성했다. 블루브릭은 신뢰와 안정감을 주는 블루 색상의 이미지와 블록체인의 기본 단위인 블록, 즉 벽돌을 표현한 '브릭'을 결합한 이름이다.

블루브릭은 세종텔레콤이 100% 자체 기술로 개발한 것으로 현재 지자체나 여러 파트너사와 블록체인의 실용화를 추진 중에 있다. 디지털화가 가능한 다양한 자산에 대해 거래가 이루어지는 프로토콜형 블록체인 경제 플랫폼을 만드는 게 목표다. 세종은 통신 인프라 자원과 블록체인 기반 중개 플랫폼을 제공하고, 참여자는 아이디어, 기술, 콘텐츠 등의 자산을 제공하여 생태계 참여자들과 함께 수익을 나눠간다는 전략이다. 이 전략은 자율, 집단 지성, 창조, 공유, 나눔 정신 등을 중요시하는 김형진 회장의 경영 철학과도 결을 같이한다.

세종텔레콤은 프로토콜 경제 생태계 조성을 위해 블루브릭 메인넷을 제공하고 있다. 파트너가 될 경우 단기간에 합리적인 비용으로 맞춤형 설치 및 활용 가능한 블록체인 플랫폼, '블루브릭'을 제공해 누구나 쉽게 기존 비즈니스에 블록체인 기술을 적용할 수 있도록 해준다. 네트워크 기반의 비즈니스 가치 창출과 더불어 블록체인 기술을 활용해 모든 참여자가 정책 결정에 참여하는 과정을 통해 신뢰 시스템을 구현하고 모든 참여자에게 공정한 대가를 제공하겠다는 방침이다.

그뿐만 아니라 2020년 중소벤처기업부 주관 부산 블록체인 규제자유특구사업에서 두 개의 사업을 제안해 선정되어 연구 개발을 진행 중이다. 그중 하나가 '부동산 집합투자 및 수익 배분 서비스'이고, 또 하나는 '의료 마이데이터 비대면 플랫폼 서비스'이다.

'블록체인 기반의 부동산 집합투자 및 수익 배분 서비스'는 그간 자산가 위주로 돌아가던 부동산 사모 펀드를 공모형 펀드로 조성해 일반인도 부동산에 투자하고 수익을 추구할 수 있도록 한 것이다. 특히, 블록체인 특징인 분산원장기술DLF을 활용해 네트워크상 모든 참여자를 정책 결정 과정에 참여하게 해 신뢰 시스템을 구현, 투명성을 확보하고, 중개 수수료를 챙겨가던 중개인을 거래 과정에서 배제시키고 참여자들끼리 플랫폼 내에서 자유롭게 거래하는 혁신적인 거래 환경을 조성한 것이다. 즉 고액의 자산이라고 할 수 있는 상업용 부동산을 블록체인 기술을 활용해 누구든지 소액으로 투자할 수 있도록 하고, 참여자가 투명하게 운영 · 관리할 수 있도록 하여 안전하게 자산을 거래할 수 있게 했다. 마찬가지로 이런 서비스는 선박, 항공기 리스, 고가 미술품 등에도 적용 가능하다.

의료 마이데이터 비대면 플랫폼 서비스는 개인이 동의하고 가명 처리한 의료 데이터를 수집, 활용하고 혜택을 제공하는 시스템이다. 그간 비표준화된 EMR 데이터로 인해 의료 데이터의 통합 관리 및 활용이 어렵고, 정작 데이터 소유권을 보유하고 있는 환자 자신의 통제가 불가능한 환경이 발생해왔다. 그러나 이 서비스는 데이터 소유권자인 이용자 본인에게 수요처별 데이터 활용을 동의받고, 블록체인 기술이 적용된 의료 마이데이터 플랫폼을 통해 수요처에 데이터를 제공하여 이를 통해 얻은 수익을 데이터 소유권자에게 보상하는 방식으로 진행되도록 했다.

코로나 팬데믹 이후 의료 데이터 결합 및 활용 연구의 중요성이 더더욱 커지고 있는 시점에서 대학, 연구기관, 제약사, 병원 측에 개인의 건강 및 의료 데이터를 제공함으로써 보건 향상 및 의료 산업 발전의 교두보 역할을 하게 될 것으로 기대하고 있다.

현재 세종텔레콤은 블록체인 사업을 더욱 활성화하기 위해 블록체인 기술 개발 및 컨설팅 기업 '비브릭'을 출범시켰다. 세종텔레콤은 앞으로 블록체인의 실질적인 요구 사항 또는 활용처를 발굴하고, 기술을 보유한 스타트업 또는 함께 성장할 수 있는 파트너사들과 협업하는 선순환 구조를 통해 지속적인 혁신과 가치를 창출해 나갈 예정이다.

세종텔레콤은 이렇듯 살아남기 위한 변화에 변화를 거듭하고 있다. 기업이 오랫동안 살아남기 위해서는 변신해야 하고, 변화하려면 혁신과 창조가 있어야 하는데, 다양한 사람들과 협력할 때 변화와 혁신은 더 잘 일어난다. 변화와 혁신은 슘페터가 말한 '창조적 파괴'와도 일맥상통하는 말이다. 김형진 회장은 창조적 파괴를 통해 대기업에 비해 기반은 약하지만 '세종'이란 이름에 담긴 나눔 정신과 창조 정신을 발휘하여 미래를 선도할 기반을 만들고 싶다고 한다. 김형진 회장 자신이 경영에서 물러나더라도 기업이 계속 팽창할 수 있는 환경을 만들고 싶다는 그의 바람이 이루어지길 바란다.

음양의 원리를 알면 미래를 만들어갈 수 있다

김형진 회장이 구치소에 잠시 수감되었을 때 그는 독서를 통해 마음을 다스렸다. 구치소에서 그가 가장 먼저 잡은 책이 사마천의 《사기》였다. 《사기》의 저자 사마천은 적에게 포로로 잡힌 이릉 장군을 변호하다 억울하게 궁형을 받게 되지만, 끝까지 살아남아 사관으로서 혼신의 역할을 다한다. 그리하여 권력자들이 후대에 사마천의 기록대로 평가받는 반전을 이끌어낸다. 여기서 김형진 회장은 큰 위로를 받았다. 권력자에게 당한 사마천이 한 줄의 글로써 상황을 역전시켰기 때문이다. 그리고 사마천이 당한 고통과 수치에 비하면 수감 생활의 고통은 아무것도 아니라고 생각했다.

그 외에도 그는 《채근담(菜根譚)》이나 퇴계 이황 선생의 《성학십도(聖學十圖)》 등을 읽었다. 특히 퇴계의 《성학십도》를 읽으며 많은 깨달음을 얻었다. 《성학십도》는 퇴계 선생이 선조 임금에게 군왕의 도에 관한 유교 철학을 열 가지 그림으로 나타내어 병풍으로 바친 상소문이다. 그는

《성학십도》를 이해하기 위해 사서삼경까지 읽게 되었고, 그 때문에 마음이 힘들 때마다 책을 찾는 습관이 생겼다. 책은 그에게 읽을 때마다 의미가 다르게 다가왔다. 처음 읽을 때와 좀 더 나이를 먹어서 읽을 때의 의미가 다르고, 무언가를 성취하고 싶어서 읽을 때와 반성하고 싶어서 읽을 때의 의미가 달랐다.

《성학십도》의 열 가지 도(圖) 중 첫 번째 도는 태극도인데, 김형진 회장은 태극도가 성경의 창세기나 서양의 양자역학, 음양오행의 원리와 크게 다르지 않다는 것을 알게 되었고, 계절의 원리, 인간 세상이 순환하는 원리 등이 여기에서 비롯되었다는 것을 배우게 되었다. 그는 태극의 원리에 매료되어 《주역》과 주돈이의 《태극도설》까지 읽었다. 그 외에도 다양한 유교 경전들을 통해 알게 된 만물의 순환 원리를 사업과 실생활에도 접목하게 되었다.

세종의 CI에는 김형진 회장이 태극도에서 배운 사상이 잘 드러나 있다. 그는 안익태 재단 이사장으로 재임했을 당시 태극기가 잘못되었다는 주장을 듣고 '태극'의 의미에 대해 깊이 공부했다. 그때 공부한 것을 바탕으로 만든 것이 태극 문양을 넣은 현 세종텔레콤의 CI라고 한다. 이 CI에는 태극뿐만 아니라 《하도》, 《낙서》[3)]의 원리를 담아 우주 만물의 원리

3) 중국 고대 전설상의 제왕인 복희씨 천하(天河)에서 나온 용마의 등에 그려진 무늬에서 하늘과 땅의 생명의 율동상을 깨닫고 이를 그림으로 그렸는데 그것이 《하도》이다. 《낙서》는 4,200년 전 우임금이 9년 홍수를 다스리던 중, 낙수에서 나온 커다란 거북의 등에 드리워진 여러 개의 점에서 천지 변화의 기틀을 깨닫고 이를 그림으로 그려낸 것이다.(출처: 원불교대사전)

대로 끊임없이 순환하며 지속적으로 발전해나가는 세종의 미래와, 공익을 도모하고자 하는 기업의 철학을 담았다.

음양오행과 태극의 원리가 언뜻 첨단을 달려야 하는 정보통신 기업의 이미지와는 상반되는 느낌을 주지만 김형진 회장은 음양오행의 흐름을 바탕으로 세상을 보면 세상의 흐름, 경제의 흐름이 눈에 보인다고 말한다. 그래서 누구보다 빨리 미래를 예측하여 준비할 수 있다고 한다. 통화량을 늘리고 줄이는 정책, 부동산값이 오르고 내리는 원리, 재정과 고용 정책, 정부의 금리 정책 등은 따지고 보면 음양의 순환처럼 흐름이 있고 원리가 있다는 것이다.

> "흔할 때 사놓고, 귀할 때 파는 것이 수요 공급 이론이죠. 이런 것도 음양의 논리로 다 설명됩니다. 정부에서 정책을 내놓으면 우리 같은 사람의 눈에는 미래의 흐름이 보입니다. 그렇기 때문에 회사의 자산을 어떨 때 유동화시켜야 하고 어떨 때 빚을 안고 가야 하는지 알 수 있는 것이죠. 음양의 원리를 먼저 읽은 다음, 세상 돌아가는 것과 거꾸로 하면 복(이익)을 받게 됩니다."

그는 필자에게 경제의 순환 원리와 세종텔레콤이 나아가야 할 방향을 그린 '세종선천8궤'와 '세종후천8궤' 그림을 보여주었다. '세종선천8궤'는 태극 무늬를 중심으로 자산 경제, 버블 경제, 기술 경제, 재정 경제가 순환하는 모습과 각 경제에서 나타나는 현상들(자산증가→조세증가→금리인상→경기침체→기술혁신→고용변화→재정지출→고용촉진

→자산증가로 순환)을 도식화한 그림이고, '세종후천8궤'는 세종이 이끌어갈 사업과 거기에 맞게 갖추어야 할 요소들을 도식화한 것이다. 이것은 모두 김형진 회장이 직접 만든 것이다. '세종선천8궤', '세종후천8궤'에 그려진 순환 원리를 따라가되 경제가 순환하는 단계보다 한발 앞서 나가면 된다는 것이다. 그리고 호경기와 불경기가 있지만 겨울이 올 것을 알고 미리 준비하듯 불경기를 호경기로 바꿀 방법을 찾아 나가면 된다는 것이다.

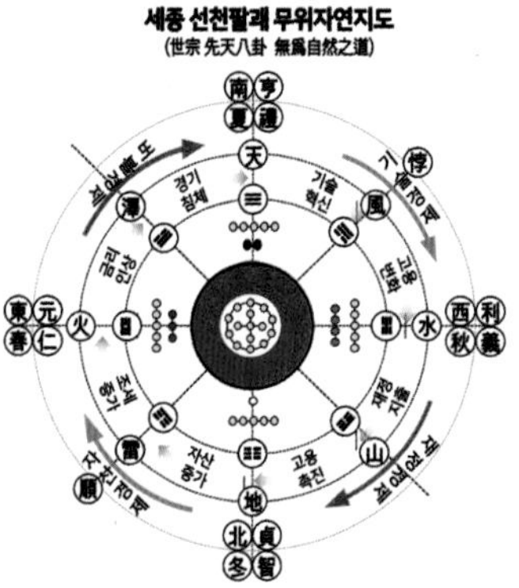

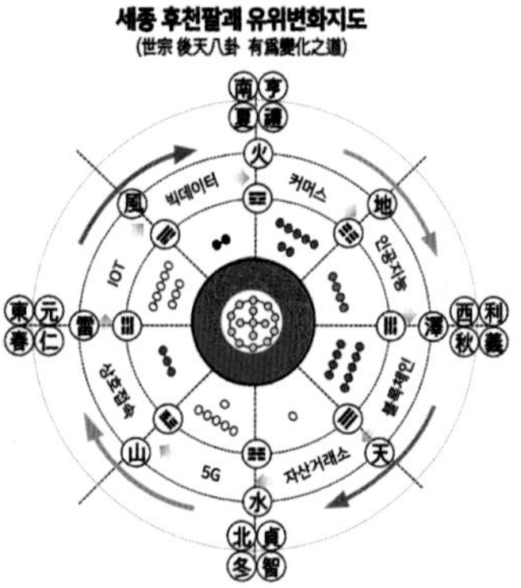

그는 우주가 움직이는 원리, 자연이 움직이는 원리, 사람이 움직이는 원리가 비슷하다며 탑다운 방식보다는 권한을 위임해 자율성을 주어 자생력을 키우는 경영 방식으로 세종텔레콤을 이끌어나가고 있다. 자율 속에서 조화와 법칙을 갖고 무한히 성장해가는 우주 만물의 원리처럼 세종텔레콤은 자율 가운데서 창조하고 변화 발전하는 모습을 추구하고 있다.

변신의 변신을 거듭하고 있는 세종의 시선은 이제 국내에만 머무르지 않고 글로벌로 향하고 있다. 전용회선이나 네트워크 부문에서 글로벌 사업자와 협력하며 활동 반경을 넓혀가고 있다. 세종텔레콤은 2021년, 아시아 디지털 인프라 혁신 기업인 디지털엣지와 통신 인프라 협력 계약을 체결하고 사업을 확장 중에 있으며, 글로벌 퍼블릭 클라우드 빅 3사인 아마존 웹서비스AWS, MS 애저, 구글 클라우드 플랫폼GCP과 전용회선 서비스 공급 계약도 체결했다. 세종텔레콤은 다양한 먹거리를 발굴해가며 전통적 통신 전문 기업에서 점점 탈피해 가는 모습을 보여주고 있다.

명동에 간 것은 우연이었고, 증권 회사를 한 것까지는 김형진 회장의 의지였다. 그러나 통신 회사는 그에게 운명같이 다가와 지금의 모습으로 성장했다. 지독한 가난에서 벗어나기 위한 한 소년의 열망이 온갖 우여곡절 끝에 사회적 역할과 공유 가치를 추구하는 기업으로 성장했다는 것은 참으로 드라마틱한 이야기가 아닐 수 없다. 이제 세종텔레콤은 개인의 의지가 아닌 구성원 모두의 꿈과 열망으로 커나가게 되었다. 자생력을 갖고 끊임없이 변화해가는 세종의 미래가 밝아 보이는 이유이다.

참고문헌

- 《김형진의 공부경영》, 김형진, 김영사, 2019.
- 《세종 20년 이야기》, 2010.
- '세종텔레콤' 커머스 자회사 '콘텐츠캐리어' 설립, 벤처스퀘어, 2021. 1. 18.
- [Who Is?] 김형진 세종텔레콤 회장, 《BUSINESS POST》, 이현일 기자, 2016. 8. 24.
- [오늘의 CEO] 김형진 세종텔레콤 회장 "B2B 특화 서비스 강화", 《전자신문》, 손지혜 기자, 2021. 3. 10.
- 김형진 세종텔레콤 대표, ICT 플랫폼 사업 중간 평가 "그뤠잇", 《컨슈머타임》, 하주원 기자, 2020. 9. 17.
- 세종텔레콤, 김형진 회장 단독대표 체제…신사업 추진 가속, 《데이터넷》, 강석오 기자, 2018. 2. 1.
- 세종텔레콤, 블록체인 '블루브릭' 바탕으로 ESG 경영 추진, 《news1》, 김정현 기자, 2021. 4. 29.
- [상장기업분석] 세종텔레콤, 통신-ICT 융합-전기사업 성장세, 《전자신문》, 박지성 기자, 2021. 4. 25.

유튜브

- '한국블록체인뉴스' 한국블록체인 TV [Block Focus] 세종텔레콤, 2019. 4. 2.
- [매일경제TV 이슈&피플] 세종텔레콤 김형진 회장

9인의
경영 구루에게
듣다
헤르메스
CEO

1세대 벤처 신화

▮ **남민우**(다산네트웍스 회장)

현)
- 다산네트웍스 대표이사 회장
- 한국청년기업가정신재단 이사

전)
- 벤처기업협회 회장
- 대통령직속 청년위원회 초대 위원장(2013~2014)
- 한국네트워크산업협회 회장
- 한국청년기업가정신재단 이사장

- 벤처기업대상 대통령상(2002)
- 외국인투자 유공자 포상 대통령 표창(2004)
- 벤처기업대상 동탑산업훈장(2010)
- 해동기술대상(2016)

실패 경험이 경쟁력이다

젊음이 재산이란 말을 하곤 한다. '젊음'이라는 단어에는 넘치는 에너지와 호기심, 무모할 정도의 도전 정신과 혈기 왕성함, 무한한 가능성이 내포되어 있기 때문이다. 그러나 청년 실업률 10%를 넘나드는 오늘을 사는 청년들에게 젊음은 도전보다 포기라는 말과 더 가까워져 있다. 'N포 세대'로 부르며 사회는 이들에게 암울한 현실 인식만 강요하는 것은 아닌지 걱정스럽다. 저성장 시대의 우울한 자화상이 아닐 수 없다.

패배 의식에 젖은 청년들의 도전 의식을 다시 꿈틀대게 하기 위해서는 '성공'보다 '실패'를 가르치는 것이 더 효율적일지도 모르겠다. 실패를 반복하며 성공 확률을 높여나가는 성공과 실패의 역학관계를 통해 더 이상 실패를 두려워하지 않도록 만드는 것이다. 날것 그대로의 현실과 나를 맞닥뜨리게 하는 실패의 효용성은 어쩌면 오늘의 청년들에게 가장 필요한 처방인지도 모른다.

그런 의미에서 '4전 5기의 경영인'으로 불리는 다산네트웍스 남민우 회장은 누구보다 실패와 도전에 관한 이야기를 진정성 있게 들려줄 수 있는 기업인이다. 물론 엄밀히 말하면 실패라기보다 '위기'라는 말이 맞는다. 그는 네 번의 큰 위기를 만났지만 실패하지 않고 살아남았다. 그래서일까, 성공한 뒤의 이야기보다 위기를 헤쳐나간 그의 앞 이야기에 귀를 기울이게 된다.

남민우 회장은 서울대 기계공학과를 나와 1983년 말부터 대우자동차 연구소의 엔진개발부에서 일했다. 명문대를 나와 대기업에 입사했으니 더 바랄 게 없어 보였지만 그는 대기업 체질이 아니었나 보다. 6년간 일하며 주요한 책임자가 될 정도로 능력을 인정받았지만 유학파나 처세술이 뛰어난 사람이 득세하는 사내 분위기를 보며 10년 뒤에도 인생의 반전은 오지 않겠다는 확신이 들어 과감히 사표를 던졌다.

그는 함께 수입 장비를 국산화하자는 스카우트 제의를 받고 대기업을 나와 중소기업에 취업했다. 좋은 조건이었고 도전해볼 만하다고 생각해서 이직했지만, 국산 장비 개발이나 높은 연봉은 허울뿐, 현실은 외국계 대리점 시스템 엔지니어에 지나지 않았다. 명문대를 나온 대기업 출신 엔지니어가 하루아침에 전국을 누비며 장비를 진단하고 수리하는 일을 하게 되었고, 영업까지 해야 했다. 그는 하루하루 벅찬 일과를 소화해내며 대기업을 박차고 나온 것을 뼈저리게 후회했다. 1년 만에 다시 다른 중소기업으로 이직했지만 여기서도 상황은 마찬가지였다.

> "이 세상에는 자신의 목적을 위해서 5분 뒤에 들통날 거짓말도 참말보다 더 자연스럽게 하는 사람이 수도 없이 많다는 것을 알았습니다. 내가 이해했던 약속과 상대방이 한 약속이 달랐습니다. 그때 당시에는 어떻게 이렇게 약속이 다를 수 있을까라는 생각에 며칠 밤을 고민했던 기억이 납니다."

돌아보니 대기업은 모든 조건이 잘 갖춰진 온실과 같은 곳이었다. 중소기업은 사람도 환경도 사고방식도 완전히 대기업 때와 달라 그동안 그가 가졌던 현실 의식이 착각이었음을 절실히 깨달았다. 인생은 점점 더 수렁으로 빠졌고, 마음의 상처도 깊어만 갔다. 자존심 때문에 다시 대기업으로 돌아갈 수도 없었다. 그런데 역설적이게도 냉혹했던 2년간의 현실은 그에게 지금까지 경험하지 못했던 큰 깨달음을 주었다. 영업 노하우와 인적 네트워크를 쌓게 해준 것은 물론 세상을 이겨나갈 강인한 맷집을 길러주었다. 대학 4년과 대기업 6년 동안 배운 것보다 중소기업 2년 동안 더 많은 것을 배웠다고 그는 말한다. 그러나 그의 시련은 아직 시작도 하지 않았다.

1991년, 거래하던 회사에서 기술적 이해력이 뛰어난 남민우 회장에게 한국지사를 맡아달라는 제안을 했다. 그 회사는 실시간 운영체계[RTOS]를 개발하는 미국 회사였다. RTOS는 전전자교환기[TDX] 개발용 SW로 산업용 컴퓨터 OS이다. 당시는 TDX 개발에 모든 통신 장비 회사가 승부를 걸고 있던 터라 남민우 회장은 RTOS의 가능성을 믿고 3천만 원을 융자해 '코리아 레디 시스템'을 창업했다. 당시 그는 2천만 원짜리 전세를 살고 있었다. 스무 평짜리 사무실에서 직원 세 명을 데리고 시작했지만, 매달 500만 원이라는 고정 지출이 발생해 수익을 내지 못하면 6개월 만에 문을 닫아야 하는 실정이었다. 남민우 회장은 불면의 밤을 보내며 돈의 힘, 시장의 힘, 자본주의의 힘이 얼마나 무서운지 처음으로 알게 되었다.

당시 우리나라는 돈을 주고 소프트웨어를 사서 쓰는 분위기가 아니었다. 몇천만 원씩 하는 소프트웨어를 팔 길이 없자 남민우 회장은 한 친구의 조언을 받아들여 RTOS 교육 과정을 만들었다. 소프트웨어를 알아야 쓸 수 있기 때문이다. 고육책으로 교육 과정을 신설해 거기서 나오는 교육비로 회사 운영비를 충당하며 몇 개월을 버텼다. 그러자 제품을 사주는 곳이 하나둘 생기기 시작했고, TDX를 개발하는 대기업에 SW를 납품한 후에는 사업이 순항하기 시작했다. 운 좋게 사업 첫해부터 흑자를 내고 빚도 다 갚았다. 그의 사업은 1997년 IMF가 터지기 전까지 승승장구해 직원은 30명까지 불어나게 되었고 매출은 50억 원에 달했다. 1993년에는 '다산 기연'이라는 주식회사를 별도로 설립해 자동화 장비 사업도 시작했다.

IMF가 찾아왔다. 800원에서 2,000원까지 폭등한 환율은 미국 회사에 수입 대금을 달러로 송금해야 하는 입장에서는 재앙과도 같은 것이었다. 그에게 닥친 첫 번째 위기였다. 보유한 현금이 있었지만 대금을 치르고 나면 문을 닫아야 할 판이었다. 남민우 회장은 고민 끝에 실리콘밸리로 날아가 송금을 6개월만 유예해 달라고 호소했고, 내친김에 그곳에 눌러앉아 엔지니어 12명과 함께 개발 용역을 자청했다. 인터넷 붐과 나스닥 붐으로 엄청난 호황을 누리던 실리콘밸리에서는 일손이 부족한 상황에서 남민우 회장의 제안을 흔쾌히 받아들였다. 남민우 회장과 직원들은 그곳에서 일해 1년 만에 빚을 다 갚고 한국으로 돌아왔다.

미국 실리콘밸리에서 그는 많은 벤처기업이 인터넷으로 성공하는 것을 보았다. 우리나라도 곧 인터넷 세상이 될 것으로 내다보고 미국의 네트워크 장비 제조업체인 '시스코Cisco'와 온라인 경매 업체 '이베이eBay'를 벤치마킹해 인터넷 장비 사업과 온라인 경매 사업을 시작했다. 인터넷 경매 사업은 도중에 접었지만 네트워크 장비 사업은 크게 성장해 2000년 200억 원의 매출을 달성했고, 코스닥에 상장되었다. 다산은 이때부터 네트워크 장비 전문 1위 기업으로 자리매김했다. 위기가 그에게 미래를 보게 만들었고, 다산을 네트워크 장비 업체로 변신시킨 것이다.

다산네트웍스 기술연구소

두 번째 위기는 2001년 IT 버블의 붕괴와 함께 찾아왔다. 9·11 사태로 세계 경제가 얼어붙고 나스닥과 코스닥이 폭락했다. 그때도 많은 기업이 사라져갔다. 많은 벤처기업이 주가를 유지하기 위해 분식 회계의 유혹에 빠졌을 때 남민우 회장 역시 갈등에 휩싸였다. 수많은 이해관계자의 얼굴이 떠올랐지만 그는 정면 승부하기로 결단을 내렸다. 회사 내부적으로 겪는 어려움과 위기를 솔직하게 인정하고 곪은 곳을 도려내는 혁신을 통해 다산은 오히려 위기를 전화위복의 기회로 만들었다. 어려운 만큼 더 열심히 일한 덕분에 다산은 2002년, 2003년 성장을 지속했다. 두 번째 위기를 통해 그는 과도한 자만심이 위기를 부른다는 사실과 문제가 발생했을 때는 정직이 최선의 정책이란 사실을 깨달았다.

달도 차고 기울 듯 2003년 말 세 번째 위기가 찾아왔다. 매출은 급성장하고 있지만 수익이 확보되지 않아 내부 부실이 늘어만 갔다. 계속되는 R&D 투자로 현금은 고갈되어 가는데 악성 자산만 늘었고, 주가도 하락해 시장에서 신뢰를 잃어가고 있었다. 그는 사업의 지속성을 놓고 또 다시 고민에 빠졌다.

그러던 중 한국 지멘스로부터 IP-DSLAM[4] 개발을 위한 합작을 제안받았다. 지멘스는 당시 다산의 IP 기술력을 주목하고 있었다. 한국은 전 세계에서 가장 빠른 인터넷을 자랑했고, 그 가운데는 다산의 IP 기술이 있었기 때문이다. 남민우 회장은 합작 회사보다 1억 불의 투자를 요청하며 다산의 최대 주주 자리까지 내놓겠다고 역제안했다. 지멘스는 남민우 회장의 제안을 받아들여 두 회사는 초고속으로 M&A를 성사시켰다. 이렇게 세 번째 위기를 넘기며 다산은 찌든 부실을 털어내고 2년 연속 매출 1천억 원을 넘기며 VDSL 장비, IP 전화기, IP 셋톱박스 등 신규 사업에서도 성과를 냈다. 위기가 곧 기회가 될 수 있다는 사실을 그는 이때 배웠다.

2008년, 지멘스가 노키아와 합작하며 통신 장비 사업을 철수하게 되

4) DSLAM(Digital Subscriber Line Access Multiplexer): 디지털 가입자 회선 접속 다중화기

어 남민우 회장에게 다산네트웍스의 재인수 의사를 타진해왔다. 당시 다산네트웍스는 4년간 글로벌 대기업과의 합작을 통해 여러모로 업그레이드된 좋은 회사로 성장해 있었다. 그렇다고 다시 인수하고 싶은 의사는 없었지만, 평생을 같이 사업해온 다산 멤버들을 버릴 수 없어 결국 그는 사재와 외부 투자금을 끌어들여 다산네트웍스를 480억 원에 재인수했다. 그런데 한 달 뒤에 리먼 사태가 터지고 만다. 세계 시장이 얼어붙어 매출은 급감하고 환율이 폭등해 수익은 제로 상태가 되었다. 매달 30억의 적자가 쌓여갔다. 6개월간 200억 원의 적자에 허덕이던 그는 생존을 위한 특단의 조치를 내렸다. 약 3분의 1에 해당하는 임직원에게 최대 6개월간 유급 휴직을 실시하며 위기를 버텨냈다. 다행히 2009년 하반기부터 환율이 안정되고 시장이 살아나 임직원을 전원 복직시킬 수 있었다. 2010년에는 일본 소프트뱅크를 뚫는 등 시장이 호황기로 접어들어 매출 2,000억 원에 영업이익 250억이라는 사상 최대의 실적을 기록했다. 불가항력적인 상황까지 이겨내며 다산의 생존 능력은 훨씬 높아졌다.

위기마다 남민우 회장은 과감한 결단과 배포로 다산네트웍스를 성장시켜 나갔다. 결과적으로 다산네트웍스에 있어서 위기는 성장으로 나아가는 디딤돌이었다. 그는 '성공'이라는 단어를 잘 쓰지 않는다. 성공이란 말 대신 '생존'이란 표현을 쓴다. 그는 1세대 벤처기업인으로서 살아남은 몇 안 되는 사람이다. '강한 자가 살아남는 것이 아니라 살아있는 자가 강한 자'라는 그의 말은 어쩌면 성공에 대한 가장 현실적인 조언일지도 모르겠다.

빠르고 유연하라

> "기업하는 많은 친구가 서두르려고 합니다. 빨리 성공하려고 하지요. 그러면 저는 이야기합니다. '네가 살아있으면 성공하고 있는 것이다.'라고요. 버티다 보면 좋은 일이 생깁니다. 사람마다 성공의 잣대가 다르지만 제가 내린 결론은 성공은 살아남는 것입니다."

그의 말은 지극히 현실적이어서 성공에 대한 막연한 기대감을 일순간에 깨뜨려버릴 수도 있다. 그는 입에 쓴 약처럼 달콤한 희망만을 이야기하지 않는다. 그것이 현실이기 때문이다.

그러면 어떻게 살아남아야 할까? 그는 먼저 사업가로서 살아남기 위한 두 가지 덕목을 제시했다. '스피드'와 '유연함'이다. 그는 '스피드'에 대해 이렇게 말한다.

> "시장 경쟁에서 느린 자가 살아남을 공간은 없습니다. 뭐든 빨라야 하고 차별화되어야 합니다. 결정도 빨라야 하고 행동도 빨라야 하고 포기도 빨라야 합니다. 속도가 중요합니다."

그리고 생각과 결정과 시장을 대하는 태도가 유연해야 한다고 강조한다. 누구나 자기의 생각과 주장이 있지만 시장에 맞춰야지 자기 고집대로 하다가는 부러지기 십상이라는 것이다.

> "시장은 항상 변합니다. 시장과 고객의 욕구는 아침 다르고 저녁이 다릅니다. 그 변화의 흐름을 정확하게 읽어내야 합니다. 거기다 나를 맞추어야 한다는 거에요. 그러려면 일이 잘못되었을 때 시장을 탓하거나 남 탓을 하면 안 되고 내 탓을 해야 합니다."

시장의 변화대로 내가 따라가는 것이지 시장을 변화시키려는 생각은 매우 오만한 태도라고 지적한다. 확신을 가지고 시장에 뛰어들었다가 자존심 때문에 돌아서지 못하는 사람은 필망한다며, 맞는 것도 아닐 수 있고, 아닌 것도 맞는 것일 수 있다는 생각으로 유연하게 대처해야 한다는 것이다.

그는 또한 고집과 욕심과 자존심을 버릴 줄 알아야 한다고 조언한다. 고집과 욕심과 자존심 없는 사람은 없겠지만 시장의 요구에 맞춰 내려놓을 줄도 알아야 한다는 뜻이다.

> "저는 신념이나 가치관, 어떤 정의감에 차 있는 사람은 사업할 때 피합니다. 시장에서는 위험하기 때문입니다. 시장은 형체는 없지만 변화하기 때문에 그것을 깨닫고 따라가고 맞추기도 어렵습니다. 오직 시장이 답이고 고객이 항상 옳다는 생각으로 사업에 임해야 합니다."

그렇다면 남민우 회장의 스피드와 유연성은 어떨까? 그는 누구보다 빨리 미래의 시장을 예측하고 신속히 움직인다. 그리고 그룹의 생존에 도움되는 일이라면 무엇이든지 도전해왔다. 빠르게 변하는 시장의 요구에 맞추어 사업을 다각화해온 것이 그것이다. 수입업체에서 시작해 라우터, 이더넷 스위치 등의 통신 장비를 생산하게 되었고, 소프트웨어, 자동차 부품, 엔지니어링, 소재 등으로 사업을 확대해 이제는 다산을 글로벌 기업으로 성장시켰다. 그는 사업 20년 차를 넘겼을 때 다각화가 생존의 비결이라는 것을 깨달았다. 그때부터 다산그룹은 지속적인 M&A를 통해 알찬 포도송이 같은 회사로 만들겠다는 목표로 지금까지 걸어왔다. 다양한 분야에서 글로벌 히든 챔피언을 키우는 것도 다산의 목표다.

다산은 주로 적자를 내며 위기에 처한 회사를 인수해 창업에 준하는 혁신으로 회생시켰다. 다산벤처스라는 계열사를 설립해 창업과 투자, 기업 인수를 동시에 진행하고 있으며, 현재 10여 개의 신규 스타트업을 인큐베이팅하고 있다. 남민우 회장은 자신이 잘할 수 있고, 할 만한 일이라면 가리지 않겠다는 생각이다.

여러 차례의 M&A 경험을 통해 남민우 회장은 구조조정에는 자신감을 갖고 있다. 그의 구조조정 3대 노하우는 '오퍼레이션 혁신', '전략적 방향 재설정', '안 되면 빨리 털어버리기'이다. 기업을 인수하면 다산그룹이 그동안 살아남을 수 있었던 노하우를 접목시켜 일상적인 운영 혁신을 이루고, 좀 더 부가가치가 높은 방향으로, 밸류체인에서 한 단계 높은 단계로 올리는 혁신을 주문한다. 가령 제조업은 R&D 기업으로, R&D 기업은 글로벌한 마케팅 쪽으로 레벨업을 해나가는 것이다. 그리고 M&A

이후에도 적자가 나거나 부실화되면 과감하게 구조조정하는 것이다.

다산에서는 그동안 DMC(자동차 부품), DTS(산업용 열교환기), 솔루에타(기능성 소재) 등을 인수했고, 2016년에는 미국 나스닥 상장사인 존테크놀로지를 인수해 '다산존솔루션즈DZS'로 새롭게 출범시켰다. 특히 미국 존테크놀로지의 인수는 글로벌 통신 장비 시장에서 매우 상징적인 일이었다.

존테크놀로지의 창업자 '몰'은 ADSL[5]의 원천 기술을 개발해 크게 성공한 인물로, 당시 국내에서 수입한 제품이 모두 몰의 회사 '어센트' 제품일 정도였다. 몰은 구리선이 광으로 바뀔 것으로 보고 광장비 회사를 설립하고, FTTH[6] 장비 분야에 수천억 원을 투입해 11개 사를 인수하지만 10년간 천문학적인 적자를 보았다. 그 상황에서 남민우 회장에게 인수 기회가 온 것이다. 남민우 회장은 미국이란 시장을 보고 빠르게 존테크놀로지의 지분 58%를 인수했다. 그리고 1년 만에 10년간 적자에 허덕이던 기업을 흑자로 돌려놓았다. 존테크놀로지 창업 멤버들은 놀라움을 감추지 못했다고 한다.

미국 자회사 DZS는 현재 미국의 네트워크 통합과 자동화 소프트웨어 업체인 '리프트RIFT' 지분을 100% 인수해 앞으로 투자가 예상되는 미국 대형 통신사를 겨냥하고 있다. 다산그룹은 미국뿐만 아니라 독일의 통신

---

5) ADSL(Asymmetric Digital Subscriber Line): 기존의 전화선을 이용하여 컴퓨터가 데이터 통신을 할 수 있게 하는 통신 수단

6) FTTH(Fiber to the home)는 '가정 내 광케이블' 혹은 '댁내 광케이블'로 불리는 광케이블 가입자망 방식으로 초고속 인터넷 설비 방식의 한 종류이다.

장비 기업인 '키마일KEYMILE'도 인수해 독일을 기반으로 유럽 시장 진출을 노리고 있으며, 2021년에도 캐나다 광통신 장비 기업 '옵텔리언Optelian'을 인수하는 등 세계 시장 개척에 여념이 없다. 그 외 일본, 프랑스, 대만, 베트남 등으로 수출도 많이 해 다산그룹의 매출 구조에서 해외 매출은 80%에 이르고 있다. 코로나19로 미국, 일본, 유럽 등 주요 선진국에서 안정적인 네트워크 처리에 필수적인 스위치 장비의 중요성이 부각되고 있는 점, 미국 사회의 화웨이 배제 정책 등으로 다산그룹에 거는 대중의 기대감은 높아지고 있다.

또한 다산그룹은 앞으로 B2B 비중을 줄이고 B2C 사업을 늘려 향후 사업 비중을 5대5로 가져갈 생각이다. B2B 사업은 고객사 관계에 따라 자칫 한 번에 무너질 수 있기 때문이다. 다산은 의류, 화장품, 물류, 글로벌 마케팅, 유통 등으로 B2C 사업을 늘리며 그의 계획대로 한 알 한 알 열매를 맺어가고 있다.

남민우 회장의 거침없는 사업 행보는 위기와 극복을 반복하며 터득한 생존 노하우를 실행에 옮기는 것일 뿐이다. 그는 리스크를 철저히 관리하는 경영자다. 남들이 보기에 무모해 보여도 사업들은 그의 철저한 계산하에 이루어지는 것들이다.

> "전 리스크를 철저히 계산합니다. 관리할 수 있는 리스크는 이미 리스크가 아닌 거죠. 리스크 계산이 끝나면 위험하지 않기 때문에 과감히 의사결정을 할 수 있습니다."

그는 한 인터뷰에서 리스크 없는 사업이 없다며 사업가는 리스크를 최소한으로 낮추는 방법을 찾아가는 사람이라고 말했다. 그리고 때로 과감한 배팅도 해야 한다고 했다. 죽음이 두려워 100킬로미터로 달려야 하는 고속도로에서 60킬로미터로 달리는 것은 멍청한 일이라는 것이다.

그렇다면 달려야 할지 말아야 할지, 달린다면 몇 킬로미터 속도로 달려야 할지 어떻게 알 수 있을까?

그는 정답을 맞힐 확률은 50대50이기 때문에 정보력을 토대로 51대49의 확률로 만들라고 한다. 혹 잘못 결정한 일은 우기지 말고 자존심 내려놓고 유연하게 수정하라고 조언한다. 그런데 간혹 완벽한 결정을 내리기 위해, 혹은 잘못된 결정을 내리지 않기 위해 CEO가 결정을 미루는데, 그것이 가장 나쁘다고 말한다.

다시 한번 그가 말한 CEO의 덕목 '스피드'와 '유연성'을 생각하게 된다.

영원한 청년위원회 위원장

1세대 벤처 기업인이어서일까, 다산그룹 남민우 회장에게는 늘 '혁신', '도전', '청년'의 이미지가 따라다닌다. 그는 2013년 대통령 직속 청년위원회 위원장(장관급)을 맡았고, 2015년에는 한국청년기업가정신재단KoEF 이사장을 맡았다. 현재 그는 한국청년기업가정신재단 이사로 있다. 2012년에는 (사)벤처기업협회KOVA 회장도 역임했다. 그렇기에 많은 사람은 그를 만나면 창업과 청년 문제부터 물어본다. 그 역시도 기업을 운영하면서 창업과 관련한 다양한 멘토링을 해왔고, 청년 일자리 문제를 해결하기 위한 방법을 고민해왔다. 살아남은 1세대 벤처기업인의 숙명이라고 해야겠다. 다산그룹이 성장할수록 창업 멘토로서의 그의 역할 역시 더욱 커질 것으로 보인다.

그는 빈농의 아들로 태어나 자수성가한 사람으로서 가진 자와 그렇지 못한 자 사이에 보이지 않게 작용하는 사회적 편견에 늘 문제 의식을 가져왔다. 농사일이 싫어 열심히 공부한 끝에 서울대에 진학했지만 거기서도 사정은 나아지지 않았다. 학위가 있고 없고, 지위가 높고 낮음을 따지며 우월 의식을 갖는 사람들을 보며 우리나라가 완전한 시장 자본주의나 합리주의로 나아가기에는 여전히 해결해야 할 숙제가 많다고 생각했다.

그는 청년위원회 위원장 시절 비정규직 문제, 대·중소기업 간의 일자리 역할 문제, 임금 격차 문제 등을 거론하며 적극적으로 해결책을 제시했지만 기득권의 견고한 벽은 깨어지지 않았다. 그리고 그들은 오히려 그의 생각을 이념화해 공격해오기도 했다. 시장에서 그가 몸소 터득한 논리는 기득권, 권력자들에게는 지나치게 혁신적이어서 받아들이기 어려웠던 모양이다. 그러나 그가 제시했던 여러 주장은 필자의 생각에 매우 합리적으로 들렸고, 현재 우리가 겪고 있는 청년 실업이나 사회 문제를 해결할 중요한 열쇠가 될 수 있겠다는 생각이 들었다.

2017 기업가정신재단 행사

IMF 때, 환율 급등으로 수입 대금을 치를 수 없었던 남민우 회장은 거래하던 회사에 채무 이행을 6개월간 연장해달라고 요청하기 위해 직원들을 데리고 실리콘밸리로 날아갔다. 미국에 간 김에 거기서 그들은 1년간 비정규직으로 근무하며 18억의 빚을 모두 갚았다. 여기서 한 가지 의문이 든다. 도대체 비정규직으로 일하며 얼마를 받았기에 18억의 빚을 모두 갚았다는 것일까?

> "저는 그때 한 달에 만 불씩 받았습니다. 연봉으로 따지면 12만 불이죠. 저도 놀라웠던 게 당시 잘나가던 실리콘밸리 정규직들도 연봉 10만 불을 넘는 사람이 별로 없었습니다. 그런데 저 같은 비정규직한테 12만 불을 주더라고요."

당시 환율이 2,000원까지 올랐던 것을 감안하면 그는 우리 돈으로 1년에 2억 원이 넘는 보수를 받았고, 12명의 직원들이 함께 일했으니 그 돈으로 빚을 모두 갚을 수 있었던 것이다.

그들이 비정규직에게 페이를 더 주는 이유는 고용의 불안정성 때문이란다. 계약직은 고용 안정성을 보장할 필요가 없기에 보통 30~50%를 더 지급하는 것이 관례라는 것이다. 남민우 회장은 여기서 신선한 충격을 받았다. 우리 사회의 인센티브 시스템과는 너무도 달랐기 때문이다. 미국은 '동일 노동, 동일 임금' 원칙에서 한 발 더 나아가 노동 유연성의 가치까지 인정하고 있었다. 그러다 보니 실리콘밸리에는 늘 능력과 열정을 가진 젊은이들이 몰려들었다.

우리나라는 '과거 급제' 한 번으로 평생을 편하게 먹고사는 격이니 선진국에 비하면 우리나라의 성과 보상 시스템은 무언가 한참 잘못되었다고 생각했다. 잘못된 성과 보상 시스템 때문에 겉으로는 합리적인 자본주의로 보이지만 그 속에는 아직도 사농공상의 계층이 생기고, 신분적 약자가 있다는 것이다. 이러한 것은 결국 모든 사회 문제의 원인이 된다고 말한다.

다산그룹에서는 특별한 이유가 없는 한 정규직을 원칙으로 한다. 서너 시간만 일해야 하는 경우나 출산으로 인한 빈자리 등에서만 임시직을 활용한다. 단 끊임없는 평가를 통해 저평가자는 도태시키는 것을 원칙으로 하고 있다.

> "사업을 하다 보면 정규직도 필요하고 비정규직도 필요합니다. 거기에 맞게 쓰라는 얘깁니다. 그러나 인사권자 입장에서 경비가 절감되고 인력을 활용하는 데서 유리하다고 사회적 책임 의식 없이 비정규직을 남용하면 안 된다는 얘기죠. 그러다 보면 사회 문제는 더 악화합니다. 우리처럼 현장에 있는 사람들만이라도 이러한 사회 문제에 대한 책임 의식을 가져야 한다는 겁니다."

그의 주장은 비정규직을 없애자는 이야기가 결코 아니다. 기업들의 경영 상황을 고려하지 않은 정책 역시 실패할 수밖에 없기 때문이다. 비정규직에게 정당한 보상을 하는 '비정규직의 정상화'를 이루어 내어 노동의 유연성이 있는 비싼 비정규직을 선택할지, 유연성은 없지만 상대적으로 싼 정규직을 늘릴지를 기업의 선택에 맡기자는 것이다. 고용주에게는 노동의 유연성을, 비정규직에게는 노동의 안정성 대신 그에 상응하는 보상을 하며 서로가 원하는 바를 충족할 수 있도록 해야 한다는 것이다. 그러나 그러한 고민 없이 대기업이나 심지어 공공기관까지 비정규직을 늘리면서 청년 일자리 해결이나 사회 기여를 주장하는 것은 맞지 않는 얘기라고 일침을 놓았다.

아울러 정부는 비정규직을 양산하는 파견법을 엄격히 제한해서 기업이 필요한 인력을 직접 고용하게 만들되, 노동 시장을 유연화해 필요하지 않은 인력을 기업이 내보낼 수 있도록 사회적 대타협을 이끌어내야 한다고 주장한다.

청년 실업 문제를 해결하기 위해서는 채용 문화의 개선도 필요하다. 점차적으로 기업들이 스펙을 초월한 채용 제도를 도입하고 있지만, 이러한 문화가 더욱 확산되어 청년들이 불필요한 스펙을 쌓는 데에 시간을 허비하지 않도록 해야 한다는 것이다. 이러한 채용 문화는 기업과 정부가 함께 힘을 모을 때 변화를 앞당길 수 있다고 말한다.

또한 청년들에게 우수 중소기업에 대한 정보를 충분히 제공하는 것도 중요하다고 강조한다. 그가 대통령 직속 청년위원회 위원장으로 있을 때 현장 모니터링을 통해 '중소기업에 대한 부정적인 선입견과 정보 부족'이 대기업 쏠림 현상을 가져온다는 사실을 알아냈다. 중소기업들이 인재난을 호소하지만 막상 청년들이 알고 싶어 하는 정보 공개에는 소극적이라는 것이다. 기업은 임금 수준, 근로 환경, 복지 수준 등의 정보를 청년들에게 적극적이고 투명하게 공개해야 하고, 정부와 사회, 언론 등도 강소기업과 같은 좋은 기업을 알리는 데 나서야 한다는 것이다.

우리나라에서는 국방 산업에 엄청난 예산을 투입하고 있다. 하지만 각종 무기나 장비의 국산화가 여전히 미흡한 실정이다. 남민우 회장은 공공 분야에서 비용 대비 효율을 따지는 것은 근시안적인 잣대라며, 국방 산업을 포함한 공공 분야에서 기업가 정신을 발휘해 국산화를 이끌어야 한다고 강조한다. 그 과정에 국내 개발 업체가 참여해 창출하는 일자리 파급 효과는 엄청나다는 것이다. 당장은 더 많은 예산이 투입될지 모르지만 장기적으로 봤을 때 산업의 규모를 키우고 양질의 일자리를 창출해 결과적으로 훨씬 경제적으로 효과적이라고 한다.

남민우 회장은 청년위 위원장 시절 '타운홀 미팅', '청춘순례/청년버스' 등 60여 차례의 온오프라인 행사를 하며 전국 각지의 청년들을 만나고 다녔다. 현장의 생생한 목소리를 듣고 해결책을 찾기 위해서였다.

중소기업 취업을 지원하기 위해 중소기업에 청년 인턴 취업 지원금을 단계적으로 인상하자는 의견과 입대한 고졸 취업자를 계속 고용한 기업에 인센티브를 제공하는 안을 내놓았고, 창업 실패 청년을 위한 '재도전 지원센터'를 설치하자는 등의 목소리도 내었다. 기업별로 청년 고용 규모, 매출액 대비 고용 수준 등을 평가해 지수로 나타낸 '청년고용지수'를 도입해 정부의 공공 정보화 사업 입찰 기준에 반영하자는 의견도 제안했다. 이렇듯 자문기관으로서 최선의 노력을 했지만 관계 부처의 협의를 이끌어내는 데 어려움이 있었고, 경직된 공직 사회를 움직이는 일은 쉽지 않았다고 고백한다.

그는 젊은이들에게도 당부한다.

> "당장 시작하라. 취업이든 창업이든 해외 진출이든. 높은 스펙만 좇지 말고 기회가 주어진다면 그것부터 도전하라. 그래야 배운다."

해본 사람만이 아는 무엇이 있다. 청년들이 창업해보고 실패해보고 성공해본 그의 말에 귀 기울이기를 바라본다.

벤처 신화는 계속되어야 한다

남민우 회장은 돌직구형 승부사다. 에두르지 못하고 솔직 담백해서 손해를 많이 본단다. 그러나 기업을 하는 데 있어서는 유리한 점이 많다고 한다. 판단이 빠르고, 핑계 대지 않고, 위기가 닥칠수록 오기가 발동해 돌파해내고 마는 성격이라 어려움이 닥쳐도 잘 극복할 수 있었다고 한다. 그의 이러한 모습은 '성공한 1세대 벤처기업인'이라는 타이틀과도 잘 어울린다.

그는 한때 벤처기업협회장으로서 또 청년위원회 위원장으로서 지금까지 우리 사회의 창업 생태계를 개선하기 위해 많은 노력을 해왔다. 정부나 대기업을 향한 돌직구 발언도 서슴지 않았다. 오늘날 경제 정책이 대기업 중심에서 중소기업 중심으로 점점 이동하고 있는 것도 그를 비롯한 젊은 경제인들과 관련 전문가들의 오랜 노력 덕분이 아닌가 한다.

그는 평소 일자리를 창출하고 경제 성장을 이끌기 위해서는 벤처기업 및 중소기업을 활성화시켜야 한다고 주장해왔다. 이들은 국내 일자리의 대부분을 창출하며 우리 경제를 받치는 든든한 기둥이기 때문이다.

특히 남민우 회장은 청년위원회 위원장 시절 벤처의 활성화는 실패를 관용하는 문화 속에서 꽃필 수 있다며 창업과 재기가 용이한 환경을 만들어주는 것이 무엇보다 중요하다고 강조했다. 성과에 집중하고 실패를 제재하는 정책으로는 도전하는 문화를 이끌 수 없다는 것이다. 그러기 위해서는 융자가 아닌 투자 중심의 창업 생태계가 되어야 한다고 강조했다. 실패 확률이 높은 벤처 창업의 경우 은행 빚으로 사업을 한다는 것은 앞뒤가 맞지 않는 이야기라며, 투자 중심으로 전환해 실패가 용인되는 벤처 창업 생태계를 만드는 것이 시급하다고 주장했다.

이를 위해서는 엔젤 투자, 벤처캐피탈 투자 등이 활성화되도록 정부에서 힘써야 한다는 것이다. 그의 이러한 주장들은 매우 의미 있는 제안이었고, 여기에 공감하는 기업인들과 전문가들도 많았다. 정부에서도 이러한 주장들을 받아들여 2018년 '민간 중심의 벤처 생태계 혁신 대책'을 발표하며 경영인들의 오랜 열망을 반영해 주었다. 혁신 대책에는 창업 실패를 인생 낙오로 만들어버리는 '연대 보증 대출 폐지', '액셀러레이터, 크라우드펀드, 기술지주회사, 신기술창업전문회사 등 벤처 투자 유형 확대', '벤처 기업 진입 규제 철폐', '혁신성 · 성장성 중심으로 벤처 선별' 등의 내용이 포함되었다.

남민우 회장은 협력사를 고사시키는 갑을병정의 수직적 거래 관행에 대해서도 목소리를 높여왔다. 그는 IT 중소기업을 경영하며 대기업의 '납품 단가 후려치기'에 불만이 많았다. IT 부품 기업의 경우 분기에 한 번 혹은 서너 번까지 별다른 단가 인하 요인 없이 가격 인하를 강요당했다며, 납품 단가는 기업의 생존에 절대적인 요소이기 때문에 단가를 1년도 유지하지 못하고 적정 마진 이하로 수시로 인하한다면 정상적인 경영이 불가능하다고 강조한다. 그렇기 때문에 정부는 경제적 강자의 일방 통행식 시장 관행을 묵인하지 말고 '연간단가 제도'를 도입하도록 유도하거나 원가 절감이 불가피할 경우 관계사로 편입해서 직접 경영을 하도록 해야 한다고 말한다. 정부가 나서서 힘이 지배하는 시장이 아닌 '공정한 경쟁'이 지배하는 시장을 만들어달라는 것이다. 중소기업에 혜택을 요구하는 것이 아니라 글로벌 시장의 관행을 따르게 해달라는 것이다.

또한 정부는 기술이나 인력을 빼가는 대기업을 엄격하게 다스려야 한다는 입장이다.

> "기술이나 인력 탈취 문제로 대기업이 한 번이라도 제대로 징계를 받은 적이 있나요? 벤처가 대기업과 특허 심판에서 한 번이라도 이긴 적이 있나요? 우리나라 시장은 시장 원리가 아니라 힘의 논리에 좌우됩니다. 페이스북이 직원 수 10여 명의 사진 공유 업체 인스타그램을 12억 달러에 사들인 것이 과연 그 서비스를 못 해서 그랬을까요? 미국 사회의 풍토가 엄격해 돈 주고 인수한 것입니다."

인력을 빼가는 문제도 중소기업 입장에서는 고통이라고 한다. 그는 정부 일을 하면서 대기업 인사 담당 임원들을 불러놓고도 이야기했다. 대기업에서 공채를 확대해 대졸자들을 많이 뽑아 주어야 한다고. 그러나 현실은 거꾸로 가는 실정이다. 대기업에서 아예 공채를 하지 않는 곳도 생겨나고 있다.

그는 중소기업을 운영하며 인재난을 많이 겪었다. 열심히 키워놓은 인재들을 대기업에서 높은 연봉으로 스카우트해 가면 손 쓸 방법이 없었다. 경력을 쌓아 대기업으로 가는 것이 뭐가 나쁘냐는 말을 들을 때면 피가 거꾸로 솟는 느낌이란다. 특히 대기업이 '콜'하면 R&D 인력 중 핵심 인력들부터 빠져나가니 그럴 만도 하다. 그러니 우수 인재는 회사를 나가더라도 다시 돌아오겠다고 하면 받아 주어야 하는 것이 중소기업의 현실이라고 한다.

한 번은 한 대기업에서 소프트웨어 인력 3,000명을 강화한다는 발표를 듣고 인력 유출로 회사가 망할 것 같아 대기업 임원에게 항의했다고 한다. 동일 업계의 스카우트 문제가 심각하다는 것을 안다면 대기업부터 경력 직원 대신 신입 사원으로 뽑아야 한다는 것이다. 그것이 공정한 사회를 위해 글로벌 대기업이 할 일이라고 강조한다.

창업 기업에 가장 필요한 것은 자금과 판로이다. 남민우 회장은 특히 기술을 기반한 창업은 초기 투입 비용이 많고 안정적인 수익을 얻기까지 기간이 길어 취약한 점이 많음을 지적했다. 그리고 이들을 위해 정부에서 사업 초기 판로를 지원하거나 소비자로서의 역할을 해주는 것이 필요함을 강조했다. 정부가 예산 절감에만 목적을 두지 말고 이들 기업이 정부 조달 시장을 발판으로 해외까지 진출할 수 있도록 정책을 펼쳐야 한다는 것이다. 아울러 해외에 진출해 겪게 되는 애로 사항 실태를 조사해 실질적인 대응책을 마련해주는 것도 필요하다고 지적한다. 그 외에도 M&A와 같은 중간 회수 시장을 활성화해 엔젤 투자를 유도하는 것도 벤처 붐을 일으키는 좋은 방법이라고 조언한다.

요즘 남민우 회장은 전문 경영인 체제를 유지하며, 자신은 경영의 전체적인 방향이나 신사업 구상에 주로 몰두하고 있다. 시간적 여유가 생겨서인지 젊은 스타트업들에 관심도 많다. 그에겐 매일같이 찾아오는 중견 벤처 기업가들을 멘토링하는 것도 중요한 일이 되었다.

환갑을 앞둔 나이, 그는 휴맥스의 변대규 회장, 네이버 창업자 이해진 전 의장과 같이 회사를 자녀에게 상속하지 않겠다는 뜻을 일찌감치 밝혔다. 그리고 은퇴 후에는 미국의 '뱁슨 칼리지Babson College와 같은 창업 대학을 만들겠다는 꿈을 가지고 있다. 창업 대학은 창업을 위해 이론과 실전을 가르치고 투자해주는 일을 한다.

계획도 없었고 특별한 꿈도 없었지만 매 순간 열심히 살다 보니 여기까지 왔다는 그의 말은 평범한 우리에겐 지나친 겸손으로 들린다.

우리는 매 순간 열심히 살고 있는가?

도덕경에 심취하다

"원래 저는 다이나믹한 것을 좋아합니다. 지금도 일요일마다 축구를 하고 있고, 스쿼시도 합니다. 젊은 사람들과 패러글라이딩도 하고 골프도 가끔 치지요."

남민우 회장은 학창 시절부터 부지런했고, 매사 최선을 다하는 성격이었다. 운동을 좋아하고, 부당한 일에는 문제 의식을 갖고 변화를 시도하는 진취적 성격이다. 걸어온 길만 보더라도 그가 얼마나 빠르고 냉철한 판단력과 뚝심을 가진 인물인지 알 수 있다.

그런 그가 《도덕경》을 해석한 다이어리 형태의 책자를 펴냈다. 평소 역사와 과학은 좋아하지만 철학은 깊이 파고드는 편이 아니었는데, 유독 《도덕경》은 그의 마음을 사로잡았다. 《도덕경》에 꽂힌 이유는 《도덕경》을 통해 매우 많은 깨달음과 가르침을 얻었기 때문이다. 또한 삶을 통해 자신이 깨달은 것과 《도덕경》의 내용이 무척 잘 들어맞아 도대체 노자가 누구인지 찾아보게 되었고, 《도덕경》을 공부하게 되었다.

그는 1년간 《도덕경》을 해석한 여러 책을 보고 분석하여 구절구절마다 가장 정확한 우리 말 문장을 찾기 위해 고군분투했다. 군더더기 없이 핵심만 짚은 '딱 한 문장'을 찾기 위해 1년을 쏟아부었다. 그는 《도덕경》을 우리 말과 쉬운 영어로 풀었는데, 전체 81개 장을 하나하나 해석하다 보니 《도덕경》 공부를 제대로 했다고 한다. 그 때문에 지금은 강연을 거의 하지 않지만 얼마 전까지만 해도 경영 강연뿐만 아니라 요청을 받으면 기업인들에게 《도덕경》 강연까지 다녔다.

그가 생각하는 노자의 사상은 종교와 철학과 공자 사상의 중간쯤이다. 가령 불교가 산중에 있다면 노자는 산중턱에서 저잣거리를 내려다보고 있다는 것이다. 불교가 '다 부질없으니 내려놓으라'는 얘기라면 노자의 사상은 '하긴 하되 힘을 빼고 하라, 욕심을 내려놓고 하라'는 의미라고 한다.

> "사업도 마찬가집니다. 돈을 좇으려고 하면 돈을 벌지 못하지만, 뭔가를 이루고 나면 돈이든 권력이든 명예든 자연스럽게 쫓아오게 마련이지요. 많은 사람이 무위론을 '내려놓고 하지 말라'는 뜻으로 해석하지만 저는 그렇게 보지 않습니다. '하지 말라고 해도 너는 할 거잖아. 골프 칠 것이고, 사업할 거잖아. 그런데 그걸 잘하려면 내려놔. 힘 빼고 골프 치고, 돈 좇지 말고 사업해. 그러면 결과는 좋을 거야.'라는 뜻이죠. 여기서 무위無爲는 허무론의 무위가 아니라 방법론으로서의 무위를 말합니다. 즉 위무위爲無爲인 것이죠."

그는 글자 한 자 한 자에 매이기보다 자신의 경험과 깨달음을 접목해 독자가 이해하기 쉽게 《도덕경》을 풀이했다. 그러면서 독자 역시 나라면 어떤 문장으로 바꿀까를 생각하면서 읽는다면 자신만의 도덕경을 만들 수 있다고 일러준다.

> "노자의 철학은 가진 자의 철학이에요. 노자 자신이 주나라 도서관장을 할 정도로 고위직이었습니다. 많은 것을 이룬 사람이죠. 그런 사람의 철학이지 배고픈 사람의 철학은 아니에요. 특히 사회적으로 출세했거나 권력이나 부나 명예를 가진 사람들에게는 의미가 있는 철학입니다. 세상의 가진 자들이 도덕경을 읽어야 세상이 편해진다고 생각합니다."

남민우 회장은 자신이 도덕경에 심취한 뒤 직원들도 편해졌을 것이라며 호탕하게 웃었다.

《도덕경》 13장에 총욕약경寵辱若驚이라는 말이 있다. 좋은 일이 생기든 나쁜 일이 생기든 똑같이 놀라고 긴장하라는 뜻이다. 남민우 회장이 가장 가슴에 새기는 문구다.

> "좋은 일도 지나가고 나쁜 일도 지나간다, 좋은 일이든 나쁜 일이든 일상이고 자연의 일부인 것이지 우리가 생각하는 좋고 나쁨의 의미가 아니라는 것입니다. 우리가 사업할 때 좋을 때도 있고 나쁠 때도 있습니다. 매출이 올라가고 수익이 나면 신나고 다 가진 것 같지요. 하지만 조금만 방만해지면 상황이 확 달라집니다. 힘들 때는 절망하지만 그 시기가 지나면 기회가 다시 오고 성장합니다. IMF 때가 그랬고, 코로나 이후도 그럴 것입니다."

그는 프로는 좋은 일이 생기면 더 긴장하고 경계하지만 아마추어는 그저 좋아한다고 한다. 프로는 시련이 와도 그것을 극복하면 한 단계 성장한다는 믿음이 있기에 의연하지만, 아마추어는 시련이 닥치면 죽을 것처럼 비관한다는 것이다. 결국 세상사는 좋은 일도 있고 나쁜 일도 있기 마련이니 일희일비하지 말고 항상 다음을 준비하라는 가르침이라고 한다.

사람들은 남민우 회장을 '기업가 정신'을 잘 보여주는 대표적 인물로 꼽는다. 그가 말하는 기업가 정신이란 도전 정신을 가지고 혁신과 창조를 이루어내는 것이다. 다산그룹의 성장과 발전을 통해 그는 우리에게 기업가 정신을 잘 보여주었다.

다산그룹의 '다산茶山'은 정약용 선생의 호이다. 그가 정약용 선생의 호를 회사 이름으로 지은 것도 다산의 기업가 정신을 이어받기 위해서다. 그러나 그는 기업가 정신은 기업가만의 전유물이 아니라 세상의 변화를 원한다면 평사원이든 공무원이든 기업가 정신으로 무장해야 한다고 말한다.

그것은 청년들도 마찬가지일 것이다. 기성세대들은 청년들이 기업가 정신을 가지고 도전해주기를 바란다. 방향을 잃은 청년들에게 도전 정신을 불어넣어 세상으로 뛰어들게 하기 위해서는 남민우 회장 같은 분들의 역할이 아직도 많이 필요하다. 1세대 벤처기업인으로서, 세계로 뻗어 나가는 기업의 수장으로서, 청년의 미래와 일자리를 고민하는 사회적 리더로서 그의 남은 역할을 기대한다.

참고문헌

* 다산웹진

- '창업과 4전 5기의 Full Story' / '닥치고 창업, 남민우 다산네트웍스 회장 '세상에 불만이 있는 자 창업하라" / '글로벌 기업으로 성장한 국내 1위 통신장비 기업 다산네트웍스'

* 《중앙일보》 경제 view & 기고

  - 청년 일자리 문제, 어떻게 볼 것인가, 2015. 2. 3.
  - 강소기업을 청년들에게 제대로 알려주자, 2014. 7. 1.
  - 다시 벤처의 씨앗을 뿌릴 때다, 2015. 1. 2.
  - 청년 창업의 발목을 잡고 있는 창업가 연대보증, 2013. 9. 3.
  - 청년 일자리, 희망이 보인다, 2014. 1. 7.
  - 실패를 용인하는 사회, 2013. 4. 16.
  - 비정규직의 정상화로 고용률 70%를 달성하자, 2013. 10. 4.
  - 청년의 짐 덜어주는 스펙 초월 채용 문화, 2014. 3. 21.
  - 상생, 동반 성장, 그리고 공정 사회, 2012. 10. 12.
  - 국방산업과 일자리 창출, 2012. 11. 9.

- [통신산업 강소기업-④] 다산네트웍스, 수출 확대로 흑자 전환 시동, 《시사저널이코노미》 김용수 기자, 2021. 3. 16.
- 다산네트웍스 미국 대형 통신사 뚫는다, 남민우 인수합병 광폭 행보, 《BUSINESS POST》, 박혜린 기자, 2021. 3. 12.
- 다산네트웍스의 재발견…"5G 낭중지추", 《한국경제》, 고윤상 기자, 2020. 7. 21.
- 향기나는 사람7: 타고난 승부사, 다산그룹 남민우 회장 "기업 절대 자식에게 물려주지 않을 것", 피치원(PICHONE) 미디어, 김광일 기자, 2017. 8.
- [응답하라! 벤처 1세대] 남민우 다산네트웍스 회장 "성공법칙은 긍정의 힘" 2019. 6. 10.
- 이필재의 人sight '남민우 다산네트웍스 회장', 이필재 인터뷰 대기자, 2015. 3. 27.
- 남민우 다산네트웍스 회장 "대중소기업 갑을문화 폐단 심각", 《인사이트 코리아》, 이필재, 2018. 3. 2.
- [김광일의 일레이 인터뷰] 남민우 다산네트웍스 회장, 김광일, 2006. 10. 13.
- [성공異야기]① 영원한 국가대표 벤처기업인…남민우 다산네트웍스 회장, 《이데일리》, 강경래 기자, 2017. 4. 18.
- [코스닥 엘리트] 남민우 다산네트웍스 회장, 《디지털타임즈》, 이지성 기자, 2008. 9. 21.
- 다산네트웍스, 남민우 회장의 미국 진출 이야기, 《증권플러스》, 베어너클, 2016. 4. 25.

9인의
경영 구루에게
듣다

헤르메스
CEO

피터 드러커식 혁신 경영의 대가

문국현(한솔섬유 대표이사)

현)
- 한솔섬유 대표이사 사장
- 뉴패러다임인스티튜트 대표
- 한국 피터드러커소사이어티 명예이사장

전)
- 유한킴벌리 대표이사 사장
- 생명의 숲 공동대표
- 윤경포럼 대표
- 킴벌리클라크 북아시아 총괄 사장
- 학교법인 유한학원 이사장
- 사람입국 신경쟁력특별위원회 위원장
- 내셔널트러스트 공동대표
- 창조한국당 공동대표
- 제18대 국회의원
- 한국 피터드러커소사이어티 이사장

- 제8회 생산성경영자 대상(2001)
- 제3회 기업이미지 대상 최고경영자상(2002)
- 제19회 한국경영학회 경영자대상(2002)
- 글로벌 코리아 어워드(2002)
- 제4회 서울대 경영인 대상(2003)
- 제13회 일가상 산업사회 공익부문(2003)
- 제12회 참경영인상(2004)
- 대한민국 금탑산업훈장(2005)
- 제19회 경영자대상(2006)

낭비와 불신의 요소를 해고하라

선택의 여지는 없었다. 대우, 한보, 진로 등 쟁쟁한 기업들이 부도로 쓰러져가던 IMF 시절, 살아남기 위한 유한킴벌리의 자구책은 혁신밖에 없었다. 그때 유한킴벌리의 혁신을 진두지휘한 사람은 문국현 사장이었다.

그가 유한킴벌리의 신임 사장이 되었을 무렵인 1995년까지 유한킴벌리에서는 노사분규가 12년째 이어지고 있었다. 시장점유율이 80%에서 18%로 떨어졌고 오랜 노사분규로 회사 내 분위기는 뒤숭숭했다. 4대 노조는 서로 선명성 경쟁을 하며 자신들의 주장을 굽히지 않았다. 그러나 IMF 직전, 기아와 한보가 무너지며 실업자들이 쏟아져 나오자 이를 지켜보던 노조는 해고에 대한 불안감에 마음 졸이며 문국현 신임 사장의 입만 바라보고 있었다. 이 틈을 타 문국현 사장은 혁신을 위한 대대적인 수술에 들어갔다.

남들이 구조조정이란 이름으로 사람을 해고할 때 문국현 사장의 생각은 달랐다. 3천여 명의 임직원, 더더구나 그들의 가족을 다 아는 입장에서 그들 중 절반가량을 해고하는 일은 문국현 사장 스스로 용납할 수 없는 일이었다. 그는 혁신의 중심에 '사람'을 두었다.

"사람을 해고한다고 경쟁력이 생기지 않습니다. 적자가 좀 덜 날 뿐입니다. 사람을 한 번 해고하기 시작하면 나가는 사람도 왜 하필 내가 나가야 하느냐는 억울함이 생기고, 남는 사람도 결국은 나도 저렇게 당하지 않겠느냐는 불안감이 있기 마련이거든요. 경쟁력이 있으려면 혁신적인 역량이 전 분야에 있어야 하는데, 사람을 해고하면 혁신은 누가 합니까? 가뜩이나 사람들이 공부할 필요성이 있을 때 내보내면 남는 사람은 더 과로하게 되고 혁신의 기회는 더 줄기 때문에 악순환이 됩니다. 사람을 해고하는 그런 방식은 대부분 단기적인 위기 상황 극복이지 중기적, 장기적으로는 결코 성공하지 못합니다."

그는 사람을 해고하는 대신 근무 시간을 반으로 줄이고 쉬는 시간에 평생학습을 하도록 했다. 대신 평생학습을 지원하기 위해 토지와 설비를 팔았다. 토지나 설비, 건물 등은 나중에 다시 사면 된다고 생각했다.

근무 시간을 줄이며 일자리를 늘리기 위해 그가 노조에 제안한 것이 '4조2교대제'이다. 당시는 3조3교대제였다. '4조2교대제'란 두 개조가 12시간씩 나흘간 교대 근무하면 나머지 두 개조는 예비 조로 쉬거나 교육을 받는 시스템이다. 즉 두 개조가 짝을 이루어 나흘 일하고 나흘 쉬며 돌아가는 체제이다.

처음 4조 체제를 노조에 제안했을 때는 극심한 반대에 부딪혔다. 1993년 새로 생긴 대전 공장에서 4조3교대를 실시해 큰 성과를 얻어

94년 전全 공장에 실시하려 했지만 노조가 거절했다. 회사 측에서 노조를 와해시키려 한다고 오해했기 때문이다. 그러나 외환 위기를 맞아 도산하거나 임금을 동결하는 회사들이 속출하자 노조는 불안감을 감추지 못하고 '4조2교대제'를 받아들였다. 3조3교대제에서 4조 체제로 편성하면 해고를 줄일 수 있겠다는 생각에서였다. 노사는 9개월간의 협의 끝에 1998년 4조2교대제로 전격 합의했고, 사측은 평생 고용을 약속하며 쉬는 날 중 하루는 임직원들에게 평생학습을 하도록 했다.

3조에서 4조 체제로 전환하면 근로시간은 주 56시간에서 주 42시간으로 줄어들어 특근비가 준다. 하지만 사측은 평생학습 시간을 특근으로 인정해 월급을 한 푼도 줄이지 않았다. 단순하게 생각하면 분명 회사 측의 손해다. 그러나 결과는 그 반대였다.

> "생산성이 세 배가 늘었습니다. 그리고 연간 가동률이 늘어났습니다. 대부분의 기업은 기계를 300일을 못 돌리는데 저희는 355일을 돌리게 되었습니다. 그러다 보니 다른 공장보다 55일을 더 돌리게 되어 거기서도 18%의 생산성이 높아집니다. 상상할 수 없는 원가 절감과 자원 절약이 되고, 경쟁력이 생긴 겁니다."

인력을 줄이지 않고 월급은 그대로 주면서 평생학습 실시와 근무 체제 변화만으로 어떻게 30%가 아닌 세 배의 생산성을 낼 수 있었을까?

문국현 사장의 말에 의하면 매출액에서 인건비가 차지하는 비율은 대부분 기업이 10% 미만이라고 한다. 대기업은 5%도 채 안 되고 인건비가 많은 기업이라고 해봤자 20% 정도라고 한다. 그럼 나머지 80~95%

가 어디에 쓰이느냐가 관건이다.

인건비를 제외한 나머지 비용 중 불량 제품을 교환해주거나 처리하는 비용, 소비자 고발을 당했을 경우 처리하는 비용, 산재 처리 비용 등이 매출의 24~32%가 된다고 한다. 이것은 문제를 원천적으로 막지 못해 사후 처리에 드는 비용, 즉 부가가치는 하나도 없이 비용만 발생하는non value added cost 경우이다. 인건비는 5~20%밖에 안 되는데 낭비나 불신 처리 비용이 24~32%나 드니 낭비나 불신 비용을 줄인다면 월급을 두 배 주어도 상관없다는 말이 된다.

그렇다면 낭비 요소를 줄여야 한다. 문국현 사장은 이렇게 말한다.

> "낭비 요소를 줄이려면 이것이 내 것이라는 생각을 갖게 해야 합니다. 남의 것이라고 생각하면 '공유지의 비극'[7]이 생기는 것이죠. 환경 오염이 그 한 예입니다. 오염을 일으키기는 쉽지만 비용이 열 배, 백 배가 들어도 처리가 어려운 경우가 있습니다. 기업에서 이러한 문제를 예방하기 위해 가장 좋은 방법은 학습입니다. 문제가 무엇인지, 얼마나 큰 규모의 낭비가 생기는지, 결함이나 재작업이 있는지, 사회적 비용이 드는지, 얼마나 많은 사람이 고통받고 있는지, 이런 것들을 알려주면 고쳐야 한다는 생각을 하게 됩니다. 이러한 문제를 고친다면 내가 월급을 두 배 더 받을 수 있는 기회가 생기는 것이지요. 그렇게 보면 학습도 하나의 일입니다.

7) 개인과 공공의 이익이 서로 맞지 않을 때 개인의 이익만을 극대화한 결과 경제 주체 모두가 파국에 이르게 된다는 이론. 주인이 없는 한 목초지가 있을 경우(외부 효과) 비용을 들이지 않기 위해 마을 사람들 모두 이곳에 소를 방목하여 풀을 먹이게 되고, 결과적으로 이 목초지는 황폐화될 것이라는 것이다. 이처럼 소유권 구분 없이 자원을 공유할 경우 나타나는 사회적 비효율의 결과를 '공유지의 비극'이라고 한다.

그래서 다른 나라들은 학습을 회사 비용으로 부담합니다."

유한킴벌리에서는 평생학습을 하면 연간 360시간까지 특근으로 인정해 주었다.

처음 평생학습 시간에는 취미 생활, 가정생활, 건강 등 본인이 하고 싶은 주제를 자발적으로 학습하게 했다. 주로 어학에 집중된 다른 회사의 교육과는 성격이 달랐다. 업무와 관련 없는 교양이나 취미, 문화에 대한 학습은 반년도 안 되어 마무리되었고, 그다음부터는 자연스럽게 기술 교육, 과학 교육 등으로 넘어가 사고를 줄이는 방법, 고객과 시장의 요구, 환경 문제, 사회 문제 등을 교육하며 주인 의식을 함양했다.

문국현 사장은, 주인 정신과 투표권을 가지고 그리스 로마 도시 국가를 지켰던 자유 시민처럼 직원들이 주인 의식과 기업가 정신을 가진 '기업 시민'이 될 때 기업의 변화, 사회의 변화가 일어난다고 말한다. 평생학습을 통해 유한킴벌리의 구성원들이 기업 시민이 되는 데에는 3~4년이 걸렸다.

"주인 의식이 없다면 중역들도 단순 월급쟁이에 불과하며, 월급을 많이 받아도, 학위가 있어도 자유 시민이 될 수 없습니다. 피터 드러커 박사는 경영학을 자유 시민을 늘리는 여덟 번째 리버럴 아트[8]라고 말했습니다. 이것은 사람들을 자유 시민으로 만들고, 주인으로 만들고, 끊임없이 자기 조국, 자기 도시, 자기 커뮤니티, 자기 기업, 자기 공동체, 자기

8) 고대 그리스에서 자유민의 교양에 필요한 것으로 여겨 가르쳤던 과목. 문법, 수사학, 변증법, 산술, 기하학, 천문학, 음악 일곱 가지가 있다.

가정을 위해서 헌신하고 혁신하도록 하는 것이라고 했죠."

평생학습은 강성 노조가 자리잡은 회사에서 노조가 개혁의 중심에 서도록 함으로써 모든 문제가 선순환하는 역할을 하도록 해주었다. 또한 주인 의식을 갖고 자발적으로 사고를 줄이고 기술을 개발하는 방향으로 나아가게 했다. 그래서 유한킴벌리는 IMF 당시 오히려 고용 안정을 이루며 도약하는 모습을 보여주었다.

문국현 사장은 또 낭비 요소를 불러일으키는 중요한 요인이 바로 '과로'라고 지적한다. 기업 경영에서 학습보다 더 중요한 것이 '과로 해소'와 '작업장 안전'이라는 것이다. 과로는 불량품 생산의 원인이 되기도 하지만 산재로 이어져 근로자 자신은 물론 그 가족에게도 큰 고통을 주고, 생산 라인도 멈추게 한다. 공장 내 동료들의 사기도 떨어뜨린다.

"과로는 알게 모르게 그 사람의 생명과 그 사람의 미래 잠재력을 갉아먹는 것이고, 공부할 기회를 주지 않는 것이고, 사회적 자산을 쌓을 기회를 뺏는 것이기 때문에 착취라고 봅니다."

과로의 폐해를 강조하는 그의 말은 너무도 단호했다.

문국현 사장은 좀처럼 화를 내지 않지만 안전사고에서만큼은 흥분하거나 화를 내기도 한다. 그는 평소에도 늘 안전을 강조하며 안전시설에 대한 투자를 아끼지 않았다. 그 덕분에 2001년 유한킴벌리는 무재해를 기록하기도 했다.

"우리나라의 노동자들이 선진국보다 30% 정도 일을 더 많이 합니다. 그러면서 직장 내 사고가 세계 최고 수준이고 국가적으로는 연 15조 원이나 되는 경제적 부담을 가져왔습니다. 사고로 개인이 불행해지고, 자녀들이 불행해지고, 배우자가 불행해지고, 그러면서 가난이 세습됩니다. 또한 선진국보다 30%나 일을 더 많이 하는 것은 우리 경쟁력의 적이고, 가정과 인권을 지키는 데 있어서 가장 큰 적일 뿐 아니라 남의 일자리를 30%나 빼앗는 주범이라고 보면 됩니다. 즉 400만 명의 일거리를 300만 명이 차지하면서 자신도 죽어가고, 회사도 망치고, 나라도 망치고, 100만 동료의 일자리를 빼앗고 있는 것이죠."

– (EBS '시대의 초상' 중에서, 발언상의 수치는 2007년 상황임.)

그가 취임하면서 도입한 4조2교대제는 과로로 빚어지는 낭비 요소를 획기적으로 줄이는 데 일조했다. 4조2교대제는 장시간 노동에 시달리는 근로자들에게 휴식을 주고, 학습을 통해 근로자들을 지식 근로자로 변화시킴으로써 결국은 기술과 생산성을 향상시켜 노사가 상호 윈-윈하는 결과를 가져다주었다. 4조2교대제와 평생학습 실시 이후 직원들은 매년 열 건 이상의 창조적 아이디어를 내어 현장 발명이 왕성해졌고, 이 때문에 여성용품 시장에서 시장점유율이 1995년 19.9%에서 2007년 57%로 뛰어올랐다.

그러나 여기서 간과하지 말아야 할 것은 비정규직이 많을수록 평생학습과는 거리가 멀어진다는 것이다. 근로자가 언제 그만두어야 할지 모르는 상황에서는 회사를 위해 지식과 경험을 쌓으려 하지 않기 때문이다. 문국현 사장은 그래서 비정규직 제도를 '평생학습의 무덤'이라고 정의하며 평생 고용을 보장했다.

유한킴벌리는 비정규직이 없는 회사로 유명했고, 산전 산후의 여사원 휴가로 채용한 소수의 비정규직에게도 '비정규직 차별금지법'을 철저히 준수하여 해고에 대한 불안감이 없고 일하고 싶은 욕구가 충만한 회사로 만들어 나갔다. 유한킴벌리가 지금까지 '아시아에서 가장 일하기 좋은 기업', '한국에서 가장 존경받는 기업'이라는 수식어를 꼬리표처럼 달게 된 데에는 이와 같은 문국현 사장의 남다른 경영 철학과 혁신이 있었다.

유한킴벌리시절 – 중국 베이징 공장 준공 2005

경쟁 전략의 원천은 신뢰와 윤리 경영

문국현 사장의 대학 시절 별명 중 하나가 '공자'였다고 한다. 썰렁하고 재미없고, 게다가 항상 명분이나 공공성을 내세웠기 때문이란다. 그는 직원들에게 반말을 하지 않는다. 엘리베이터에서 직원을 만나면 너무 깍듯이 인사해 인사를 받는 사람이 민망할 정도라고 한다. 게다가 공과 사를 명확하게 구분해 평소 개인적인 일을 비서에게 맡기지 않고 몸소 처리한다. 필자가 찾아간 날도 문국현 사장은 직접 물을 챙겨 주었다. 그의 트레이드 마크인 '사람 경영', '윤리 경영', '환경 경영'은 이렇듯 그의 몸에 밴 생각과 습관에서도 엿볼 수 있다.

유한킴벌리 입사 이후 그는 불의와 타협하지 않는 원칙주의자적인 성격으로 때론 고립을 자초하기도 하고 비난의 대상이 되거나 정신 나간 사람 취급을 당하기도 했다. 그의 생각은 늘 남보다 두세 배 앞서 있는 데다가 너무나 신념이 확고했기 때문이다. 그런 그가 어떻게 사람을 설득하여 수많은 성공 사례를 만들어낼 수 있었을까?

IMF 즈음, 노사분규로 몸살을 앓을 때 유한킴벌리 사장으로서 그가 한 일은 CEO로서의 특혜를 모두 없앤 것이었다. 노사 간에 신뢰가 없이는 소통할 수 없다는 생각에서였다. 그는 임원들부터 대수술에 들어가 근로자들이 의심할 여지를 남기지 않도록 했다. 임원들이 가지고 있는 골프 회원권을 모두 팔았고, 백 개가 넘는 콘도 회원권도 확보해 근로자들에게 나누어 주었다.

> "지금 여러분들에게 필요한 것은 가족들과 함께하는 시간이지 특근이 아닙니다. 이제 특근은 잊어버립시다. 특근할 시간에 평생학습을 합시다."

일자리를 잃을까 봐 불안해하는 직원들 앞에서 모든 기득권을 내려놓은 채 콘도 회원권을 나눠주며 가족과의 시간을 즐기라고 독려했다. 그런 그의 진정성은 노동자들의 마음을 움직여 노사 화합의 물꼬를 텄다.

그는 사원 시절부터 접대 문화나 뇌물과 같은 관행을 몹시 싫어했다. 그러한 관행은 회계의 투명성과 일하는 분위기를 흐려놓는다고 생각했다. 전산실장 시절부터 온갖 부패한 것들을 청산하고 그런 비용으로 나무를 심자고 주장하니 주위의 시선은 고울 리가 없었다. 그의 이러한 생각 때문에 그는 10여 년 동안 회사 내 따가운 시선들과 싸워야 했다. 여러 번 쫓겨날 위기도 겪었다.

그러나 사장이 된 후 그는 기다렸다는 듯 기밀비와 접대비, 판공비를 없앴다. 직원들이 해외에 나갈 때 쓰는 고정 여행 비용과 명절날 선물도 없앴다. 100여 가지 관행을 청산하며 기업 체질 자체를 바꾸어 나갔다. 자신이 먼저 판공비를 없애고 검소한 생활로 모범을 보인 것은 물론이다.

접대비를 없애니 영업사원들의 불만이 터져 나왔다. 장사를 못하겠다는 것이다. 당시는 대형 유통사와의 관계에서 접대는 고질적 병폐 중의 하나였지만 영업을 위해서는 필수였다. 접대비를 없애자 곧바로 일부 대형 유통에서 매대를 철수하라는 연락이 왔다. 3개월씩, 어떤 곳은 6개월씩 물건을 받아주지 않아 매출 손실이 몇백억에 달했다.

> '사회를 바꾼다는 것이 이렇게 어려운 것이구나! 그러니 선배들이 관행을 없애지 못했구나!'

너무나 큰 손실 앞에서 그는 여기까지가 그의 직장 생활의 끝이라고 생각할 정도로 좌절감을 맛보았다. 그러나 의지를 꺾지 않았다. 대형 유통 채널에는 바른 거래를 재개하자고 지속적으로 설득해 나갔고, 다른 한편으로는 약국이나 대리점 및 독립 슈퍼 개발에 나섰다. 9개월간 5만 5천 개의 약국에다 제품을 팔기 시작했다. 어떤 곳은 6개월, 어떤 곳은 9개월을 버티니 대형 유통사에서 다시 들어오라는 연락이 왔고, 관계가 회복되었을 때는 비 온 뒤 굳어진 땅처럼 신뢰 관계가 더욱 돈독해졌다.

이 일은 일석삼조의 이득을 안겨주었다. 판공비나 접대비 논쟁을 사라지게 하며 건강한 공급자와 유통업자의 관계를 확립할 수 있게 했고, 윤리 경영의 발판을 다지는 동시에 추가로 약국 및 소형 유통 채널을 개발하는 효과를 가져왔다. 추가로 개발한 소형 거래처에서만 1년에 1천억 원의 매출을 올리게 되었다. 이것은 유한킴벌리 성공의 주요한 요인이 되었다.

그는 접대비를 폐지할 당시 영업사원들에게 혈연, 지연, 학연이 아닌 전문성으로 접근하라고 주문했다. 술 접대나 골프 접대 대신 새로운 기술, 새로운 매대 관리 방법, 새로운 영업 관리 방법을 가르쳐주는 컨설턴트가 되라고 한 것이다. 단순히 물건을 팔고 수금하는 사람이 아니라 풍부한 정보와 지식으로 고객에게 비즈니스 매니저 역할을 하라는 것이다. 이후 유한킴벌리의 영업사원은 고객이 사업을 통해 최대한 수익을 올릴 수 있도록 대신 고민하고 도와주는 역할을 담당하게 되었다. 회사에서는 영업사원의 더 나은 근무를 위해 재택근무 시스템을 도입하고 사원 모두에게 노트북을 지원하여 고객 중심 영업을 이끌어 나갈 수 있도록 지원했다. 불만을 표출하던 영업사원들은 시간이 지날수록 자신의 역할에 자부심을 가지며 경쟁력을 키워 나갔다.

투명 경영은 구매부에도 어김없이 적용되었다. 협력 업체들로부터 일체의 선물이나 뇌물을 받지 않았다. 유한킴벌리에서는 구매혁신팀을 만들어 협력 업체와의 새로운 상생 관계를 추진했다. 상하 관계가 아닌 협력 관계로 관계를 정립하고, 납품업체 스스로 뇌물이나 접대를 통한 계약이 아닌 최고 품질의 제품으로 승부할 수 있도록 유한킴벌리에서 먼저 환경을 만들어 주었다.

그러나 관행은 하루아침에 없어지지 않았다. 뇌물이나 선물을 거절했음에도 지속적으로 선물이 들어왔고, 선물을 돌려보내면 집으로 보내는 일이 벌어졌다. 끊임없이 되돌려주고, 돌려줄 수 없는 것은 돈으로 환산하여 보내는 일을 몇 년 동안 지속한 후에야 협력 업체의 선물 관행이 사라졌다.

결국 거래 업체들은 뇌물로는 거래를 장담할 수 없으니 유한킴벌리의 요구 수준에 맞는 기술 개발과 제품 생산에 집중하게 되었고, 그러다 보니 함께 성장하는 진정한 상생 협력 관계를 맺게 되었다.

문국현 사장은 경쟁 극복 전략의 원천은 '신뢰'라고 강조한다. 그는 여기서 윤리적 신뢰 못지않게 기술적 신뢰도 강조한다. 윤리적 신뢰가 회사가 투명하고 책임감을 발휘할 때 생기는 것이라면, 기술적 신뢰는 끊임없는 창조를 통해 남보다 두 배 빠른 신기술, 신지식을 받아들여 경쟁사보다 먼저 제품을 시장으로 가지고 나갈 때 생기는 것이라고 말한다. 고객이 기대하는 품질뿐만 아니라 한 단계 더 나아간 감동을 줌으로써 고객들이 기술의 발전, 서비스의 발전에 대한 신뢰를 갖게 하고 아울러 미래에 대한 믿음을 갖게 하는 것이다.

유한킴벌리는 윤리 경영, 투명 경영, 환경 경영을 통해 윤리적 신뢰를 쌓았고, 평생학습을 통해 신기술, 신지식을 빠르게 흡수해 경쟁사보다 새로운 발명을 더 많이 하게 됨으로써 고객이 믿고 구매하는 회사가 되었다. 신뢰가 쌓이니 1년에 600여 개의 신제품을 바꿔서 출시하는데도 소비자는 믿고 사주었다.

> "전 세계에서 이런 예가 없습니다. 보통 신제품은 2~3년 터울로 내는데 저희만 1년 간격으로 냈습니다. 1년에 600여 개 제품을 계속 바꿔 쏟아내도 소비자는 시험 구매를 해주고 수용해줍니다. 신뢰가 없는 상태에서는 어려운 일이죠. 경쟁사보다 신제품을 빨리 낸다고 해서 소비자들이 다 사주는 게 아니거든요. 그게 믿을 만할 때 얼리어답터early adopter나 이노베이터innovator들이 사주는 것이거든요. 광고 선전비를 적게 쓴 기업

의 제품인데도 불구하고 소비자가 믿고 구매하는 경우는 신뢰가 없으면 불가능한 이야기입니다."

소비자들이 유한킴벌리의 제품을 믿고 구매하는 이유로 그의 환경 경영 또한 빼놓을 수 없다.

'우리강산 푸르게푸르게'라는 말은 90년대를 거친 사람이라면 모르는 사람이 없을 정도로 유명한 카피 문구이다. 이 카피는 마치 관용어처럼 쓰일 정도다. 이 문구는 유한킴벌리의 기업 이미지를 '환경을 생각하는 기업', '사회에 공헌하는 기업'으로 인식시켰고, 지금까지 잊히지 않고 우리 입과 기억 속에 맴돌고 있다. 하지만 환경 경영의 대명사라고 할 수 있는 '우리강산 푸르게푸르게' 캠페인이 성공하기까지는 문국현 사장의 말 못 할 노력이 숨어 있다.

1982년 말 그는 기획조정실장 자리를 사직하고 1983년 안식년을 갖게 되었다. 안식년 동안 호주와 미국 등을 여행하면서 많은 숲을 보게 되었는데, 특히 도시 큰 공원에 있는 숲이 그의 눈길을 끌었다. 그는 귀국 전 3~4개월 동안 '4대 강산을 살리자'는 기획안을 짰지만 돌아와서 생각해보니 강을 살리는 일은 엄두가 나지 않아 산에 나무를 심는 것으로만 한정해 일을 추진하게 되었다.

그러나 그의 제안은 회사에서 엄청난 비난을 받았다. 광고비를 줄여 나무를 심자는 그의 의견은 회사를 시끄럽게 만들고 말았다. 유한은 이미 사회에 공헌을 많이 하는데 무엇 하러 환경 문제에 끼어드느냐는 것이다. 문국현 사장은 회사 내부의 비난에도 불구하고 그들을 설득시켜 광고 예산을 줄여 환경 캠페인에 돌입했지만 난관은 또 있었다. 국유지에 나무를 심는 것을 정부에서 하지 못하게 했다. 왜 기업이 나라 땅에 나무를 심어 다양한 용도로 사용할 수 있는 땅을 임지로 제한하느냐는 것이었다. 국가는 국가 땅에 나무를 심는 것은 기증 행위라고 판단했다. 할 수 없이 유한킴벌리는 10년간 벌금을 내면서 나무를 심었고, 그 과정에 문국현 사장이 회사에서 비난을 받은 것은 두말할 것도 없다. 그러나 그의 끈질긴 설득과 집념은 거대한 숲 운동으로 번졌고, 20년간 국유지 465만 평에 502만여 그루의 나무를 심어 약 7,533헥타르 규모의 숲을 조성하는 대역사를 쓰게 되었다. 일을 시작한 지 10년이 지나서야 국가로부터 면세 혜택도 받았다.

그 이후의 이야기는 우리가 이미 잘 알고 있다. '우리강산 푸르게푸르게'라는 나무 심기 운동은 지금의 유한킴벌리를 있게 한 일등 공신이라고 해도 과언이 아니며 성공한 환경 운동 사례로 꼽히고 있다. 문국현 사장은 나무 심기 운동 이후 상상하지 못했던 성과들이 나타났다고 말한다. 국민이 유한킴벌리와 유한양행을 더 잘 알게 되었고, 매출액의 13~15%를 쓰던 광고비를 매출액의 7~8%만 써도 쏟아지는 신제품을 고객들이 믿고 써 주더라는 것이다. 부패를 청산하고 기본을 다지는 일은 험난했지만 그는 끊임없는 설득 작업과 기술 개발로 원칙이 바로 선 기업을 만들어냈다. 그러한 혁신 작업은 기업의 탄탄한 기반이 되어 그가 없는 지금까지도 여전히 강건한 모습을 보여주고 있다.

이렇듯 불의와 타협하지 않고 흔들림 없이 추진한 그의 윤리 경영, 신뢰 경영, 환경 경영은 마치 정도 경영의 교과서처럼 지금까지 회자되고 있다.

계단이 없는 세상을 꿈꾸며

문국현 사장은 성장 과정에서 '계단 없는 세상'을 꿈꾸었다. 6 · 25 때 태어난 바로 밑 여동생이 소아마비에 걸려 혼자서는 잘 걷지 못했기 때문이다. 여러 차례 수술로 보조기의 도움을 받아 걸어 다닐 수는 있게 되었지만 늘 계단이 문제였다. 그때마다 그는 계단이 없는 세상을 꿈꾸었다.

그는 초등학생 때부터 대학 시절까지 수차례 여동생을 학교에 데려다 주었지만 한 번도 짜증을 내지 않았다고 한다. 6남매 중 한 사람이 짊어져야 할 운명을 여동생이 짊어졌다고 생각하면 가방을 들어주는 일쯤은 아무것도 아니었다. 오히려 여동생 때문에 죽을 때까지 알지 못했을 다른 세상에 대해 알게 된 것이 참 복된 삶이라고 고백했다.

그는 여동생 때문에 다양한 약자들을 보게 되었다. 그가 본 장애는 신체 장애만 있지 않았다. 언어적 장애, 문화적 장애, 정신적 장애 등 온갖 장애에 노출된 사람들이 보였다. 그중에서 직업이 없는 사람도 그에겐 장애로 보였다. 그래서 그는 '계단'으로 상징되는 장애물을 없애는 일, 일자리 늘리기 운동에 평생토록 앞장서게 되었다.

가족사에 얽힌 아픔이 있어서인지 그의 내면에는 약자를 생각하는 따뜻한 마음뿐만 아니라 감수성도 풍부했던 것 같다. 그는 종종 시를 쓰기도 하는데, 제7회 외대문학상을 수상한 그의 시에는 여동생에 대한 애틋함이 드러난다.

못 심연에로
충격의 파문을 던지고마는
네 불치의 상흔들은 호곡되어
호심깊이 항하는 선율반이 되어
한결같이 고뇌에 차 몸부림치는 바도
비단 네 하나 설움이 아닌 까닭이지
네 연약한 것아
참으로 애절한 사연을 모르느냐
우리 하늘에서 내려다 보는
북망산 기슭기슭
수없이 솟아있는 봉분이 지닌 뜻을
아무도 불구라 할 수 없거니
인간 본디의 큰 허울 앞에 서고 보면

-〈문국현의 詩 '투병 시대' 중에서〉-

누구나 크고 작은 장애를 가지고 있지만 장애에 초점을 맞추지 않고 강점에 집중하면 약점을 무력화시킬 수 있다고 그는 생각했다. 자신의 여동생이 다리를 못 쓰는 대신 손을 잘 써서 초창기 장애인 자동차 제작에 앞장서고, 손수 장애인 자동차를 운전하며 어머니의 눈과 발이 되어

주는 것을 보고 그 사실을 깨달았다. 그의 이런 생각은 후일 그의 경영 철학에도 나타나게 된다.

그는 어린 시절부터 한국이나 세계 위인들에 관심이 많았다. 세상을 바꾸기 위해 발버둥친 위인들의 기백과 정신, 약자들을 돕는 올바른 리더십에 관심을 갖고 탐구했다.

그가 존경한 우리나라 위인 중에는 세종대왕, 이순신, 정약용, 유일한, 이병철이 있다. 이들은 모두 목적을 가지고 혁신을 이루어낸 사람들이었다. 개인의 영달이 아닌 '공공의 이익'이라는 목적을 갖고 어려움을 극복하며 끊임없이 노력한 사람들이다.

그중에서 특히 유일한 박사는 그에게 특별한 의미의 사람이다. 유일한 박사는 유한양행의 창립자이기도 하지만 몸소 애국, 애민 정신을 보여준 인물이기도 하다. 그는 기업가이면서 35년간 독립 운동을 한 독립운동가였다. 또한 성공한 사업가로서 전 재산을 기부한 사람으로 더 잘 알려져 있다.

기업인으로서 유일한 박사는 모범 납세자였고, 근로기준법을 준수한 경영인이었으며, 교육 및 장학사업을 확대한 사회 사업가이기도 했다. 한국 최초로 주식을 상장하고 종업원 지주제를 실시했으며 경영에서 물러나면서 전문경영인에게 경영권을 인계하여 소유와 경영을 분리한 혁신적인 인물이었다. 문국현 사장은 대학 시절부터 유일한 박사의 애국, 애민 정신, 약자를 돌보는 정신, 전문경영인 체제를 확립한 그의 정신에 깊은 감명을 받았다. 유일한 정신은 문국현 사장이 삼성에 합격하고도 작은 회사였던 유한킴벌리를 선택하게 만든 가장 큰 이유였다.

"삼성그룹에 합격했습니다. 그때가 기로였죠. 한국 최고 기업의 일부가 되느냐, 현대 경영학을 이야기하고, 기업의 사회적 책임을 이야기하고, 기업과 개인과 국가가 같이 발전하는 모델을 제시한 유일한 박사의 뒤를 잇느냐를 생각했을 때 후자가 더 가치 있는 일이라고 생각했습니다. 불편하고 힘들더라도 유일한 박사님이 돌아가시면서 남겨놓은 그 정신을 훼손하지 않고 지키고 싶었습니다. 남들은 이해하지 못했지만 정말 조그마한 회사였던 유한킴벌리를 선택한 것이 저의 인생을 크게 바꾼 것 같습니다."

그래서일까? 그가 걸어온 길은 유일한 박사의 길과 많이 닮았다.

그의 인생관을 바꾼 계기는 또 있었다. 시력이 나쁘니 군대에 가지 말라는 주위의 만류에도 불구하고 청년 문국현은 ROTC에 지원했다. 시력이 좋지 않아도 군대에서 자신이 할 수 있는 역할이 있을 것으로 생각했다.

그가 장교 생활을 한 곳은 부산 병기차량 재생창이었다. 이곳에서 그는 병기 학교 교관을 했다. 이곳은 미국으로부터 새로 들어오는 신무기나 신장비, 신차량들이 제대로 조립되고 정비되어 기능을 발휘할 수 있도록 하는 곳으로, 이곳에서 그는 미국의 신기술에 눈을 떴다. 그때만 해도 전쟁이 끝난 지 얼마 되지 않아 최신 물자나 매뉴얼, 최신 기술을 접할 기회가 거의 없었다. 그가 이곳에서 접한 미국 문물은 경영학에서 배운 것보다 훨씬 앞서 있어서 큰 충격을 받았다.

> "아, 미국이 이렇게 앞서가는구나! 그때 2년 반 정도 월드 베스트를 경험하고, 이런 신기술, 컴퓨터 시스템 등을 보면서 매우 놀랐습니다. 그때 생각했죠. 이미 이렇게 '발생한 미래'[9]를 한국에 소개하는 일만으로도 엄청난 일이겠구나, 외국의 신기술에 관심을 가져야 되겠다. 외국어 대학에서 경영학도 하고 영어도 하다 보니 적극적으로 외국을 배우는 평생학습을 그때부터 시작한 것이죠."

그는 군대에서 기술의 격차, 산업의 격차, 현대화의 격차를 목도하고 적극적으로 선진 기술이나 경영 기법을 도입해야 한다고 생각했다. 우리는 문국현 사장 하면 '사람 경영', '윤리 경영', '환경 경영'을 먼저 떠올리지만 알고 보면 그는 누구보다 열심히 선진 기술이나 경영 기법 도입에 앞장선 사람이다. 그가 유한킴벌리에 입사해 수많은 기술을 도입한 것도 바로 군 시절 미국의 기술을 보고 깨달은 바가 컸기 때문이다. 그가 유한킴벌리에서 새로 도입한 기술이나 경영 기법은 50여 가지가 넘는다.

유한킴벌리가 시장점유율 1위가 된 데에는 환경 경영, 윤리 경영 때문만이 아니다. 기술력과 품질에서 월등했기 때문이다. 유한킴벌리는 킴벌리클라크의 라이센스나 자본만 받아서 운영되는 회사가 아니라 세계 최초로 소재나 기술을 개발하는 회사로 변신하여 품질로써 국내에 들어온 세계 유수의 다국적 기업들을 제치고 시장을 장악했다. R&D는 물론, 평생학습을 통해 지식 근로자로 변신한 구성원들이 주인 의식과 사

---

9) 미국의 신기술을 그는 '이미 발생한 미래'라고 표현했다.

명감을 갖고 이루어내는 기술력과 스피드는 누구도 당해내지 못했다. 미국의 P&G, 일본의 유니참, 한국의 LG나 쌍용 등 한때 국내 시장을 장악했던 글로벌 기업과 국내 재벌들은 모두 유한킴벌리에 시장을 내어주고 물러났다. 유한킴벌리는 압도적으로 국내 시장점유율 1위를 차지했고, 그 성과는 지금도 이어지고 있다.

우리나라 최초로 전사적 정보 시스템 ERP를 도입하고 공장 표준화를 추진한 사람이 문국현 사장이다. 그는 군대에서 미국의 컴퓨터 시스템에 크게 놀란 바 있다. 그 외에도 표준원가제도, 내부 통제 시스템, PL(Participative Leadership, 참여적 리더십), 유통 채널 구조 조정, 4조2교대제, 평생학습, 직무 성과급제, 자율 근무제, 영업사원의 재택근무, 원가 절감 운동 등 그가 유한킴벌리에서 펼친 선진 경영 기법은 일일이 나열할 수 없을 정도로 많다. 원칙주의자이면서 부드러운 카리스마를 가진 덕에 항상 미래를 향해 있는 그의 치밀하고 개혁가적인 자질은 잘 드러나지 않았다. 하지만 그가 걸어온 길을 보면 그가 타고난 경영자임을 절감할 것이다.

빅 드림(Big Dream)을 그려라

"저는 일기 대신 계획을 많이 씁니다.

한솔섬유에서도 마찬가집니다. 월례 회의, 연간 회의, 쿼터 회의가 있지만 회의록에는 과거나 현재를 기록하는 곳이 20%를 넘지 않습니다. 칸 자체를 작게 만들어 놓았습니다. 80%는 앞으로 일을 잘하려면 타 부서나 납품업체나 구매업체에 무엇을 해주어야 할지 미래에 대한 계획을 정렬합니다. 그래서 계획을 통합하고 조율하는 데 집중합니다."

2007년 정계에 입문했다가 2009년 국회의원을 그만두고 잠시 대중의 관심 밖으로 사라졌던 문국현 사장은 2013년 한솔섬유의 대표이사 사장이 되어 기업인으로 다시 돌아왔다. 그는 여전히 남다른 통찰력으로 필자에게 '미래'의 중요성을 알려주었다.

"드러커Peter Drucker, 1909~2005 박사는 지나간 과거는 고칠 수 없으니 과거에 얽매이지 말라고 했습니다. 항상 미래 계획, 혹은 비전을 공유하고 정렬해서 실행에 들어갔을 때 그 비전이 실현된다고 했습니다. 백 명, 천 명, 10만 명이 있는 조직이 자기 생각대로 움직인다면 얼마나 많은 낭비와 손실이 있겠습니까? 잘되는 회사는 미래 지향적입니다. 왜냐하면 앞으로의 일을 조율하면 낭비가 없어지기 때문입니다."

그는 항상 미래를 기록하기에 계획이 많다. 계획에서 차질이 생기면 다음 기회에 반영할 뿐, 그에게 과거는 20%의 중요도를 넘지 않는다. 아니 과거에 대한 것은 10%만 해도 된다고 말한다.

그가 현재 대표이사 사장으로 있는 한솔섬유는 창립한 지 29년 된 의류 수출 업체이다. 국내에서는 R&D와 디자인만 하고 생산은 해외에서 하는 비상장 기업이다. 월마트, 타겟, 엘브랜드, 콜스, 에이엔에프, 유니클로 등 쟁쟁한 고객사들을 가지고 있으며 베트남, 인도네시아 등 7개국에 16개의 자체 공장을 가진, 임직원 수가 4만 명에 이르는 중견기업이다. 연 매출은 15억 4,190만 달러(우리 돈 1조 7천억 원, 2018년 매출)에 달한다.

한솔섬유는 유한킴벌리와 태생과 역사부터 다르다. 이곳에서 그는 과연 또 어떤 신개념의 경영을 펼칠까 궁금했다.

그는 지금 의류 산업의 글로벌 밸류체인을 하나로 통합하겠다는 꿈을 꾸고 있다. 의류 산업은 제조업 분야에서 가장 큰 산업으로 시장 규모가 2조 달러(우리 돈 2천조 원)나 된다. 시장이 너무 크다 보니 전 세계에 수백 개 중견기업이 있다. 전 세계에 한솔과 같은 중견기업들이 흩어져 있지만 삼성이나 GE, 지멘스처럼 우뚝 선 기업이 없는 것이 특징이다. 한때 일본, 한국, 유럽이 장악하고 있던 의류 산업은 전부 중국에 하청을 주었고, 중국은 또다시 동남아 쪽으로 하청을 주어, 밸류체인의 주 시장은 미국과 유럽인데 분업은 전 세계에 걸쳐 일어나고 있다. 시장은 크고 회사 규모는 작고, 엄청나게 긴 밸류체인에 있고, 국가별 장벽, 기업별 장벽 내에서 분업화가 되어 있다 보니 집중화도 안 되었고, 소위 말하는 혁신도 일어나지 않았다. 그러다 보니 미국의 소비자가 미국의 유통에 요청한 것을 구체화하고, 제품화하고, 디자인해서 옷을 만들어 다시 미국까지 가는 데 보통 1년이 걸린다. 아주 짧은 것이 2개월이지만 태반은 1년 전부터 준비해야 하니 시간뿐만 아니라 비용 소모가 많다. 의류산업의 규모가 2조 달러에 이르는 거대 시장임을 감안한다면 이 시간과 비용을 줄였을 때 엄청난 기회가 있는 곳이기도 하다.

여기서 문국현 사장은 가능성을 발견했다. 이 긴 글로벌 밸류체인을 하나로 묶는 것이다. 그러려면 국가와 구성원이 다르다는 점을 극복하고 법인 간 간격을 없애야 하는데, 코로나 시대에는 서로 오갈 수 없어 국경이 소용없어져 버렸다. 그는 기업 간에도 서로 다르다는 것만으로 자랑할 수 없게 되었다면서 이때야말로 디지털로 하나가 될 수 있다고 강조한다. 디지털 트랜스포메이션과 스마트 팩토리 등을 통한다면 전 세계적 혁명을 일으킬 수 있다는 것이다. 긴 밸류체인에서 일어나는 낭비 요소를 2조 달러 시장에서 20%만 줄여도 4천억 달러(440조)의 자원을 절약할 수 있고 환경 파괴도 막을 수 있다며 이 엄청난 기회를 한솔섬유가 가장 먼저 잡겠다는 것이다.

한솔섬유는 세계 최초로 베트남에 스마트 팩토리를 하나 건설하고, 한국에도 하나를 만들어 다른 나라들이 카피하도록 하는 것이 1차 목표이다. 스마트 팩토리를 운영하면 품질은 좋아지고 에너지는 30%가량 덜

씀으로써 환경 파괴도 줄일 수 있다고 한다. 앞으로 증설하는 기계는 스마트 팩토리로 해서 점차적으로 바꾸어갈 생각이다.

디자인 분야에서도 혁신을 추구하고 있다. 코로나가 오기 3년 전부터 한솔섬유에서는 3D 디지털 디자인 프로그램을 개발하고 있었는데, 코로나로 인해 이 기술이 회사의 낭비 요소를 획기적으로 줄이는 효자 역할을 해주었다.

코로나 이전까지는 샘플을 하나 확정하는 데만 4개월이 걸렸다. 미국과 한국으로 샘플이 왔다 갔다 하는 시간이 있기 때문이다. 코로나 시대를 맞아 오갈 수 없게 되어 3D 디지털 디자인 작업을 고객사와 함께 실시간으로 하기 시작했다. 온라인상에서 함께 디자인하니 샘플을 확정하는 시간이 짧아지고 오가는 비용이 절약되어 생각지 못한 큰 비용 절감을 이루어냈다. 4개월 치의 환경 파괴 비용, 재고 비용, 원부자재 소요 비용, 에너지 사용 비용을 대폭 줄일 수 있게 되었다. 여기서 절약될 비용만 연 80억 원 안팎인데, 이것이 전체 프로세스 중 극히 일부분이라고 생각하면 원부자재 발송, 생산 계획, 봉제 계획, 물류 계획에까지 디지털 기술이 반영된다면 여기서 절약할 수 있는 비용은 80억 원의 몇십 배가 될지도 모른다.

지금까지 한솔섬유의 목표는 2025년까지 매출 5조를 달성하는 것이었다. 하지만 문국현 사장의 미래 계획은 바뀌었다.

"5조짜리(소매가 20조) 회사가 되어봤자 전 세계 2천조 시장에서 1%도

안 됩니다. 소매가 20조짜리 회사가 되는 것이 중요한 것이 아니라 이번에 2천조가 넘는 시장을 혁신하여 자라[10]나 유니클로[11]도 못한 디지털 혁명을 하는 것이 중요합니다."

그래서 한솔에서는 "No Room for Small Dreams.작은 꿈을 위한 방은 없다"이라는 캐치프레이즈를 내걸고 빅 드림Big Dream을 향해 나아가고 있다. 빅 드림을 가질 때 세상의 그 많은 낭비, 즉 창고 비용, 토지 이용 비용, 물류 비용, 환경 파괴 비용 등을 줄이고 인건비는 올릴 수 있다는 것이다. 일자리는 디지털 디자인이나 디지털 엔지니어링, 디지털 소프트웨어 쪽으로 획기적으로 늘린다면 한국이 세계 시장 점유율 10%를 이룰 수 있다고 확신한다. 2천조 시장의 10%라면 200조이다.

현재 한솔섬유는 디자인 완성도와 디지털 디자인으로 샘플링하는 기술이 세계 1위이다. '3D 디지털 PLM[12]'이라고 해서 디자인에서 결정된 것이 원부자재 구매, 생산 과정 등에 동시에 적용되는 PLM 작업도 하고 있는데, 이 PLM 중 가장 덩치가 큰 팩토리의 스마트화, 물류의 스마트화까지 계획하고 있다. 3D 디자인으로 시작해 PLM, CEM고객 경험 관리, CRM(고객 관계 관리), SFM스마트 팩토리 경영 등 이 모든 것에서 디지털 트랜스포메이션이 되어 뉴 ERP가 되면(물론 세계적 기업의 도움과 파트

10) 이 업종에서 제일 큰 회사로 연매출 40조 원이다. 이 회사의 회장 아만시오 오르테라 회장은 2016년 포브스 평가에서 세계 부호 1위에 등극했다.

11) 연 매출 20조. 유니클로 야나이 다다시 회장은 일본 최고의 부자이다.

12) PLM: 제품 설계도부터 최종 제품 생산에 이르는 전체 과정을 일괄적으로 관리해 제품 부가가치를 높이고 원가를 줄이는 생산 프로세스이다.

너십이 필요하지만) 우리 한국은 전성기의 대우, 삼성, 엘지의 영향력을 합한 것만큼의 경쟁력이 생길 것이라고 그는 기대한다.

한솔섬유는 과거 한 시즌에 한두 번의 스타일을 제공하던 것에서 벗어나 한 시즌에 여러 번의 새로운 스타일을 제공할 수 있는 디지털 트랜스포메이션을 선도하는 기업으로 떠오르고 있다. 전체 밸류체인이 실시간으로 데이터를 공유해 재작업이나 결함을 없애는, 그야말로 거대한 비용 절감을 이뤄내는 한솔섬유의 미래가 기대된다. 다만 전 세계에 흩어져 있는 공장을 디지털화하기 위해서는 시간이 걸리겠지만 그는 자신의 건강이 허락하는 한 혁신의 과정을 밟아나갈 것이라고 말한다.

문국현 사장은 한솔섬유에서도 여전히 평생학습을 대폭 늘렸고, 한솔섬유의 여성 사원이 53~55%를 차지하는 만큼 이들의 복지를 위해서도 노력하고 있다. 출산이나 육아 휴가를 쓰는 여직원이 6%로 공무원 수준보다 높고, 재택근무도 활성화하고 있다. 또한 코로나 이전부터 한 달에 한 번씩 비대면으로 실시하는 월례 회의에서는 대화의 시간을 통해 전 세계에 있는 직원들과 본사의 계획이나 고민을 나누고 생산 과정에서 발생할 수 있는 낭비나 결함 요소 등에 대해서 소통하고 있다. 유한킴벌리에서 첫 시험했던 피터 드러커 박사의 매니저즈 레터Manager's Letter[13]를 여기서도 적용해 상향식 의사 소통 문화를 정착시켰다.

---

13) 경영 서신(Manager's Letters)은 대개 하급 경영자가 작성해 상급 경영자와 합의한 후 상하 동료 간 공유하는 로드맵 같은 역할을 한다. 이것을 통해 회사나 상급 경영자의 비전과 목표가 분명히 공유되고, 하급 경영자의 의견과 이해가 반영된다.(출처: 동아일보 비즈니스 전문지 107호(2012년 7월호), 문국현)

"제가 여기로 올 때 유한킴벌리만큼 만들어 달라는 부탁을 받았습니다. 유한킴벌리처럼 세계에서 가장 존경받는 기업을 만들기 위해서 노력할 것이고, 2024년 상장도 차질없이 진행되도록 할 것입니다. 미국 위주의 시장도 다변화하여 아시아와 유럽으로 확대할 계획입니다. 2024년까지 전 세계로 나아가는 플랫폼이 완성될 것으로 기대합니다."

문국현 사장은 코로나 이전부터 디지털 트랜스포메이션 포럼을 만들었고, 디지털 디자인 운동도 4년째 하고 있다. 지금까지 그가 걸어온 길만 보더라도 그는 늘 시대를 앞서가는 미래형 지도자였다. 한솔섬유에서도 그는 여전히 남보다 두세 배 빠른 시각으로 기업을 이끌고 있었다.

아시아의 피터 드러커

기울어가는 회사를 연 매출 1조 원대 대기업으로 성장시킨 CEO, 신뢰와 윤리 경영으로 유한킴벌리를 대한민국 청년들이 가장 일하고 싶어 하는 회사로 우뚝 세운 문국현 사장은, 2003년 킴벌리클라크의 북아시아 총괄 사장이 된다. 미국 제지 회사인 킴벌리클라크의 사장은 원칙적으로 그 회사 임원이나 직원이 하는 것인데, 킴벌리클라크의 지분을 하나도 가지고 있지 않은 유한양행 측의 사람을 북아시아 총괄 사장으로 세운다는 것은 전례가 없는 일이었다. 그만큼 150년 역사를 가진 킴벌리클라크가 문국현 사장의 혁신을 의미심장하게 보았다는 뜻이다.

문국현 사장은 5년간 킴벌리클라크 북아시아 총괄 사장을 맡아 평생학습과 투명 경영, 신뢰 경영으로 북아시아의 회사들을 3년 만에 전혀 다른 회사로 만들어 놓았다. 특히 마이너스 성장 중이던 중국의 킴벌리클라크에서는 연 30~40%씩의 고성장을 이뤄내는 성과를 거두었고, 거기에 한국의 공장장이나 마케팅 부사장 등 고급 간부까지 수출하는 결과를 만들었다. 덩달아 유한킴벌리가 중국 등으로 진출하는 계기를 마련해 유한킴벌리를 내수 기업에서 수출 기업으로 변신시켰다.

평생학습으로 이뤄낸 문국현 사장의 이런 성과로 당시 노무현 대통령은 25세까지의 학위 경쟁이 아니라 75세까지 학습하는 습관 경쟁이 필요함을 인식하고 평생학습을 기반한 경쟁력 강화를 위해 대통령 직속 '사람입국 신경쟁력 특별위원회'를 만들어 문국현 사장에게 공동위원장직을 제안했다. 이후 노 대통령은 국가 쪽, 문국현 사장은 민간 쪽을 맡아 평생학습 분위기 조성에 힘썼다. 2004년 노무현 대통령과 평생학습을 기치로 창설했던 것이 '뉴패러다임 센터'였고, 2010년 새 정부에서 센터를 없앨 때 문국현 사장이 그 이름과 뜻을 살려서 출범시킨 것이 '뉴패러다임 인스티튜트'이다. 문국현 사장은 12년째 뉴패러다임 인스티튜트 대표이사로 있다. 뉴패러다임 인스티튜트는 평생학습을 통한 지식 노동자 양성으로 경쟁력을 키우고, 환경 및 사회 책임 경영으로 사람 중심의 경영을 확산하자는 취지로 기업 컨설팅 서비스를 제공하고 연구하는 곳이다.

그는 대학 시절부터, 1950년대에 이미 지식 사회의 도래를 예측한 피터 드러커 박사의 경영 이론에 깊이 공감하고 실천한 대표적인 CEO이다. 그를 '아시아의 피터 드러커'라고 말할 정도로 그의 경영 철학은 피터 드러커 박사의 영향을 크게 받았다. 평생학습을 통한 경쟁력 강화나 기업의 사회 공헌 활동, 강점을 살리는 경영, 자율 경영, 목표를 설정한 다음에는 윗사람이 개입하지 말자는 'MBO with self-control', 상향식 의사 결정 방식 등이 모두 피터 드러커 박사의 이론에서 도입한 것이다. 그는 2004년 '한국 드러커 소사이어티'라는 단체를 설립해 지금까지 피터 드러커 박사의 지혜와 경영 철학을 전파하는 데 공헌하고 있다.

그는 2009년 국회의원을 그만둔 이후 드러커 이론을 전파하는 데 앞장섰다. 중국에서 무료 컨설팅을 해오다 2009년 중국 드러커 아카데미의 공식 컨설팅 제안을 받고 중국을 돌아다니며 뉴패러다임 경영을 강연했다. 또한 미국 클레어몬트 대학원 대학교의 드러커 탄생 100주년 기념 교수로도 초빙되어 토론토 대학, 보스턴 대학, 매사추세츠 공과대학 등 10여 개 대학의 초빙 교수로 13개월간 순환 강연과 순환 협력을 했다. 10여 개 명문 대학에서 드러커 토론을 이끌어주고 강연도 하면서 네트워크를 크게 확대했다.

피터드러커 소사이어티 – 피터드러커 탄생 100주년 기념 컨퍼런스 2009

당시 그는 중국에서 컨설팅으로 번 돈과 미국에서 생긴 네트워크를 바탕으로 미국에 여러 조직을 만들고 활동도 했는데, 월스트리트 저널과 함께 미국의 '초인류 기업 250개'를 매년 발표하는 일도 그중의 하나다.

또한 S&P[14]와 드러커 인스티튜트가 합작해 미국 산업 시장, 주식 시장, 혁신 시장 등을 알고 투자하고 싶어하는 사람들에게 정보와 기회를 제공하는 일도 했다. 인디애나의 낙후된 도시 사우스벤드시를 평생학습 체제를 통해 재생하는 사업도 했다.

정계를 떠난 뒤 6~7년간은 상당 시간을 해외에서 지낼 정도로 바빴지만 그는 네트워크를 크게 확장하는 의미 있고 보람된 시간이었다고 회고한다.

국내에서도 드러커 박사의 이론을 전파하는 데 적극적으로 나섰다. 드러커 탄생 100주년 기념 펠로우로 활동하면서 확대한 네트워크를 바탕으로 2019년 '실리콘 밸리 비즈니스 포럼'을 만들어 지속 가능 발전 및 기후 경제 관련 청정 에너지, 전기차, 배터리, 자율주행차, 스마트 시티 등의 최신 기술을 소개하고 있으며, 국내 유수 기업이나 기관들의 합작이나 미국 시장 진출을 돕고 있다. 2018년에는 세계에서 가장 큰 노사 학회인 국제노동고용관계학회ILERA에서 '평생학습 서울 선언'을 이끌어냈다. 국제노동고용학회는 5~6천 명이 모이는 세계 대회로서 아시아에서는 두 번째로 한국에서 모였지만 한국의 참여율은 저조했다. 그는 '서울 선언'에서 모든 인간에게는 일자리를 가질 권리와 평생학습할 권리가 있고, 기업과 국가가 이를 지켜줄 책임이 있다는 취지의 평생학습 선언문을 발표했다.

4차 산업혁명의 시대에는 고등학교까지의 교육, 대학 교육이 그다

---

14) Standard & Poor's(스탠더드 앤 푸어스), 미국의 신용평가회사

음 10년을 보장하지 못하며, 급변하는 현장의 상황을 따라가기 위해서는 일자리를 기반으로 한 평생학습이 중요하다고 끊임없이 그는 강조하지만 한국의 리더들은 그다지 큰 관심이 없는 것 같아 그는 늘 안타깝게 생각한다.

그에게 지속 가능한 경영을 위한 조건을 물었다.

> "지속 가능 경영이 되기 위해서는 네 가지 소리를 들어야 합니다. 시장과 환경의 소리, 기술의 소리, 외부 고객의 소리, 내부 고객의 소리를 듣고 끊임없이 고민하며 변신해야 살아남을 수 있습니다. 법인이 사람처럼 2대, 3대 살아남으려면 재생 능력이 있어야 하는데, 이 재생 능력이 위의 네 가지 소리에 기반하고 있습니다. 네 가지 소리를 듣기 위해서는 무엇보다 겸손해야 하고, 평생학습을 문화화 · 체계화하여야 하며, 전사적 주인 정신을 바탕으로 한 기업가 정신이 있어야 합니다. 그리고 이것이 그냥 정신으로 머물지 않고 혁신으로 나타나 고객을 감동시키고, 나아가 밸류체인 전체에 도움이 되어서 사회적 · 환경적 · 경제적으로 '윈-윈-윈' 해야 오래 지속될 수 있습니다."

여기에 덧붙여 그는 이미 발생한 미래를 볼 줄 아는 선도적이고 능동적인 리더십과 믿을 수 있는 데이터가 필요하다고 지적했다. 빅데이터 시대에는 데이터에 조금의 부정이나 불투명성이 있으면 그것이 증폭되어 그 데이터를 쓰지 못한다며 데이터에 있어서 특히 '투명성'을 강조했다. 그 외에도 강점에 기반한 협력, 미래를 볼 줄 아는 능력, 신기술에 대한 열망을 가져야 한다고 강조했다. 사회적 환경적 불평 불만이나 문제는 무언가 잘못 돌아가고 있다는 방증이기 때문에 잘못 돌아가는 원인을 제거하거나 신기술을 도입하면 그것이 비즈니스의 기회가 된다고 조언한다.

경영학자 못지않은 해박함과 탁월한 통찰력, 진취적인 실행력으로 수많은 혁신을 이뤄낸 그의 조언이 여러 기업가의 가슴에 가 닿기를 기대한다.

참고문헌

- 《사람이 희망이다》 문국현 외, 2007, 웅진윙스
- 문국현은 어떻게 유한킴벌리를 재창조했는가?, 성선영 최진남, 한스미디어, 2007.
- 동아일보 비즈니스 전문지 107호(2012년 7월호), 문국현
- [다들/멘토] 교육으로 세운 나라, '평생학습'으로 다시 세우자!-문국현 한솔섬유 대표, 웹진 《다들》, 2019. 10. 14.
- 문국현 한솔섬유 CEO "명품기업 만들겠다", 정승옥 기자, 2013.
- 문국현 한솔섬유 대표 "섬유 전망 밝아…2조 달러 세계시장 공략해야", 뉴패러다임 인스티튜트 CEO아카데미 특강, 2016. 9. 2.
- [월요인터뷰] 문국현 "정치는 잊은지 오래…한솔섬유서 유한킴벌리 신화 재현하겠다", 클린뷰, 박수진 기자, 2013. 7. 14.
- 창조경제 하려면 창조적 파괴가 필요하다, 《여성신문》, 이하나 기자, 2015. 4. 2.
- 문국현 대표와 희망을 생각하다, 부경투데이, 2014. 4. 18.

유튜브

- EBS 시대의 초상 문국현 편
- '조동성이 만난 글로벌 CEO' 문국현 편
- 21세기 메가트렌드와 지도자의 역할, NX Skill Factory, 성균관대 강의, 2006.

9인의
경영 구루에게
듣다

헤르메스
CEO

긍정과 열정의 게임 체인저

| **박기주**(스마트파워 의장)

현)

- 케이디파워 대표이사 사장
- 스마트파워 의장

전)

- ㈜에너솔라 대표이사
- 대한전기협회 부회장
- 대중소기업협력재단 이사
- 한국신기술(NET)협회 부회장
- 오리온 장학재단 이사
- ㈜스마트파워 대표이사

- IR2 장영실상(일체형수배전반)(1988)
- 품질경쟁력 우수기업 명예의 전당 헌정(2013)
- 한국전기문화대상 동탑산업훈장(2013)
- IR52 장영실상(고효율 TCS 태양광 부문)(2013)
- 대한민국 창조경제대상 국무총리상(2013)
- IR52 장영실상(기술혁신상)(2015)
- 대통령 표창(전기 안전 관리 단체 부문)(2020)
- 서울국제발명전 특허 금상(2020)

불꽃 열정으로 다시 시작하는 30년

이성과 감성의 공존이라고 할까, 인공과 자연의 조화라고 할까? 김포 대곶면에 자리잡은 스마트파워 본사는 에너지 공장이라는 선입견을 깨는 외관으로 14,200㎡(4,300평)의 넓은 대지에 들어서 있었다. 언뜻 보기에는 미술관 같지만 "완벽에의 도전, 그리고 승리"라는 문구가 이곳이 치열한 산업 현장임을 드러내고 있었다. 건물 안 곳곳에도 수묵화와 붓글씨, 공예품, 민화 등 예술 작품들이 있어 사무적 분위기를 한결 부드럽고 따뜻하게 해주었다.

의장실에 들어서자 박기주 의장이 직접 제작한 진공관 앰프에서는 가수 이선희의 노래가 흐르고 있었다. 의장실 곳곳에 있는 미술품들과 온화한 빛으로 인해 에너지 회사는 사무적이고 딱딱할 것이라는 편견이 사무실을 들어서는 순간 무너졌다. 찬바람에 굳어 있던 몸과 마음이 금세 따뜻해지는 느낌이었다. 의장께서 손수 대접해주시는 따뜻한 차와 80~90년대 가수 이선희의 아날로그 감성이 먼 길을 찾아온 손님들의 피로를 풀어주었다. 의장님의 환한 미소와 위트 넘치는 말씀 때문에 약속 시각을 한참 넘긴 염치도 잊은 채 의장님의 말씀에 빠져들었다.

"김포 공장을 두 번 샀습니다. 케이디파워라는 이름으로 2000년에 한 번 샀고, 스마트파워란 이름으로 같은 공장을 2019년 8월에 또 한 번 샀습니다."

30년 경영 생활에서 두 번의 시작을 해야만 했던 사정이 그에게는 꽤나 힘들었던 것 같다. 그러나 89년부터 시작한 경영 1회전을 마치고 2019년부터 경영 2회전에 들어선 그의 꿈은 매우 구체적이고 희망에 차 있었다.

그가 똑같은 공장을 두 번 사야 했던 사연은 무엇일까?

박기주 의장은 1989년 여름, 80만 원을 가지고 용산 전자상가에서 전기공사 사업을 시작했다. 자본금이 적다는 생각보다는 홀로 시작했지만 남부럽지 않게 먹고살아야겠다는 생각이 앞섰고, 가족의 생계를 책임져야 했기에 바닥부터 시작해 반드시 꿈을 이뤄내겠다는 각오로 새벽부터 다음날 새벽까지 젊음을 불살랐다.

그의 사업 수완은 탁월했던 것 같다. 불과 개업 20여 일 만에 2천만 원이라는 수익을 올렸다. 그것을 바탕으로 그는 전기공사 시공업에 뛰어들었고, 사업은 번창해 몇 년 후에는 해외 사업도 수주하게 되었다.

IMF가 닥쳤다. 국내에 도산하는 기업들이 속출하면서 모두가 힘들어할 때 박기주 의장의 회사, 케이디파워에 뜻하지 않은 행운이 찾아왔다. 인도네시아에 첫 해외 수주로 96만 5천 달러 규모의 공사를 했는데,

놀라운 일이 일어났다. 잔금이 입금되기로 한 1997년 12월 3일, 환율이 3개월 만에 달러당 890원 하던 것이 2,200원으로 올라 있었다. 입금된 잔금을 확인한 그는 입을 다물지 못했다. 무려 12억 원의 환차익이 발생한 것이다.

그는 그의 저서《케이디파워 사람들》에서 이렇게 말했다.

> "나는 지금도 그때의 요행을 생각하면 감사하면서도 섬뜩한 느낌이 들 때가 있다. 만일 내가 그것을 단순한 요행으로 여겨 흥청망청 지냈더라면 과연 내 삶은 어떻게 달라졌을까? 그것은 혹시 하늘에서 나를 시험하기 위해 내린 시험대는 아니었을까? 만일 내가 그 돈으로 쉽게 써버리거나 엉뚱한 데 투자했다면? 아마 그랬다면 내 현재는 결코 지금 같지 않았을 것이다."

갑자기 생긴 거금을 그는 어떻게 사용했을까?

그는 83년도에 전기조명회사 연구소에 근무하며 백열전구 형태의 '장미 전구'를 개발한 바 있고, 전기 · 통신 · 소방 공사 사업을 하면서도 가장 이상적인 것이 제조업이라고 생각해오던 차였다. 횡재수로 얻은 환차익을 그의 오랜 바람대로 제조업에 투자하기로 한다. 그때부터 전기 수배전반 사업에 뛰어들어 약 2년간 제품 개발에 박차를 가했다. 그러나 의욕은 앞섰지만 혼자서 모든 과정을 이끌어 간다는 것이 절대 쉬운 일이 아니었다. 공장도 없었고, 경영 목표도 조직 관리도 엉망이었다.

그러한 어려움 속에서 박기주 의장이 새롭게 찾아낸 돌파구는 정부 조달청에서 수의 계약을 해주는 제도를 적극적으로 활용하는 것이었다. 그러나 공공 분야에 수의 계약을 하려면 국가를 상대로 한 계약법 26조 1항의 조건을 충족시켜야 하는데, 그 조건은 특허나 기술 혁신 인증 제품이어야 한다는 것이었다. 그때부터 수의 계약 조건을 만족시키기 위해 박기주 의장은 발명 특허와 기술 개발, 각종 인증을 취득해 나가며 업계에서 실력을 다져 나갔다. 하지만 그 과정도 순탄치는 않았다. 당시 전기업계에서는 악성 루머가 난무했고, 박기주 의장에게 협박을 해오는 이도 있었다.

> "당신이 하는 일체형 수배전반은 22,900V 특별 고압 이격 거리도 안 되고 유지 보수가 불가능하며 폭발의 염려도 크다. 당신만 조달청에 기술로 수의 계약하면 우리 500여 개 업체는 무엇으로 먹고사느냐?"

그들은 버스 두 대를 동원해 정부 기관 앞에서 2박 3일 동안 현수막을 걸고 항의했다. 그들의 압박에 박 의장은 사업을 시작하고 최대 고비를 맞기도 했지만 대세는 거스를 수 없었고, 케이디파워는 결국 조달청과 계약하는 성과를 올리며 5년 만에 기술 개발 중심의 배전기기 중전기 업체로 우뚝 설 수 있게 되었다.

전기 기술에 IT 기술을 접목해 눈에 보이는 전기, 말하는 전기, 생각하는 전기를 추구한 결과 업계 최초로 크기를 4분의 1로 줄인 '일체형 수배전반'을 탄생시키며 케이디파워는 성장에 성장을 거듭했다. '일체형 수배전반'은 전기업계의 일대 혁신이나 마찬가지였다. 이것은 전기에 IT와 인터넷을 연결해 보이지 않는 전기를 시각화함으로써 화재나 기타 위험을 미리 감지해 선제 조치를 할 수 있도록 한 것으로, 업계 최초로 '고효율에너지 기자재 인증' 1호도 획득했다.

이후 케이디파워는 기술력 1위 기업으로 자리매김했고 매출도 매년 30% 이상씩 성장하는, 재무적으로나 기술적으로나 탄탄한 기업이 되었다. 2008년에는 이명박 정부의 '녹색 성장' 정책과도 맞아떨어져 이명박 대통령이 취임한 후 가장 먼저 방문한 혁신 성장 중소기업이 되었다.

2008년 수도권 기업 이전 촉진 정책에 따라 박기주 의장은 강원도 강촌에 전력 IT 문화복합단지카이로스를 구상했다. 그러나 카이로스 완전 도시 개발 사업이 진행되면서 케이디파워에 어두운 그림자가 드리워지기 시작했다. 2011년 이 사업의 2대 주주였던 모 기업의 부도로 케이디파워가 그 지분을 인수하면서 250억 원의 자금이 미완성의 산악지 땅에 묶였고, 설상가상으로 민선 5기를 맞아 지역 경제 활성화를 위한 '지역 블록화' 정책으로 공공 납품 시장 영업에서도 곤경에 처하게 되었다.

케이디파워는 조달청에 수의 계약을 하는 방식으로 사업을 운영해왔기에 대한민국 전체가 케이디파워의 시장이나 다름없었다. 우리나라 전 기업계에서 케이디파워를 모르는 곳이 없을 정도였다. 연 매출은 1,800억 원을 넘었다. 그런데 지자체에서 그 지역 업체의 제품만 구매해주는 정책으로 돌아서다 보니 케이디파워의 입지가 좁아져 버린 것이다. 인구 1억 명 규모의 시장은 돼야 자생적으로 R&D를 하며 새로운 기술과 경쟁력을 확보할 수 있는데, 지역 내에서만 사업을 하려니 겨우 인구 500만 시장에 그쳐 제대로 된 기술 개발을 할 수 없는 형편이 되었다. 시장이 작아 개발비는 물론 금형값도 건지기 어려웠다. 매년 30% 이상씩 성장하던 회사는 2013년에는 -30%의 성장을 하며 큰 어려움을 맞았다. 결국 케이디파워는 2017년 1월 일시적인 자금 문제로 IBK 기업은행에 체인지업을 신청하게 되었다.

회사가 어려워지니 믿었던 사람도 등을 돌렸다. 25년간 함께했던 직원의 변심으로 박기주 의장은 사람 간의 본질에 대한 깊은 회의감과 사업자로서의 자괴감을 맛보아야만 했다. 워크아웃 프로그램 과정에서 자신의 주식을 10분의 1로 감자해 유암코에 50.3%의 지분을 넘기고, 경영권과 함께 30년간 축적한 불면의 시간을 이양하고 2019년 1월 완전한 빈손으로 회사를 나왔다. 그나마 다행인 점은 당초 체인지업 프로그램 기간은 3년이었는데, 우수한 기술력과 영업 실적으로 2년 만에 끝낼 수 있었다는 것이다.

회사를 나와서도 한 달여간 방황의 시간은 있었지만, 그는 주저앉지 않았다. 6년 동안 비워둔 김포의 옛 케이디파워 공장을 다시 찾았다. 허물어진 공장에는 쓰레기만 가득했고, 그것을 치우는 데만 두 달이 걸렸다. 다행히도 믿음을 가진 열여덟 명의 직원이 모여 박 의장은 그들과 함께 공장에 흩어져 있는 돌들을 주워 모아 높이 3m의 돌탑을 만들고, 초심으로 새롭게 우물을 판다는 각오를 다졌다. 박 의장과 직원들은 그날의 간절한 마음을 담아 돌탑 앞에 "기술, 다시 일어서다"라는 글을 새긴 동판을 갖다 놓기도 했다. 청소와 설비 재정비가 끝난 2019년 6월 13일, 다시 한 번 박기주 의장은 재가동을 위한 출발의 문을 열었다.

김포 공장을 다시 가동하며 그가 먼저 한 일은 자신의 카카오톡에 기록된 1만여 명의 연락처를 정리하는 것이었다. 200여 명의 연락처만 남기고 이 사람들과 한 번뿐인 인생길에서 충심으로 행복하기 위하여 최선을 다하겠다는 각오를 공표했다. 그는 이렇게 두 번째 30년을 향하여 출발한 지 14개월 만에 김포 공장 4천여 평을 '스마트파워'라는 이름으로 다시 사게 된 것이다.

스마트파워의 임직원 수도 2019년 말 서른세 명이 되어 그는 사석에서 농담으로 '33인의 기술 독립군'이라 부르며 뜨거운 동지애를 드러내기도 했다.

> "여기서 저는 다시 출발하게 되었습니다. 보통 우리가 두 번째 일을 한다면 첫 번째보다 두 번째가 훨씬 잘하고 능숙할 것이라는 기대감을 갖지 않습니까? 무엇보다 제가 어려울 때 함께해 주신 분들께 참으로 감사한 마음입니다. 저도 그들이 어려울 때 가장 먼저 돕는 박기주가 될 것입니다."

2라운드 30년을 시작하는 박기주 의장은 새로운 각오를 들려주었다.

첫째, 스마트파워의 기술 제품에는 '절실함과 영혼'을 담아 동업종에서 대체 불가한 상품과 기술로 승부하겠다는 것이다. 한때 전기 분야는 기술의 진보와 혁신이 멈추었다고 생각하는 전문가 의견이 많았으나 그의 시각에서는 무한한 기술 개발 영역으로 미개척 분야가 많은 곳이다. 모두가 잠을 잔다는 이유로 생각을 멈추는 한순간 한순간이 그는 아쉽고 아깝다고 말한다. 박 의장은 마치 보물섬을 찾듯 오늘도 혁신 채굴가로서 새로운 기술 개발에 몰입하고 있다.

둘째, 누구도 어떤 사람도 믿지 않겠다는 것이다. 다만 믿을 사람은 믿되, 믿음을 두텁게 하는 것은 성과뿐이라는 생각이다. 평소 부드럽고 정 많은 박 의장에게서는 들을 수 없는 의외의 말이었다. 그만큼 사업 과정에서 사람으로부터 받은 상처가 가슴에 사무칠 만큼 컸다는 뜻으로 해석된다. 사업을 하다 한 번 쓰러지면 다시 일어나기 어려운 곳이 한국 사회 같다는 말로 그는 그간의 마음고생이 심했음을 내비쳤다. 다행히 주변에서 도와준 분들이 많아 90억 원짜리 김포 공장을 다시 사게 되었다며 회생토록 지원해준 '유암코와 IBK 기업은행'에 감사한 마음이라고 한다.

기술력으로는 대한민국 최고인 만큼 매출도 단기간에 급성장을 보여 2021년에는 1,000억 원대를 기대하고 있다고 하니 그의 시련은 더 높이 뛰기 위한 움츠림이 아니었을까?

지나온 30년을 뒤로 하고, 이제 다시 시작하는 30년을 기대하는 그의 얼굴에는 희망과 기대, 자신감이 가득했다.

기술력으로 승부하라

박기주 의장은 IMF 이후 수배전반 제조업에 뛰어들었다. 수배전반이란 한전으로부터 전기를 받아 각종 사업장이나 빌딩, 아파트 등으로 전압을 낮춰서 배분하는 장치를 말한다. 기기들을 금속함에 넣어 전력 기기의 운전, 정지, 개폐 상태를 표시하고, 이상 발생 시 경보를 울리거나 제어할 수 있도록 한 것이다. 또한 계측 기능이 있어 데이터를 집계하여 사용량을 기록하기도 한다. 그러나 수배전반 내부에서 일어나는 각종 현상이나 정보들을 쉽게 알기 어렵고 전문 관리자가 오랜 경험을 토대로 관리해야 하는 것이었다. 초창기 모델은 발전소로부터 전기를 받아서 단순히 나눠주는 역할이 전부라고 해도 과언이 아니었다.

케이디파워는 90년대 말 이러한 수배전반 시장에 획기적인 제품을 내놓는다. 수배전반에 내장된 각종 아날로그 계측 계기류의 정보를 디지털화하여 눈으로 볼 수 있게 만든 것이다. 거기다 데이터를 감시, 계측, 분석하고 축적하여 사고의 원인을 쉽게 파악해 대책을 강구할 수 있도록 하였고, 크기도 일반 수배전반의 4분의 1로 줄였다. 이러한 디지털 수배전반은 국내 수배전반 업계에서는 일대 혁신이었다.

개발 초기 콤팩트 타입에 대한 업계의 우려도 있었지만, 제품이 개발되자 폭발적 반응을 불러일으키며 교육청, 지자체 등 각종 관공서나 설계 사무소로 팔려나갔다. 그로 인해 케이디파워는 창업 5년 만에 세계적 기술을 보유한 중전기 업체로 성장했다. 이것은 안전을 이유로 변화를 거부하며 신기술 개발에 소극적이던 전기업계에 뛰어들어 누구보다 치열하게 기술 개발에 전념한 덕분이었다. 이후 케이디파워는 발명 특허와 기술 개발, 각종 인증을 취득하며 매출의 40% 정도를 조달청과의 계약을 통해 이루어냈다.

거기서 머무르지 않고 휴대폰으로 전력, 설비, 피크, 발전기의 현장 상태를 점검할 수 있는 M2M 모바일 시스템도 구축했다. M2M 시스템은 사물인터넷의 원조격으로 이후 배전반뿐만 아니라 태양광, 지열, LED 등 다양한 설비로 확산 적용하고 있다. M2M 솔루션은 전송된 정보를 바탕으로 문제가 있는 곳만 보수할 수 있도록 하고, 고장 전에 미리 통보해주어 심각한 문제를 막을 수 있는 장점이 있다.

박기주 의장이 사업 시작부터 이토록 기술 개발에 몰두한 이유는 무엇일까?

그는 치열한 경쟁과 급격한 변화, 승자독식의 경영 환경에서 살아남는 방법은 신기술 개발뿐이라고 생각했다. 급변하는 시대의 흐름 속에서 단순히 좋은 품질의 상품을 개발하는 것만으로는 부족하다는 것이다. 이제는 고객이 절실하게 요구하는 상품과 시스템을 만들어야 하는데, 그러기 위해서는 지금까지의 고정 관념과 상식을 깨고 새로운 개념의 제품을 만들어내야 한다는 것이다. 이를 위해 케이디파워는 처음부터 매출액의

3% 이상을 R&D에 투자했으며, 전체 임직원의 8%를 R&D 인력으로 채웠다. 스마트파워는 현재 임직원의 20%가 R&D 인력이다. 그가 얼마나 기술 개발에 심혈을 기울이고 있는지 이 수치만으로도 알 수 있다.

그렇게 연구 개발에 끊임없이 투자한 결과 박기주 의장은 장영실상을 3회나 수상하고, 1,400건의 특허를 가지게 되었다. 장영실상은 1991년부터 기술 혁신에 앞장선 국내 업체와 연구소 기술 개발 담당자에게 수여하는 상이다. 그는 2020년에만 87건의 특허와 신제품 NET 기술 인증을 국가기술표준원으로부터 받았다. 이러한 사실들은 앞선 제품과 기술로 국가 인증과 검증에서도 스마트파워가 최고라는 것을 보여준다.

그의 사업은 중전기에만 머무르지 않았다. 고효율 TCS 태양광 발전 시스템과 미세먼지 없는 친환경 Z발전기, 스마트 LED 조명 분야까지 그 분야를 넓혔다. 기술이 업그레이드된 것은 두말할 것도 없다. 경영 기술로 본다면 버전2 시리즈이며 2라운드 경영이라 할 수 있다.

일체형 수배전반은 '양압 AI 수배전반'으로 발전시켰다. 배전반 내부 압력을 외부보다 0.05% 높여서 고장의 원인이 되는 이물질이나 습기, 미세먼지, 염분을 차단하고 결로를 방지하여 보다 안전하고 유지 보수가 쉽도록 만들었다. 이 양압 기술은 스마트파워만의 기술력이다. 또한 다중 복합센서를 이용한 화재 감지 기술을 적용해 화재 피해를 최소화했는데, 이러한 기술들로 사고를 70%나 줄일 수 있다고 한다.

환경부 미세먼지 저감 실증화 과제로 32억 원을 받아 추진한 세계 최고 수준의 매연 저감 장치인 친환경 Z발전기도 전망이 밝다. Z발전기는 발전기를 돌릴 때 나는 미세먼지와 발암물질을 95% 이상 나오지 않게 하는 기술이 적용되었는데, 앞으로 그린 뉴딜 정책과 탄소 중립화로 매연저감장치DPF 설치 의무화가 진행됨에 따라 비상용 디젤 발전기와 바이오 가스 발전기가 필요한 곳에는 반드시 장착해야 할 장치라고 한다.

또한 스마트파워 하면 태양광 발전을 빼놓을 수 없다. 태양광 분야에서는 스마트파워가 가장 앞서 있다. 그러나 그린 뉴딜의 주력 사업인 태양광에는 몇 가지 문제점이 있었다. 태양광 회로 안의 병렬 접속 연속 회로에서 순환 전류라는 역전류가 발생해 전력 손실과 전기 화재를 일으키는 문제와 계통 연계 배전반에서 주야간 온도 차로 결로가 발생해 화재를 일으킬 수 있다는 점, 태양광 전력 변환 설비 속에 들어있는 전해 콘덴서로 인해 인버터의 수명이 다른 부품에 비해 1/4수준으로 현저하게 짧다는 것이다.

스마트파워는 이러한 태양광 발전의 문제점을 오랜 연구로 모두 해결했다. 양압 배전반 기술로 근본적으로 미세먼지와 염분 침입, 내부의 결로 생성 문제를 해결했다. 또한 태양광 발전은 한 번 설치로 최소 20년은 써야 하는데, 시스템 안에 설치된 인버터의 수명이 5.4년밖에 되지 않아 태양광 발전의 유효 수명은 우리가 알고 있는 20년과는 다르다. 그러나 태양광 업체나 시공업체, 설계 기술자도 짧은 인버터 수명에 대해서는 잘 이야기해주지 않아 많은 사람이 피해를 입고 있다.

스마트파워는 인버터를 분할해 태양광 발전 전력과 연동하여 운전되도록 프로그램을 만들어 태양광 발전의 핵심 부품인 인버터 수명을 기존 제품의 2.5배인 15년으로 늘리고, 태양광 효율도 8%나 올렸으며, 효율 수명에 대해서는 20년 자체 보증서를 발행한다. 이런 수명 연장 기술을 적용하면 태양광 발전소의 20년 수명 동안 40%가량 저비용으로 유지 관리할 수 있고, 시공 초기의 태양광 발전량에 상응하는 발전량을 발전감쇄율 0.7% 이내에서 지속적으로 얻을 수 있다. 또한 수명이 다한 태양광 모듈도 약간의 부품 회로를 바꾼다면 재활용해 70%까지 발전이 되도록 재탄생시켜 아프리카, 동남아 등 미전微電 국가에 유용하게 수출할 수 있는 리파워링 사업도 할 수 있다. 스마트파워는 고효율 TCS 태양광 발전과 20년 O&M 사업을 통하여 그린 뉴딜 사업에서 또 다른 변신이 주목된다.

마지막으로 LED 조명 기술이다. 조명이 공간을 파악하고 스스로 빛을 조절하는 맞춤형 조명 기술을 개발했다. 색온도와 밝기, 색깔 등을 자유롭게 할 수 있는 조명을 '스마트 조명'이라고 하는데, 스마트 조명은 업무 효율을 35% 향상시키고, 업무 총괄 생산성, 연간 생산성이 스마트 조명 아래서는 1,583불이나 더 높아진다고 한다. 전기 요금도 환경에 맞춰 제어되기 때문에 70%나 절감되고, 엘이디 조명의 수명도 3배나 연장된다고 한다.

또한 조명 중에는 미세하게 점멸하며 사용자에게 불편감을 주는 경우가 있다. 이러한 것을 '플리커 현상'이라고 하는데 조명의 플리커 현상은 신경계 질환이나 두통을 유발하고 시력이나 집중력을 떨어뜨린다. 스마트파워에서는 이런 플리커 현상을 잡아 깨끗하고 안정감 있는 빛을 선사한다.

이러한 독보적인 케이디파워, 스마트파워의 기술력은 혁신과 융합의 결과물이다. 산업계에서 '융합'이라는 말이 퍼지기 전부터 이미 케이디파워에서는 전기에 IT를 접목한 융합 기술을 사용해 2000년대 초부터 '전력 IT와 스마트 그리드[15]'라는 신산업을 탄생시켜 왔다.

스마트파워는 이제 친환경 고효율 에너지 산업을 선도하며 미래 에너지 산업의 나아갈 방향을 제시하고 있다. 현재에 안주하지 않고 끊임없이 담금질하며 역량을 키워온 박기주 의장과 스마트파워 임직원들이 이뤄낸 성과라고 할 수 있다.

---

15)스마트 그리드: 기존의 전력망에 정보통신기술(ICT)을 접목해 전력 공급자와 소비자가 양방향으로 실시간 전력 정보를 교환함으로써 에너지 효율을 최적화하는 차세대 지능형 전력망을 뜻한다.(〈스마트그리드와 국가로드맵〉, 2010.1.25, 지식경제부)

성공하는 CEO의 조건

"세상에서 성공하는 사람들의 화두는 분명합니다.

바로 '절대 긍정의 생각, 실행 중심의 행동'입니다."

성공에 대한 그의 철학은 단순하면서 확고했다. 아마도 그가 그렇게 살았기 때문에 대답이 더 명쾌한 것 같다.

그는 직원을 대할 때도 긍정적인 면을 먼저 보려고 한다. 문제가 생겼을 때 직설적으로 지적하기보다는 되는 방법을 제시해준다. '나 아니면 안 된다'는 생각도 하지 않는다. 일을 맡겨놓고 지적하고 믿지 못할 거면 처음부터 그런 사람에게 일을 맡기지 말라고 조언한다. 그가 감명 깊게 읽은 책 중에는 《왓칭》(정신세계사, 2016)과 《시크릿》(살림Biz, 2007)이 있는데, 그는 이 책들을 통해 긍정의 무한한 힘과 가능성을 깨달았다고 한다.

그를 성공으로 이끈 요소에는 긍정적 생각과 실행력 외에도 플러스알파가 있다. 바로 '불꽃 같은 열정'이다.

처음 용산 전자상가에서 전기 사업을 시작했을 때 그는 하루하루 치열하게 순간순간을 절절한 심정으로 살았다. 하루 24시간, 1년 365일을 늘 진지하게 생각하고 고민하는 '깨어 있는 삶'을 살았으며, 그 이후에도 만남과 헤어짐, 기쁨과 슬픔, 환희와 분노, 약속과 배신, 성공과 실패가 끊임없이 순환하며 이어져 온 사뭇 격정적인 나날을 보냈다고 회고했다.

그래서일까? 열정적인 사람, 유능한 사람, 부지런한 사람, 배려하는 사람, 긍정적인 사람을 그는 단박에 알아보는 것 같다. 물론 그 반대의 경우도 마찬가지이다.

그의 하루는 새벽 4시 30분부터 시작한다. 일어나자마자 자전거를 타고 압구정동에서 잠실까지 한 바퀴를 돈다. 그것이 박기주 의장에게는 운동인 셈이다. 그러나 그냥 자전거만 타는 것이 아니라 자전거를 타는 동안 그날의 업무를 정리한다. 아침 시간은 사업하는 박기주 의장에게는 유일한 자기만의 시간이다. 오후에는 누가 부르면 나가야 한다. 사업하는 사람이 사람을 안 만날 수 없으니.

자전거를 타고 40~50분 운동하고 집으로 돌아오면 5시 30분. TV를 보면서 직원들에게 아침 메시지를 전한다. 그는 이것을 '스타트 버튼'에 비유했다. 먼저 스타트 버튼을 누르지 않으면 출발이 안 되는 경우가 비일비재하기 때문이란다. 누구는 '시스템적으로 일하라'고 조언해주기도 하지만 그것은 중소기업의 사정을 아직 잘 모르는 사람들의 이야기다. 중소기업은 아직 그만한 역량이 되지 않기에 그는 매일 이렇게 CEO로서 스타트 버튼을 누른다. 특히나 스마트파워는 연구 개발 중심으로 혁신적인 신제품을 만들고 업계를 주도해 나가는 입장에 있기에 누구보다 빠르게 하루를 시작한다.

5시 30분부터 6시 30분까지 메시지를 정렬해서 보내는 일을 마치면 아침 식사를 하고 집을 나선다. 그때가 6시 40분경. 회사에 나오면 7시 30분이 된다. 그의 아침은 지금까지 한결같았다.

"시간이 금쪽인데, 러시아워 시간에 다닐 이유가 없잖아요?"

7시 30분쯤 회사에 도착한 그는 혼자 음악을 들으며 그날의 중요한 메시지가 무엇인지 체크하고, 메일을 보고 답신한다. 8시 30분에는, 일주일에 두 번은 회의를 하고 그 외에는 업무상 풀기 어려운 문제들을 주도적으로 먼저 풀어본다. 저녁 시간에는 주로 손님을 만난다. 모든 업무를 마치고 그가 귀가하는 시간은 밤 10~11시다.

그의 일과를 살펴보면 새벽부터 밤늦은 시간까지 얼마나 자기 일에 열정을 쏟아붓고 있는지 금세 알 수 있다. 그는 매일매일 이렇게 최선을 다한다.

박기주 의장은 그의 저서에서 최고 경영자는 직원들에게 1등으로 가라고 닦달하기 전에 먼저 솔선수범해 임직원들의 꿈과 비전을 확실하게 세워주어야 한다고 말한다. CEO의 몫 중에서 가장 큰 것은 임직원들의 꿈과 능력을 모아 현실로 만들어주는 것이라고 강조하면서. 그런 책임감 때문에 그는 하루도 허투루 사용할 수 없다.

사업해서 조금 성공했다고 직원들 앞에서 일장 연설이나 하는 사람, 회의 시간 직원들의 말을 귀담아듣기보다 질책만 하는 사람, 아침 늦은 시간에 출근하는 CEO, 능력도 열정도 돈도 없이 사업을 시작해놓고 당연한 듯 어음을 끊어대다 부도내는 CEO들을 그는 싫어한다. 그런 사람들의 회사는 보지 않아도 미래가 뻔하다는 것이다. 그런 CEO는 일신의 영달을 위해 사업을 수단으로 여길 뿐 직원들의 꿈과 능력은 관심 밖인 경우가 많기 때문이다.

그는 초심을 지키기 위해 노력하는 사람이다. 한결같은 자세로 아침 8시 전에는 간부들과 그날의 업무를 시작한다. 처음 마음먹었던 순수한 열정을 유지하기 위해 끊임없이 자기 검증을 하고 긴장감을 유지하며 업무에 임한다. 사람이 관습의 노예에서 벗어나지 못하고 반복되는 습관의 궤적에서 탈출하지 못하면 혁신의 드라이브를 걸 수 없다. 직전의 과거로부터도 깨어야 한다. 그가 이렇듯 일상을 리셋하며 자신의 업종에서, 가장 잘하는 분야에서 초심을 잃지 않고 최선을 다했기에 지금처럼 업계 최고의 기술을 보유할 수 있었다.

그는 사람을 육성하는 리더이다. 세상에 완벽한 사람은 없다. 자신의 부족한 부분을 보완하기 위해 일에 몰입해 노력하다 보면 성과를 창출하는 인재가 된다며, 이런 인재를 길러내는 것이 바로 회사가 할 일이라고 그는 말한다. 평범한 인재를 유능한 인재로 키워 꿈을 현실로 만들어나가는 조직 문화를 만들어 나가는 것이 리더의 역할이라는 것이다.

그는 항상 인재에 목말라 한다. 그가 추구하는 인재는 일에 몰입하는 열정을 가진 인재, 상상력을 가진 창조적 인재, 긍정적인 태도를 가진 맑은 정신의 인재이다. 이런 인재는 타고나는 것이 아니라 만들어진다고 믿는다. 또한 인재를 등한시하는 기업은 결코 오래 갈 수 없다고 강조한다. 그래서일까, 스마트파워는 동종업계와 비교할 때 처우도 좋고 급여도 30% 이상 높다.

박기주 의장은 사람 경영에서 투명함을 원칙으로 성과 중심으로 정렬했다. 과거로부터 누적된 본인의 행동과 능력으로부터 미래가 열린다며 열정적으로 노력해 성과를 내는 사람에게 보다 많은 보상이 돌아갈 수 있도록 했다. 성과를 내지 못하는 사람들은 평준화를 요구하며 불만만 토로하지 말고 성과를 내기 위해 자신의 마음을 모두 쏟으라고 말한다. 성과 중심, 인재 중심, 이것이 그가 인재를 키우는 방법이다.

그는 작은 일에도 애정을 쏟는 리더이다. 사업체를 급성장시킨 비결은 절대 거창한 것이 아니었다. 큰 기업이든 작은 기업이든 잘되는 곳은 작은 것부터 세심하게 챙긴다는 것이 그의 철학다. 그는 그의 저서에서 공장 바닥의 볼트 하나, 너트 하나도 소중히 할 줄 아는 사람에게서 훌륭한 인재상을 본다고 말했다. 이러한 자세가 케이디파워를 성장시킨 가장 강력한 힘이었다고 말한다.

> "자기만 생각하는 사람, 탐욕적이고 도덕적이지 못하고 둔한 사람은 절대 최고 경영자가 될 수도 없고, 되어서도 안 됩니다. 예민하고 까다롭고, 집착 증세가 있는 쪽이 훨씬 성공합니다. 특히 품질에 대해서는 더 그래야 합니다. 소소한 고객 클레임에 밤잠을 설쳐야 합니다. 더러운 사무실 상태를 보고 흐트러진 기강을 읽어내는 눈, 직원들의 처진 어깨를 보고 자신을 돌아보는 성찰, 충성 고객 하나를 잃고 왜 그가 떠났는지 집요하게 파헤치는 탐구력, 이 모두가 최고의 리더를 만드는 성

품입니다."

그는 일을 즐기는 사람이다. 일을 하다 보면 복잡한 문제도, 세상 시름도, 울분도 사라진다고 한다. 일은 또 그에게 '자기만의 동굴'과 같은 역할도 한다. 그러고 보면 대단한 워커홀릭이다. 일은 그에게 돈을 벌거나 먹고살기 위한 수단이 아니라 그저 즐거운 삶의 일부분일 뿐이다. 어쩌면 이것이 그가 성공한 가장 큰 비법이 아니었을까?

상상하면 이루어진다

그는 한때 입만 열면 "십팔십팔" 했다. 열 개의 숫자 중에 1과 8의 조합이 가장 아름답다고까지 말한다. 활기 넘치고 집중이 잘 된단다.

그가 본의 아니게 욕쟁이가 된 것은 강원도 춘천 강촌에 마련된 '카이로스' 산업단지 때문이다. 18만 평(약 60여 만㎡) 규모에 케이디파워를 포함한 18개 업체가 모여 조성된 이 산업단지는 발전기, 태양광, LED, 전기 분야의 계열사들과 서울대학교 기초전력연구원 등이 모여 상생과 통합의 경영을 이루어가고 있는 곳이다. 순수 중소기업 자본으로 세워진 첫 산업 공동체이다. 18만 평에 18개 업체, 거기다 박기주 의장이 애정을 갖고 추진한 일이다 보니 그에게 '18'의 의미는 남달랐다. 그러니 만나는 사람마다 "십팔십팔"할 수밖에.

카이로스 완전 도시는 2008년 정부의 수도권 기업의 지방 이전 추진 정책에 따라 산악에 자연 친화형 유럽식 경영 모델을 만들겠다는 생각으로 2012년 박기주 의장이 계열사와 협력사를 이주시켜 만들었다. 깊은 산속 수려한 풍광 속에서 최첨단 설비를 누리며 일할 수 있는 이상적인 일터, 각종 복지 시설과 여가 시설이 있는 곳, 기술과 문화가 조화를 이루는 곳이 바로 이곳이다. 이런 산업단지는 박기주 의장이 늘 꿈꾸었던 곳이었다. 그는 한 인터뷰에서 "행복은 좋아하는 일을 하고 좋아하는 사람을 만나는 것"이라며 이것이 카이로스를 만든 이유라고 밝히기도 했다.

그는 이곳을, 미래형 꿈의 도시를 지향하며 계열사와 협력 업체가 모여 소통을 통해서 사업 노하우를 나누고, 기술 융합으로 중소기업 역량의 한계를 극복해 더 높은 가치를 실현시키는 곳, 그리하여 좋아하는 일과 고도의 문화와 삶의 가치가 공존하며 마르지 않는 샘물처럼 자본이 발현하는 곳으로 만들고자 했다.

박기주 의장은 세계 많은 산업단지를 견학하면서 깨달은 것이 있다. 형식과 돈만 가지고는 아무것도 할 수 없다는 것이다. 하나의 산업 단지가 크게 성장하려면 모든 입주자가 꿈과 지향점을 일치시켜 한 방향으로 나가야 한다는 게 그의 생각이다. 그리고 하나의 주제를 향해 완벽하게 실현되도록 힘을 모아야 이루어진다고 강조한다. 현재는 미완이지만 강촌 카이로스 완전도시에서는 18개 업체가 꿈의 도시, 세계적 신재생 에너지를 만드는 산업단지, 산업과 문화가 융합된 행복 도시라는 완벽한 꿈을 향한 불꽃 같은 꿈을 간직한 채 오늘도 최선을 다하고 있다.

그는 스마트파워와 또 다른 계열사 LED 전문 기업 '엘파워'를 통해 펼치고자 하는 꿈이 다양하다. 우선 기술이나 서비스, 품질과 안전성에서 1등만이 살아남을 수 있다는 생각으로 기술 개발과 서비스에 전력을 다하고 있다. 그는 한 인터뷰에서 "안전 · 품질 경영을 모토로 트렌드를 이끌겠다. 수배전반 시장의 게임 체인저game changer에 도전하겠다."는 꿈을 밝혔다. '게임 체인저'란 기존 시장의 판도를 바꿀 만큼 혁신적인 아이디어를 제시하거나 역할을 하는 제품이나 서비스, 인물을 말한다. 그는 또한 '10년 무상 서비스'를 강조하면서 품질에 대한 강한 자신감을 피력했다.

스마트파워와 케이디파워의 기술력은 이미 검증받았다. 장영실상을 3회나 수상했고, 산업통상자원부의 품질·경쟁력 우수 기업에 16회 계속하여 선정되기도 했다. NEP신제품 인증, NET신기술 인증, 조달 우수 제품 인증 등도 다수 보유하고 있다. NEP 인증이란 국내 최초로 개발된 기술, 또는 혁신적으로 개선한 기술을 적용한 우수한 제품을 인증하는 제도로 평균 합격률이 15% 내외일 정도로 엄격한 심사 기준을 적용하고 있는 인증이다. 스마트파워의 제품은 그만큼 까다로운 검증을 거쳐 품질을 보증한다는 말이다.

전기 화재의 원인이 되는 아크전기불꽃 제거 기술은 스마트파워만의 대표적 기술이자 NET 인증을 받은 기술이다. 이 기술을 배전반 등에 적용해 제품의 안전성을 높이고 있으며, '초고속 아크제거기'는 단품으로도 출시되어 혁신적인 제품으로 평가받고 있다.

아크 제거 기술과 다중복합센서를 이용한 화재 감지 기술이 적용된 수배전반, 같은 일사량에서도 12%나 전기를 더 생산하는 태양광 발전소, 내진형 태양광 발전 시스템, 기존 대비 수명이 세 배나 길고 스스로 색상과 밝기를 조절하는 LED 조명, 미세먼지와 발암물질을 95% 줄이고 소음도 30%나 줄인 친환경 디젤 발전기, 일정 온도의 지하수를 끌어 올린 뒤 필요한 온도 에너지를 뽑아 냉열, 온열로 전환하고 이를 다시 냉풍과 열풍으로 바꿔주는 물보일러 등 미래 사회에 꼭 필요한 친환경 고효율 에너지 기술을 보유하고 있어 스마트파워의 미래는 그 어느 기업보다 밝아 보인다. 아울러 이러한 기술력을 바탕으로 세계화를 위한 제품도 내놓으며 세계로의 도약을 공개적으로 주도하고 있다.

IoT와 빅데이터를 연계해 조명이 스스로 시간과 공간을 측정해 빛을 조절하는 맞춤형 LED 조명에 대한 꿈도 있다. 박 의장은 미래 먹거리는 이제 '빛'이라고 생각한다. 빛은 어둠이라는 시공간적인 제약을 없애 인류의 활동 시간과 반경을 넓힌 요소로써 반드시 필요한 존재이다. 그의 말에 따르면 한 사람당 최소 100개의 조명이 필요하다고 한다. 그렇게 생각한다면 시장은 엄청나게 크다. 그는 빌게이츠가 윈도우 환경을 만들고 스티브 잡스가 아이폰을 만들어 세상을 바꾸었듯이 전 인류를 상대로 빛을 이용한 획기적인 상품을 만들면 어떨까 하는 꿈을 꾸고 있다.

그가 생각한 빛은 한 사람 한 사람을 위한 '맞춤형 빛', 빈집을 지키고 화재를 예방하며 매 순간 주인에게 '충성하는 빛', 시간에 따라 밝기에 따라 조도를 조절하고 내가 좋아하는 빛, 내가 좋아하는 음악까지 알려주는 '영감을 일깨우는 빛'이다. 그 꿈을 LED 조명 기술에 녹여냈다. 조명에 기술과 감성을 입혀 적은 에너지로 물리적 어둠뿐만 아니라 조명과 소통하며 인간의 마음까지 밝혀 나가고 있다.

77억 전 세계 인류 중 40%가 미전未電 인류라고 한다. 전기 시설이 없어도 태양열 충전지를 통해 조명 기구를 가지고 다니면서 쓸 수 있는 '홈 라이팅' 시스템도 개발하여 전기가 부족한 국가로 수출하고 있다. 전력망 없이 전기를 얻을 수 있는 '홈스토리지 시스템'도 마찬가지로 에너지 부족 국가들에 수출하고 있다.

미래를 읽지 못하면 그 기업의 미래 역시 불투명해진다. 박기주 의장이 생각하는 미래 속에는 '에너지'와 '빛'이라는 핵심 화두가 자리잡고 있다. 그는 에너지와 빛을 주제로 한 상품과 서비스를 개발한다면 반드시 시장을 선도할 것이라고 말한다. 그리고 그 꿈을 향해 오늘도 어둠을 밝힌다.

조금만 더!
그러면 감동스러운 일이 일어난다

필자는 박기주 의장에게서 복분자 와인을 선물로 받았다. '천샘'이라고 이름 붙은 복분자 와인은 박기주 의장이 지인들에게 선물하기 위해 직접 만든 것이라고 한다. 산 아래 30m 되는 토굴에서 모차르트 음악을 들으며 숙성한 와인은 분명히 시중에서 마셨던 것과는 맛의 차원이 달랐다.

그의 설명에 의하면 복분자는 당도가 조금 부족해 술을 담글 때 설탕을 넣는다고 한다. 설탕을 넣으면 발효하는 과정에서 온도가 높아지는데, 그러면 효모가 죽어버린다. 온도가 50도까지 오르면서 맛은 신맛으로 변하고, 완전하게 숙성이 안 되어 단맛이 나고 주정맛이 난다는 것이다.

그는 맛을 해치는 조건들을 없애기 위해 온도가 일정하고 서늘한 토굴에서 복분자를 숙성시켰다. 토굴 속은 습도가 80%이고, 온도는 14도로 일정하다. 그렇게 하면 온도가 낮아 발효가 더디 진행되기 때문에 오랫동안 숙성시켜야 하지만 그만큼 맛은 깊어지고 복분자 고유의 맛과 향을 간직한 특별한 와인이 된다. 그는 이 복분자 와인에도 특허를 열세 개나 받아 놓았다. 그것은 특허받은 와인답게 단맛, 신맛, 주정맛을 잡은 명품 복분자 와인이었다.

> "조금만 신경 쓰면 일상에서도 아주 많은 감동스러운 일이 일어납니다. 그것은 별것 아닙니다. 머리가 좋아야 하는 것도 아니고, 베이스에 자본이 있어야 하는 것도 아닙니다. 그것은 습관입니다."

술 한 병을 만드는 데도 그가 얼마나 정성을 들이고 치밀한 계획하에 만들었는지 그저 감동스러울 따름이었다. 그러나 아쉽게도 이 복분자 와인은 비매품이다.

박기주 의장은 사진도 잘 찍는다. 특히 인물 사진을 잘 찍어서 지인들은 박기주 의장 앞에서 자주 폼을 잡는다고 한다. 그는 사진을 찍으면서도 '어떻게 하면 예쁘게 보일 수 있을까?', '어떻게 하면 감동적으로 보일 수 있을까?'를 생각한다. 그러한 소소한 생각들이 쌓여 결국 좋은 일로 이어진다는 것이다. 사진 하나를 찍더라도 이보다 더 잘할 수 없을까를 생각한다는 박기주 의장의 말에서 그가 어떤 생각으로 어떤 길을 걸어왔는지 충분히 설명되었다.

가족들에게도 마찬가지란다. 만날 보는 아내와 아이들이지만 어떻게 하면 조금 더 잘 보일까를 생각한다는 것이다. 다섯 자녀를 둔 그는 자신의 꿈을 향해 한 발 한 발 내디디고 있는 막내 이야기를 하며 특유의 아빠 미소를 지었다. 어릴 때부터 자녀들에게도 긍정적인 말을 많이 해주었다며, 긍정이 몸에 배어 스스로 꿈을 향해 나아가는 것 같다고 대견스러워했다.

그는 음악도 좋아한다. 손수 진공관 앰프를 만들 정도로 음악을 사랑하는 사람이다. 그리고 책 읽기, 생각하기를 좋아한다. 그는 좋아하는 일만 한다고 한다.

그는 꿈을 좇는 것도 중요하지만 삶을 윤택하게 할 교양을 쌓는 일에도 관심을 가지라고 말한다. 교양도 공부처럼 젊은 시절에 그 토대를 만들어 놓는 것이 중요하단다. 일을 열심히 하라는 말은 일 이외의 것을 외면하라는 것이 아니다. 견문을 넓히고 아이디어를 축적하고, 교양을 쌓아야 그러한 것이 삶의 윤활유가 되어 일과 삶을 모두 즐길 수 있게 한다는 것이다.

이 시점에서 스마트파워의 '조금만 더'는 무엇일까를 생각해 보았다. 지금까지 케이디파워, 스마트파워는 기술 개발에 매진해 최고의 기술력을 가진 탄탄한 기업이 되었다. 박기주 의장은 이제 '코워크co-work'를 말한다. 'R&D의 시대'를 지나 'C&DConnect & Development의 시대'가 왔다는 것이다. C&D연계 개발는 외부 기술과 내부 R&D 역량을 연결해 새로운 제품을 개발하는 기술 혁신 모델이다.

> "중소기업이 과거처럼 무턱대고 원천 기술을 확보하기 위해 R&D에 매달리면 자본이 소진되거나 시장 사이클을 따라가지 못할 가능성이 높습니다."

시장의 변화에 빠르게 대처하기 위해서는 전문 기술을 가진 기업끼리 협업을 통해서 제품 기획과 인증, 판로 개척을 함으로써 보다 더 성공 모델에 쉽게 접근할 수 있다는 것이다.

스마트파워는 그린 뉴딜 시대를 선도하기 위해 산학 협력단과 공동 연구 센터를 건립하는 등 이異업종 간 기술 융합으로 신기술NET, 신제품NEP 인증을 확대해 더욱 발전된 모습으로 나아가기 위해 동분서주하고 있다.

그의 말에 따르면 중소기업들이 똑바른 기술 한두 가지는 가지고 있어서 창업은 하지만 그것만 가지고 고객의 니즈를 맞출 수 없다고 한다. 아무리 새로운 기술이 있다손 치더라도, 새로운 기술을 여러 개 결합한다 하더라도 판매할 수 없으면 의미가 없다는 것이다. 반면 스마트파워는 이異기술 간 결합을 통해 새로운 상품을 기획하고 시장을 창출해 나가는 역량이 남다르다고 자부한다. 왜냐하면 스마트파워는 1998년부터 정부 조달 우수 제품이라는 제도를 통해 시장에 상품을 판매할 수 있는 시스템과 루트를 가지고 있기 때문에 브랜드 파워와 마케팅 능력이 약한 중소기업을 충분히 끌어줄 수 있다는 것이다.

다른 중소기업과의 코워크는 성공 사례도 있지만 실패 사례도 있다. 박기주 의장은 코워크를 성공적으로 이끌기 위해서는 '디지로그적 사고'가 필요하다고 말한다. 기술자들은 디지털적인 사고가, 인문계열은 아날로그적 사고가 지배적인데, 현대는 둘의 조화가 필요하다는 것이다. 자기 기술만을 고집스럽게 움켜쥐고 있으면 사업적으로 대화하기 어렵다는 것이다. 그럴 때는 선험한 성공 경험을 나누며 신뢰를 쌓아가야 한다고 한다. 그는, 이제는 코워크의 시대이니만큼 기술을 모아주고 상품을 기획, 인증, 판매할 수 있는 역량 있는 리더 그룹이 또 다른 축에서 필요하다고 말한다.

모두가 위기를 겪고 있는 코로나 시대, 그러나 신재생 에너지 기업 스마트파워의 미래는 더 밝아 보인다. 이것은 30년간 CEO로서 하루도 편할 날 없이 달려온 결과일 것이다.

그의 저서 《두배 일하고 열배 행복하자》에서 말한 그의 고백을 보노라면 가슴이 뭉클해져 온다. 온화한 외모와 달리 내면에는 승부욕이 불타오르고, 낮에 현장에서 터트리지 못하고 눌러 참은 울분으로 밤의 꿈자리에서 욕지거리를 하거나 울부짖는 사람, 절대적인 시간 투자를 승부수로 자신의 운명에 주어진 모든 시간을 일에 투자해 땀으로 젖은 날과 날, 불면으로 지새는 밤과 밤을 보내는 사람이 바로 그의 모습이었다. 이러한 태도는 불가피한 선택이었고, 이 태도는 시간이 지나면서 신념으로 변해 천성으로 내재화된 것 같다고 말한다. 자신의 스타일이 가장 올바르다고 주장하는 것이 아니라 그러한 자세로 인해 자신이 원하고 생각하는 방향으로 스스로 개척하며 주체적으로 살아올 수 있었다고 고백한다.

그의 열정에 숙연함이 느껴지는 것은 필자만의 기분은 아닐 것이다.

그는 요즘 젊은이들과 사업을 시작하는 사람들에게 선험자로서 이렇게 조언한다.

> "사업하는 사람은 사람을 믿어야죠. 하지만 또 사람을 믿어서는 안 되죠. 난센스입니다. 여기서 중요한 것은 어떤 사람을 믿느냐는 것입니

다. 뿌리가 있는 사람을 믿어야 합니다. 관계성으로 봤을 때 잃을 게 없는 사람은 믿으면 안 됩니다. 그런 사람은 쉽게 배신할 수 있습니다. 잃을 게 많은 사람을 믿으십시오. 그리고 능력 있는 사람을 사귀십시오. 거꾸로 내가 사람을 사귀려면 능력 있는 사람이 되어야 합니다. 그리고 힘든 일 피하지 마십시오. 누구를 비판하거나 비난하지도 마십시오. 내가 통제할 수 없는 것에 에너지를 쏟기보다 자신한테 충실하십시오."

그리고 사업하는 후배들에게는 이렇게 당부한다.

"입체적 생각으로 열 개의 눈[16]을 가지고 판을 읽어내는 능력을 키워야 합니다. 또한 시대를 주도적으로 이끌 소명 의식으로 '분명한 행동 비전'을 설정하길 바랍니다."

아팠던 만큼 성숙할 그의 두 번째 30년 경영을 크게 기대한다.

16) 들을 청(聽)을 파자하면 '귀 이(耳)+왕 왕(王)+열 십(十)+눈 목(目)+하나 일(一)+마음 심(心)'이다. 열 개의 눈을 가진 커다란 귀로 한 마음을 가지고 집중해 듣는다는 의미이다.

참고문헌

- 《케이디파워 사람들》 박기주, 모아북스, 2009.
- 《두 배 일하고 열 배 행복하자》 박기주, 피그말리온, 2012.
- '융합 에너지를 만들다', YTN사이언스, 2015. 1. 2.
- 전기신문 인터뷰 '박기주 스마트파워 의장(CTO)' 송세준 기자, 2020. 2. 24.
- 《전기신문》 박기주 스마트파워 대표 인터뷰, 송세준 기자, 2020. 9. 25.
- '국내 유일 NEP 배전반, 차별화된 기술력으로 대형 수주 성공', 송세준 기자, 2018. 4. 20.
- '케이디파워, 16회 연속 품질경쟁력 우수 기업 선정', 송제준 기자, 2018. 11. 29.
- '스마트아크 배전반, 아크플래시 1ms 이내 감지', 송세준 기자, 2019. 8. 27.
- '엘파워, '개당 3000원 추가하면 스마트 조명 진수 누린다', 윤정일 기자, 2020. 12. 9.
- '박기주 의장 인터뷰', 이영애 《월간 지방자치》 편집인, 2015. 1. 8.
- [CEO&스토리] '60여만㎡ 부지의 문화산업복합단지 카이로스에 창업자 박기주 의장의 꿈 담겨', 박호현 기자, 2015. 10. 19.
- '배전반 게임체인저 도전, 안전, 품질 앞세워 도약'-박기주 스마트파워 의장 인터뷰, 박세준 기자, 2020. 2. 24.
- 레드스쿨 명사 특강 '박기주 의장님 Z조명에 대하여', 유튜버 김정도, 2014. 10. 15.
- '보이는 전기! 말하는 전기! : ㈜케이디파워 중앙연구소를 찾아서', 전기의 세계 56(6), 2007. 6. 대한전기학회 편집부
- '이젠 C&D 시대, 코웍(co-work)으로 새 시장 개척'-박기주 스마트파워 대표 인터뷰, 송세준 기자, 2020. 9. 25.
- '스마트파워·전기엔지니어링, 異업종 융합기술로 그린뉴딜 선점', 고광본 기자, 2020. 10. 19.
- [대한민국 히든챔피언] '스마트파워 물 보일러 개발…에너지 기술 경쟁력 up', 양종곤 기자, 2019. 8. 29.
- '재도약 청신호, 믿어준 고객·협력사에 성과로 보답하겠다', 윤정일 기자, 2017. 5. 11.

유튜브

- 스마트파워TV '눈으로 보는 전기'

9인의
경영 구루에게
듣다

헤르메스
CEO

아트 경영의 선구자

윤영달(크라운해태그룹 회장)

현)
- 크라운해태홀딩스 회장
- 한국메세나협회 부회장
- 한국예술인복지재단 이사장

전)
- 한국자동기 대표이사
- 남덕 대표이사
- 크라운제과 대표이사
- 크라운스낵 대표이사
- 크라운베이커리 대표이사 사장
- 크라운엔지니어링 대표이사 사장
- 연세대학교 대학원 경영학과 겸임교수
- 크라운제과 회장
- 해태제과식품 회장
- 서울오픈아트페어 조직위원장
- 광주아트페어 조직위원장
- 춘향제전위원장
- 서울국제조각페스타 조직위원장
- 서울 아리랑페스티벌 조직위원장

- 석탑산업훈장(2003)
- 제5회 코리아 디자인 어워드 올해의 디자인 경영인상(2006)
- 코리아씨이오서밋 문화경영대상(2010)
- 제20회 몽블랑 문화예술 후원자상(2011)
- 한국마케팅학회 올해의 CEO 대상(2014)
- 제17회 한국메세나협회 메세나인상(2016)

물리학도가 과자 회사 사장이 되면

우리 집이 과자 공장이라면? 어린 시절 상상만 해도 행복했던 꿈이다. 그러면 해방 이후 6 · 25를 전후한 시절의 과자 공장은 어땠을까? 그때도 과자 공장이 동심과 꿈과 즐거움을 생산하는 곳이었을까?

윤영달 회장은 1945년 세상에서 가장 행복할 것 같은 과자 공장집에서 6남매 중 장남으로 태어났다. 그의 선친 윤태현 회장은 1947년 크라운해태제과의 전신인 '영일당'을 만든 창업주이다. 그러나 영일당은 창업한 지 3년 만에 6 · 25로 인해 큰 어려움에 봉착한다. 그때가 윤영달 회장이 여섯 살 되던 무렵이었다.

모두가 피란길에 올랐지만 그의 아버지는 그동안 일궈놓은 영일당의 많은 기자재와 설비를 차마 두고 떠날 수 없었다. 그 때문에 피란이 늦어졌고, 윤영달 회장의 가족들은 인민군과 맞닥뜨려야 했다. 온 가족은 두려움에 떨었다. 자본가로 분류돼 인민군의 첫 타도 대상이었던 그의 아버지는 다락에 숨어 있어서 간신히 봉변을 피할 수 있었다.

1 · 4 후퇴 때는 윤영달 회장의 모든 가족이 대구로 피란해야만 했다. 피란 생활을 하며 윤영달 회장은 처음으로 가난을 경험하게 되었다. 어

린 나이에 김치 동냥도 해보고 먹고살기 위해 물고기도 잡아보았다. 그의 부모님은 남의 빨래를 해주고 수선해주는 일로 생계를 이어나갔다. 다행히 낯선 외지에서 희망을 버리지 않고 열심히 일한 덕에 돈을 모아 서울 수복 이후 서울로 향하는 군용 트럭을 누구보다 빨리 얻어 탈 수 있었다. 그러나 전쟁 상황이 시시각각 변하는 바람에 서울로 들어오지는 못하고 수원에 정착하게 되었다.

수원역 비행장 앞에서 윤영달 회장의 아버지는 영일당 영업을 다시 시작했다. 미군 부대 앞에서 비록 천막을 치고 시작했지만 아버지의 제과 기술은 미군들의 입맛을 사로잡았고, 단골이었던 미군들 도움으로 미국 과자에 대한 다양한 정보와 재료를 접하게 되면서 훗날 영일당 재건의 탄탄한 기술력을 쌓게 되었다. 당시 미국과 한국의 제과 산업의 수준은 하늘과 땅 차이였다. 그러니 미군들로부터 소개받은 새로운 과자의 맛과 유형은 아버지의 도전 과제였고, 새로운 과자에 대한 아버지의 열망은 신제품으로 이어지며 전쟁의 위기를 전화위복으로 바꾸는 분기점을 마련했다.

윤영달 회장의 아버지는 시류에 휩쓸리거나 권력을 등에 업고 사업을 확장하기보다 실력 하나로 정면 승부하는 외길 인생을 살았다. 좋은 재료로 맛있는 과자를 만든다는, 기본에 충실한 경영 철학으로 늘 근검절약하며 겸손했던, 선비 같은 분이었다. 반면 그의 어머니는 아버지의 든든한 동업자로서 위기 때마다 궂은일을 마다하지 않고 난관을 헤쳐 나가는 여장부였다. 큰 제과 회사 안주인이었지만 '먹고사는 일에 귀천이 있겠느냐?'며 피난살이 시절, 체면과 자존심을 내려놓고 남의 집 빨래를 하던 적극적이고 당찬 분이었다.

과자의 맛과 품질, 과자 만드는 기계를 연구하며 조용히 열정을 쏟으셨던 아버지와 적극적이고 진취적인 사고로 위기를 헤쳐나간 어머니의 모습은 오래도록 윤영달 회장의 가슴에 남아 위기 때마다 지혜를 주는 정신적 자산이 되었다.

그런데 윤영달 회장의 어린 시절 관심은 과자가 아닌 다른 데에 가 있었다. 그는 자전거를 분해하고 재조립하면서 자전거 가게 주인을 꿈꿀 정도로 자전거에 매료되었다. 자전거뿐만 아니라 어떤 기계든 윤영달 회장 손에 들어왔다 하면 분해되고 재조립되었다. 그는 결국 대학도 물리학과로 진학했고, 1973년에는 '한국자동기'라는 과자 포장 설비 기계 회사를 설립했다. 기계 원리를 누구보다 쉽게 터득해 기계라면 누구에게도 뒤지지 않을 자신이 있었다. 열댓 권의 책을 읽고 독학으로 포장 기계 원리를 터득한 뒤 직접 기름 장갑을 끼고 기계를 작동하기도 했다. 이후 회사의 규모를 키우면서 난관에 부딪히기도 했지만 자동차 미션의 핵심 부품인 포크를 생산하면서 위기를 극복했다. 1995년 아버지의 부름을 받기까지 그는 자동차 부품 회사, 풍력 발전기 회사를 운영하며 과자와는 거리가 먼 삶을 살았다.

윤영달 회장의 어린 시절 내면에는 또 다른 의외의 자아가 존재했다. 그는 중학교 때부터 화가를 동경했고, 손재주도 좋아 미술 선생님으로부터 종종 칭찬을 들었다. 대학 시절에는 미술을 전공한 친구 두어 명과 서울 종로에 미술학원을 차리려고 의기투합하기도 했다. 재원을 마련할 길이 없어 일이 무산됐지만 그의 내면에는 예술에 대한 갈망이 그때부터 늘 있었던 것 같다.

그는 연세대 물리학과에 재학 중이던 1966년에 《문학》이라는 문예지를 만들기도 했다. 소설가 황순원의 둘째 아들과 동창이었던 그는 문인들을 보며 문학에 매료되어 1966년 종로구 수송동에 사무실을 얻어 월간지 《문학》을 발행했다. 그때 나이 스물두 살이었다. 10호까지 내면서 김환기 화백의 그림을 표지에 싣기도 하고 소설가 최인호의 단편 〈친구〉 같은 작품들도 수록하면서 잠시나마 문학청년으로서의 꿈을 펼쳤다.

문예지가 없어지자 반강제로 광화문에 막 새로 생긴 대형 빵집의 운영을 맡았다. 20대 초반의 나이에 큰 빵집의 사장이 되니 종업원들이 어리다고 무시하기도 하고, 때때로 종로 깡패들이 빵집에 들이닥쳐 돈을 뜯어 가는 등 시련이 만만치 않았다. 그때마다 청년 윤영달은 "삶이 그대를 속일지라도 슬퍼하거나 노여워하지 말라."는 푸시킨의 시를 읽으며 마음을 다잡았다.

윤영달 회장의 다양한 이력과 관심사는 이후 제과업체를 운영하는 데 다방면으로 영향을 미친다. 그중에서 기계를 다루었던 경험은 공장을 가동하는 데에서 실질적인 도움이 되었다.

그는 과자를 다른 측면에서 보면 기계 공학이라고 말한다. 우리가 즐겨 찾는 다양한 종류의 과자를 만들기 위해서는 철저히 계산된 기계 공정이 필요하고, 기계 설비에 대한 완벽한 이해와 유지 보수, 이를 뒷받침할 대규모 투자가 있어야 제대로 된 과자가 시장에 출시될 수 있다고 강조한다. 그런 점에서 그는 그의 선친을 많이 닮았다.

그의 선친은 영일당 시절부터 과자 설비와 기계를 직접 만들어 과자를 생산했다. 이후 크라운해태제과 역시도 산도나 쿠크다스, 버터와플에 이르기까지 대부분의 설비를 자체적으로 개발해 제품을 생산했다. 다른 회사들이 크라운해태제과의 카피 제품을 쏟아내도 품질에서 따라올 수 없었던 이유 중 하나도 이런 자체 기술력의 차이 때문이다.

윤영달 회장은 1972년 죠리퐁을 만들어 히트시켰는데, 이때도 크라운제과에서 직접 생산 기계를 만들어 누구도 따라올 수 없는 질감과 맛을 살렸다. 죠리퐁은 고온으로 튀긴 밀쌀을 당액에 묻혀 만드는데, 제조 과정에서 가장 중요한 것이 건조였다. 그는 크라운제과에서 오랫동안 기계를 제작했던 기술자에게 건조기를 제작하게 했다. 처음에는 합판으로 만들다가 나중에 스테인레스로 바꾸었는데, 우여곡절 끝에 제작한 건조기는 당액이 묻은 죠리퐁 낱알을 완벽하게 건조시켜 죠리퐁을 크게 히트시키는 데 지대한 영향을 미쳤다. 금방 눅눅해지는 타사의 제품과는 비교할 수 없는 맛과 품질을 자랑했다. 그 외에도 새로운 과자를 개발할 때마다 윤영달 회장의 기계에 대한 식견은 여러 번 빛을 발했다.

2005년 해태를 인수했을 당시 해태제과의 노후한 설비를 과감하게 처분한 것도 그가 기계를 알았기에 가능한 일이었다.

해태제과에는 막대한 돈을 들여 초콜릿 스틱을 생산하는 설비를 갖추고 있었다. 해태를 인수하고 생산 시설을 조사하는 과정에서 초콜릿 스틱 생산 시설이 많은 불량품을 양산하는 노후 설비임을 알아차리고 윤영달 회장은 현장에서 즉시 폐기할 것을 지시했다. 임원들은 수리해서 재사용하자는 의견이 많았지만 기계를 잘 아는 그의 생각으로는 당장의 손실을 감안하더라도 폐기하는 것이 낫다고 판단했다. 결국 최첨단 설비를 통해 초콜릿 스틱을 생산하는 방법을 택함으로써 노후 기계를 관리하는 비용과 불량품 처리 비용을 줄여 생산성을 높였다.

기계를 다루었던 일, 미술을 동경했던 일, 문학을 음미했던 일들은 지금 그의 경영 전반에서 그대로 드러나고 있다. 기계를 다루었던 경험은 생산 현장에서, 예술을 동경했던 마음은 경영 철학으로 드러나 크라운해태제과만의 독특한 기업 문화가 되고 있다.

그는 190㎝의 큰 키에 호탕한 웃음소리를 가진 대인배 같은 풍모를 가졌다. 외모만으로는 그의 내면에 숨어 있는 예술적 감수성을 읽어내지 못할 수도 있다. 그러나 그의 예술을 사랑하는 마음은 지금의 크라운해태제과의 아트 경영을 있게 한 중요한 버팀목이 되고 있다.

시련은 하늘의 뜻이었다

"안개가 잔뜩 낀 날 운전 미숙으로 벽에 부딪쳤습니다. 안개가 걷히고 보니 자동차도 멀쩡하고 다행히 다친 곳도 없었습니다. 그만큼 운전이 미숙했었죠."

윤영달 회장은 1998년 크라운제과의 부도에 대한 소회를 이렇게 밝혔다.

그는 스스로 대한민국에서 자신만큼 실패의 쓴맛을 자주 본 경영인은 없을 것이라고 말한다. 부잣집 아들이라는 수식어를 체질적으로 싫어했던 그는 자신의 능력을 객관적으로 평가받기 위해 20년 동안 크라운제과를 떠나 있었다. 1975년부터 1995년까지 독립해 자동차 부품 회사와 한국풍력연구소를 운영하면서 여러 시련을 경험했다. 그때는 실패의 연속이었고, 경영자로서 연단의 시기였다.

1995년 크라운제과로 다시 돌아왔을 때도 순탄치만은 않았다. 회사로 돌아와 보니 단기 채무가 너무 많았다. 은행권과 신뢰를 쌓으며 단기 채무를 장기 자금으로 돌려 놓았지만 1997년 외환 위기가 터지자 은행들이 대출 회수에 나섰다. 거기다 제2금융권마저 대출 연장을 해주지 않아 1998년 1월 자금난으로 부도가 나고 말았다. 일가족의 개인 자산까지 동원했지만 110억 원가량의 어음을 막아내지 못했다.

윤영달 회장은 피눈물을 흘리며 법원에 화의를 신청했다. 부모님이 일구어 놓은 가업을 이대로 사라지게 할 수 없었다. 화의를 신청하자 협력 업체들까지 술렁거렸다. 그는 일일이 협력 업체들을 찾아다니며 크라운제과의 재기를 믿어달라고 호소했다.

그는 회사가 보유한 자금으로 절차에 따라 협력사에는 물건값을 치렀고, 채권단에는 크라운제과가 미래에 창출할 가치를 강조하며 채무 이행 연기를 설득했다. 채권자들이 집으로 몰려오기도 했고, 그들 중 일부는 가족을 상대로 협박하기도 했다. 그때마다 “내가 도망칠 사람이 아니니 나를 살려 돈을 받는 편이 낫다.”고 설득했다. 동요하는 내부 직원들도 달래야 했다.

> “당시에는 견디기 어려울 정도의 고통이었지만 지나고 보니 어쩌면 그것은 하늘의 뜻이었다는 생각이 듭니다. 경영을 함에 있어서 보배와 같은 경험이었습니다. 그전까지는 몰랐던 것들을 많이 느끼게 되었죠.”

그는 당시의 고난은 훗날의 성공을 준비하기 위한 배움의 시간이었다고 고백한다. 아울러 잘나가는 제과 기업 2세 경영자로만 살았다면 어쩌면 절체절명의 위기에서 헤어 나오지 못했을 것이라며, 둥지를 박차고 나가 20년간 바닥부터 회사를 일궈본 경험이 위기를 극복하는 데 많은 도움이 되었다고 한다.

부도는 그의 삶과 인생관을 완전히 바꾸어 놓았다.

화의 신청 후 크라운제과는 혁신을 단행했다. 우선 조직 속에 숨어 있는 비효율을 제거하고 새롭게 거듭나기 위해 '선택 후 집중'하는 작업을 시작했다. 300여 개 제품 중 수익을 내지 못하는 230개를 정리하고 핵심 품목 70여 개에 집중했다. 서울 묵동의 공장 부지 1만 평과 전국에 흩어진 영업소 관련 자산도 처분했다. 서울 묵동과 안양, 아산, 진천, 경산, 광주, 인천 등 일곱 개 공장 가운데 안양, 진천, 아산 공장을 뺀 네 개 공장을 정리해 400억 원을 확보하고, 단기 부채를 해결했다.

과감한 투자도 병행했다.

크라운제과가 지켜야 할 핵심 가치는 '크라운제과 가족들이 이어온 제과 명가로서의 자부심'이라고 생각하고 화의 신청 후 새로 만든 CI에 맞게 영업용 차량 800대의 색깔을 분홍색에서 짙은 자주색으로 바꾸었다. 산뜻한 이미지로 변신해 크라운제과가 여전히 건재하다는 사실을 알리고 싶었다. 그런 데에 쓸 돈이 있느냐는 내부의 반발도 만만치 않았지만 윤영달 회장은 이때야말로 과감한 투자가 필요하다고 생각했다.

크라운제과 사무실도 임대료가 비싼 강남으로 옮겼다. 직원들이 의기소침한 상태에서 빠르게 변하는 트렌드까지 따라잡지 못한다면 재기는 어렵다고 판단했기 때문이다.

이러한 과정들은 회사의 미래를 불안하게 보던 외부 이해관계자들과 협력 업체의 시선을 바꿔 크라운제과에 환산할 수 없는 기회와 가능성을 안겨 주었다.

조직을 정비한 후 실질적인 매출 향상을 위해 윤영달 회장은 '크로스 마케팅Cross Marketing'[17])이라는 새로운 마케팅 기법을 도입했다.

크라운제과의 재기를 위해 신제품 출시가 급선무였지만 신제품 개발을 위해서는 막대한 재원과 시간이 필요했다. 그러나 위기 상황에서 당장에 신제품을 출시할 여력이 없었던 크라운제과는 고정 관념을 깨는 혁신적인 방법을 찾아야 했다.

"우리 회사가 자체 힘으로 설비 투자를 할 수 없다면 우리가 필요한 설비를 가진 다른 업체와 제휴해보자. 그러면 우리가 필요한 설비를 가진 업체와의 제휴를 통해서 신제품을 시장에 출시할 수 있을 것이다."

그는 곧바로 국내 제과 업체에 문을 두드렸지만 마땅한 곳을 찾을 수 없어 해외로 눈을 돌렸다. 시장 규모나 제품 개발 수준, 고객 취향 등을 고려할 때 대만의 제과 회사가 전략적 제휴를 맺기에 적합해 보였다. 많은 자료 검토와 시장 점검을 하고 대만의 주류 제과 업체를 찾아다녔지만 첫 반응은 냉담했다. 법정 화의 상태에 있는 크라운제과와 협력하려는 회사는 쉽게 나타나지 않았다. 마지막 희망을 걸고 찾아간 곳이 왕왕그룹이었다. 처음엔 강한 불신을 드러냈지만 윤영달 회장이 왕왕그룹 출입구에 붙어 있는 '연緣' 자를 생각하며 인연을 강조하고 믿음을 호소한 덕분에 제휴의 문을 열 수 있었다.

---

17) 경영학계에는 없는 신조어로 크라운제과만의 독창적인 경영 전략이다. 경쟁기업과 상호 OEM 교차 방식을 통해 신제품을 확보하는 전략

왕왕그룹의 히트상품인 쌀과자를 크라운제과의 이름으로 국내에 신제품으로 출시하는 대신 크라운제과의 제품을 왕왕그룹의 이름으로 대만에 신제품으로 출시하게 되었다. 크로스 마케팅은 서로 윈윈하자는 전략이다. 이 전략은 큰 성공을 거두었고, 크로스 마케팅을 거절했던 다른 대만 업체의 관심을 불러 모았다. 2003년 크라운제과는 이 마케팅을 통해 대만 제과업체들의 '참쌀' 시리즈와 '미인블랙' 등을 통해 100억 원의 매출을 올렸다. 대만 업체들 역시 크라운제과 제품을 그들 시장에 내놓아 약 60억 원의 매출을 올렸다. 크로스 마케팅으로 크라운제과가 거둔 매출은 당시 약 1,000억 원을 넘었고, 이는 법정 화의를 조기에 졸업하고 후일 해태제과를 인수할 여력을 만들어주었다.

그 밖에도 구조조정 후 정보화 시스템, HHT[Hand Held Terminal]를 구축해 공장과 본사, 영업소의 생산량, 판매량, 수금액을 맞추는 시간을 한 달에서 하루로 줄여 업무 효율을 높였고, 전 부서의 유능한 인재를 뽑아 '뷰팀'이라는 별동 조직을 만들어 대용량 제품을 출시해 할인점에서 히트시켰다.

부도 이후 그의 심경에도 많은 변화가 찾아왔다. 우선 '부도난 회사의 사장이 골프를 치고 다니느냐?'는 비난은 받지 말아야겠다는 생각에서 골프를 끊었다. 담배도 끊었다. 대신 정신적 스트레스를 풀기 위해 산행에 나섰다. 북한산을 혼자 다니며 오르막과 내리막길을 만날 때마다 인생도 이와 같다는 생각을 했다. 산을 통해 힐링하고 깨달음을 얻은 그는 회사 내에 등산 프로그램을 만들어 직원들도 참여할 수 있게 만들었다. 등산 프로그램에 참여하는 인원이 점점 늘자 20~30명씩 묶어 산행도

하고, 고민도 나누고, 아이디어도 내며 친목과 결속을 다졌다. 윤영달 회장은 직원들이 산행을 통해 어려운 일도 두려워하지 않고 꾸준히 헤쳐나가는 항심恒心을 기르기를 바랐다. 산행이 이어질수록 처음에는 힘들어하던 직원들도 거뜬하게 산을 오르며 점점 심신이 단련되어 갔다.

2000년에는 사내에 독서회를 출범시켰다. 그는 사원들의 가슴에 새로운 열정을 불어넣을 수 있는 것이 독서라고 생각했다. 회사에서는 매월 책을 사서 돌렸다. 강요는 없었다. 다만 차장급에게 책의 키워드를 A4 용지 한 장으로 정리해 회사 내부 서버에 올리도록 하고 부장급 이상은 독서 토론을 하게 했다.

토론할 때는 저자를 연사로 초청하는 등 독서 토론 문화가 잘 정착할 수 있도록 힘을 실어 주었다. 이러한 일들로 '크라운제과는 임직원 모두가 책을 읽는 회사'라는 소문이 업계에 퍼졌고, 내부적으로도 직원들의 사고력이 향상되며 회사 내 분위기를 변화시켰다.

윤영달 회장은 화의를 조기 졸업할 수 있었던 동력 중 하나가 '독서 경영'이라고 말한다. 독서 경영은 지금도 진행되고 있으며 신입사원 선발 과정에서도 독서 면접 토론 제도를 활용하고 있다.

이즈음 크라운제과는 큰 모험을 단행한다. 화의가 끝나지 않았는데도 업계 2위의 해태제과를 인수하기로 한다. 당시 크라운제과는 업계 4위였다. 화의 상태에 있는 데다 기업 규모 면에서 차이가 커 누구도 크라운제과가 해태 인수전에 뛰어들 것이라고 예상하지 못했다. 비록 화의는 종료되지 않았지만 크라운제과는 당시 차입금을 거의 해결하고 매출과 이익도 늘어난 상태였다. 크라운제과는 급히 화의를 종료하고 군인공제회의 도움을 받아 인수를 완료하며 '새우가 고래를 삼켰다'는 말을 경영사에 남기게 되었다.

윤영달 회장이 해태를 인수한 이유는 단순히 몸집을 불리기 위해서가 아니라 4~5위 업체로는 살아남기 어렵다고 판단했기 때문이었다. 이래도 죽고 저래도 죽는다면 도전해야 한다는 생각이었다. 크라운제과 내부에서도 처음에는 '그러다 해태제과를 안고 쓰러진다'며 반발했지만, "예전에는 큰 회사가 작은 회사를 합병하는 시대였지만 지금은 빠른 회사가 느린 회사를 인수하는 시대"라는 윤영달 회장의 설득을 받아들였다. 직원들도 해태제과의 인수 필요성을 인식하게 되었다.

그런데 막상 해태를 인수하고 내부를 들여다보니 문제가 많았다. 해태 경영진들에 대한 근로자들의 불신이 커 극심하게 대립하고 있었고, 직원들의 자부심도 바닥에 떨어져 있었다. 또한 두 회사의 조직 분위기와 영업 방식이 판이해 둘의 화학적 결합을 위한 처방이 시급해 보였다.

윤영달 회장은 먼저 두 회사의 전 임원과 과장급 이상 직원을 모아 매주 수요일 오전 7시 30분부터 'AQ 모닝 아카데미' 프로그램을 열었다. 조찬 모임을 통해 다양한 주제로 토론하고 함께 공부하는 가운데 동료애가 싹트도록 했다. 과자 박스로 조형물을 만드는 박스아트 작업도 같이 하게 했다. 처음에는 반대하기도 하고 심드렁해하던 직원들이 박스아트가 폭발적 반응을 불러일으켜 매출을 올리자 서로 마음의 문을 열고 함께 작업하기 시작했다. 이러한 노력으로 두 회사는 반목을 극복하고 크라운해태라는 하나의 회사로 거듭났다.

윤영달 회장은 IMF 당시의 위기는 지나친 자신감이 발단이 되었다고 생각한다. 공격적인 투자와 혁신으로 성과를 올렸지만 뜻하지 않은 위기로 곤경에 처했다. 주거래 은행에서 경영권 포기 각서를 요구해왔을 때 그는 각서를 책상 유리판 밑에 넣어두고 매일 바라보면서 이를 악물었다. 그리고 뼈를 깎는 과정을 통해 법정 화의를 졸업하던 날 그 각서를 치워버렸다. 위기를 극복하는 과정에서 그의 마음속에는 '목계지덕木鷄之德'[18]의 교훈이 자리 잡았다. 그것은 어떤 상황에서도 절대 교만하지 않고 자기감정에 휘둘리지 않으며 평상심을 잃지 않겠다는 깨달음이었다.

18)《장자》〈달생편〉 싸움닭의 우화에 나오는 이야기. 최고의 싸움닭은 나무로 만든 닭처럼 주위에서 아무리 난리를 쳐도 겸손과 여유로움, 근접할 수 없는 카리스마로 상대방을 제압한다는 고사에서 유래한 말.

예술가의 시대가 오고 있다

크라운제과가 화의를 신청한 후 윤영달 회장은 죄인이 된 듯한 참담한 심정으로 북한산에 올랐다. 북한산에 올라 바위에서 쉬고 있을 때 한 줄기 대금 소리가 그의 내면세계를 뒤흔들었다. 회사를 살려야 한다는 압박감과 열망을 뚫고 들어온 대금 소리는 그의 심금을 울리며 마음을 깨끗이 씻어주었다. 분노와 미움으로 불타던 마음이 조금씩 가라앉았다. 오랜만에 영혼이 맑아지는 느낌을 받았다.

대금이 무엇인지도 몰랐던 그는 그때부터 대금 연주자를 섭외해 대금을 배우기 시작했고, 대금 실력이 쉽게 늘지 않자 단소로 바꿔 연습을 이어나갔다. 이것이 그가 지금까지 아트 경영을 지속하게 된 시발점이다.

'아트 경영'은 '윤영달 경영'의 또 다른 이름이라고 할 정도로 그가 오래도록 쌓아 이룩해 놓은 성과이다. '아트 경영'을 'AQ 경영'이라고도 하는데, 여기서 AQ는 예술가적 지수Artistic Quotient를 말한다.

> "예술은 우리 삶에서 공기와 같은 존재로 자리하고 있습니다. 우리가 평소에 공기를 느끼지 못하듯 우리는 예술을 느끼지 못하고 있지만 정작 예술 없이는 살 수 없는 것이 바로 인간입니다."

윤영달 회장은, 우리가 먹는 과자는 단순히 달콤한 간식거리가 아니라 추억과 꿈과 분위기와 정과 사랑이 담긴 어떤 것이 될 때 좋은 과자가 된다고 강조한다. 그러기 위해서는 원재료를 좋게 하고 품질을 높이는 것뿐만 아니라 감성을 입혀 고객을 만족시켜야 한다고 주장한다. 여기서 감성을 입히는 작업이 바로 예술이다.

지금 시대의 고객은 기업이 고도의 감성을 갖추고 고객에게 다가올 것을 요구하는데, 그러한 고객의 니즈를 충족시키기 위해서는 예술에 대한 단순한 감상을 넘어 기업이 예술가가 되어야 한다고 주장한다. 고객과 시장이 달라졌으므로 기업도 세계를 다르게 바라볼 때가 되었다는 것이다. 이제 기술의 시대를 넘어 예술가의 시대라는 것이다. 그래서 그는 크라운해태제과를 예술가 집단으로 만들기 위해 노력하고 있다. 전 직원이 예술가, 또는 창조자가 되어 과자를 만드는 단순한 기능인에서 벗어나길 바란다.

예술가가 되기 위해서는 자기 내면의 예술 지성을 깨워야 하는데, 그러려면 직접 무언가를 만들고 경험하고 몸으로 부딪치는 다양한 예술적 체험이 필요하다고 강조한다. 이를 위해 크라운해태제과 직원들은 예술을 배우고 익히고 발표하는 활동을 활발하게 하고 있다.

윤영달 회장은 여러 방향으로 아트 경영을 펼치고 있다. 경영에서뿐만 아니라 예술가들을 지원하여 다양한 예술 공연으로 일반인들의 AQ를 높이는 데도 일조하고 있다.

"삶 자체가 예술인데 그걸 몰랐습니다. 과자를 팔려고 하면 더더욱 필요한 것이 예술입니다. 특히 우리 고객의 삶을 위해서 절대적으로 필요합니다. 거기에 뭔가 역할을 담당하고 싶어서 예술가들을 지원하게 되었습니다."

대중들 역시 AQ를 높여야 예술가들과의 거리를 좁힐 수 있다. 그러기 위해 기업에서 예술가들의 창작 활동을 도와 대중들이 많이 보고 듣고 느낄 수 있도록 해야 한다는 것이다.

그는 전통 국악과 조각 분야를 오랫동안 적극적으로 지원해 왔다. 민간 기업인으로서 최초로 국악관현악단인 '락음국악단'을 창단해 운영하고 있으며 '영재국악회'를 만들어 국악 영재 발굴에도 열정을 쏟고 있다. 국내 유명 국악 명인들이 참석하는 '대보름명인전'이나 국내 최대 국악 공연인 '창신제'도 매해 개최하고 있다.

윤영달 회장(2012년 창신제 도창)

조각 분야 지원에도 열심이다. 서울오픈아트페어 조직위원장, 서울국제조각페스타 조직위원장을 역임하며 매해 조각 전시회를 열어 조각이 대중의 문화 속으로 다가가는 데 중추적 역할을 담당하고 있다. 그의 이러한 노력으로 2010년 코리아씨이오서밋 문화경영대상을 수상하였고, 2011년 전 세계에서 매년 열세 명만 선정하는 몽블랑 문화예술후원자상을 수상했으며, 2016년에는 문화 예술 진흥에 이바지한 인물에게 수여하는 한국메세나협의회 메세나인상을 수상했다.

윤영달 회장은 미래 세대를 위해서도 AQ를 높여줄 다양한 문화 교육 및 복지 서비스를 제공해야 한다는 생각이다. 무엇보다 국가적 차원에서 순수 문학과 음악, 미술 등의 예술 관련 분야에 과감하게 투자해 인프라와 생태계를 구축해 놓아야 한다고 강조한다. 고도의 AQ를 가진 인재들이 많아질 때 대한민국의 미래도 밝아지기 때문이란다.

"소비 촉진에 골몰하는 마케팅이 아니라 고객이 자사의 제품을 통해 창조적 체험을 누릴 기회를 제공하라."는 그의 말은 다양성의 시대에 매우 설득력 있게 들린다.

과자에 예술적 감성과 영혼을 담아라

윤영달 회장을 만났던 크라운해태제과 연수원 곳곳에는 실내외 할 것 없이 조각품으로 가득했다. 눈길 돌리는 곳마다 아름다운 조각들과 미술품이 자리를 차지하고 있었다. 로비에는 궁중 제례악에서나 볼 수 있는 편경과 편종, 거대한 북이 중후하면서도 화려한 기품을 자랑하고 있었다. 손길 닿는 곳, 눈길 닿는 곳마다 저마다의 멋을 자랑하는 크고 작은 조각품들을 보는 재미가 무척 쏠쏠했다. 많은 미술 작품을 보며 윤영달 회장이 얼마나 예술을 사랑하는지 피부로 느낄 수 있었다.

윤영달 회장은 임직원들의 AQ 지수를 높이기 위해 경영에서 다양한 방법을 모색했다. 음악에서는 국악, 미술에서는 조각, 문학에서는 시를 대상으로 물질적 정신적 지원을 아끼지 않았다. 크라운해태제과 순이익의 10% 이상이 각종 AQ 관련 프로젝트에 투입될 정도로 적극적이다. 그 때문에 무수한 비판과 비난을 받기도 했지만 이러한 활동들이 문화 예술의 발전에 기여하며 매출 증대로 이어지고 있어 크라운해태제과의 아트 경영은 지속될 전망이다.

크라운해태제과의 대표적 국악 행사 중의 하나가 '창신제創新祭'이다. 2003년 크라운제과는 법정 화의를 종료하고 대규모 회사 설립 기념 행사를 하려 했다. 그러나 '화려하고 요란한 행사보다 결속과 비전 공유가 중요하다'는 영업점 점주들의 충고를 받아들여 유통 점주들과 몇몇 VIP 고객만 초청해 조촐한 국악 공연을 진행하게 되었다. 처음 국악 행사를 할 때는 내부 반발이 많았지만 행사 후 점주들의 반응이 좋고, 영업적인 면에서도 도움을 받아 행사를 업그레이드시킨 것이 '창신제'로 자리 잡았다. 창신제는 민간 기업체가 주최하는 최초의 국악 공연이었고, 지금은 국악 부문에서 최대 규모의 행사가 되었다.

2004년부터 지금까지 이어지고 있는 이 행사는 명창들의 국악 공연과 서양 클래식 음악, 대중가요 등을 선보이는 무대이다. 국악 명인과 국악 신인이 한 무대에 서는 매우 의미 있는 공연이기도 하다.

2012년 창신제에서는 크라운해태 구성원들이 1년여의 준비 과정을 거쳐 3,500명의 관중 앞에서 '떼창'을 선보였다. 영업직, 생산직, 사무직까지 100명의 임직원들이 세종문화회관 대극장 무대에 올라 판소리 사철가를 떼창으로 불러 관심을 모았다. 이때 윤영달 회장이 도창導唱[19]을 했다. 100명의 임직원이 옥빛 한복을 똑같이 차려입고 북을 치며 사철가를 불렀는데, 전문 국악인 못지않은 실력을 보여주었다. 이 행사는 '판소리 사철가 떼창'으로 한국 기록원의 공식 기록으로 인증받았고, 세계 기록 인증 기관인 '월드레코드아카데미'로부터 판소리 부문 세계 최대

19) 국악에서 선창하거나 함께 부르면서 노래를 바르게 이끌어 가는 사람.

인원 동시 공연으로도 공식 인증받았다.

또한 크라운해태제과에서는 몇몇 국악 단체도 꾸준히 지원하고 있다. 대표적으로 2007년 창단한 국내 최초의 민간 국악단인 '락음국악단'이 있고, 국악계 최고 명인들로 구성된 '양주풍류악회(2010)'가 있다. 그 외에도 '한민족악회(2013)', '동락연희단(2013)'이 있다. 이들은 정기 연주회를 열기도 하고 여러 국악 행사에서 역할을 담당하기도 한다. 이들이 점주들의 영업장에서 공연을 해주면 크라운해태제과 제품의 진열 위치가 달라질 정도로 호응을 얻고 있다고 한다.

락음국악단은 2017년까지 한국은 물론 해외에서 1,500회가 넘는 공연을 했고, 해마다 150회가량의 공연을 하며 누적 관객수 40만 명을 넘겼다. 그리고 양주풍류악회는 화려한 경력과 실력으로 다져진 명인들로 구성되어 2010년부터 '대보름 명인전'을 열고 있다.

크라운해태제과는, 2017년에는 서울시와 남산국악당 활성화를 위한 업무 협약을 체결하고 남산국악당의 노후한 설비를 교체하는 데 큰 도움을 주었다. 덕분에 남산국악당은 전 세계 어디에 내놔도 손색없는 설비와 조명을 갖추어 한국 국악계의 발전에 중요한 역할을 담당하게 되었다.

국악 영재를 모아 공연을 펼치는 '영재국악회'는 2015년에 시작되어 지금까지 122회의 공연을 열었다. 윤영달 회장은 특히 영재국악회에 많은 애정을 갖고 있다. 유치원생부터 초등 6학년까지의 아이들을 대상으로 경연을 펼쳐 회원을 선발하는데, 나이는 어리지만 무대 매너가 뛰어나고 실력이 우수해 그들이 실력 발휘를 맘껏 할 수 있도록 물심양면으로 지원하고 있다. 점점 영재국악회에 들어오려는 아이들이 늘어 앞으로는 4학년까지로 제한할 생각이다.

영재국악회도 초창기에는 어려움이 많았다. 뛰어난 실력을 가진 아이들이지만 어린이라는 이유로 대관을 거절당하는 경우가 속출해 윤영달 회장은 락음국악단과 영재국악회를 묶어 공연하는 방식으로 대관을 하기도 했다. 하지만 일단 공연을 본 사람들은 그 실력에 놀라 어리다고 대관해주지 않는 일은 이제 없다고 한다. 지금은 코로나로 잠시 쉬고 있지만 코로나 전까지는 매주 일요일 오후 3시에 남산국악당 크라운해태홀에서 영재국악회를 열었다. 영재국악회는 이제 점점 알려져서 학교마다 국악팀이 생기게 하는 등 국악 저변을 넓히는 데 기여하고 있다.

> "국악하는 아이들을 뽑아서 끌어주는 사람은 많지 않습니다. 저희는 선발뿐만 아니라 이런 아이들을 양성하는 것이 목표입니다. 나중에는 국악을 좀 한다는 아이들이 모두 영재국악원 출신이 되도록 만들고 싶습니다. 지금도 국악 영재들이 이곳을 거쳐 갑니다. 아이들이 이곳에서 발전하는 모습이 보입니다. 그러나 아직 가야 할 길이 멉니다. 앞으로 이 아이들이 마음껏 공연할 수 있도록 극장을 하나 짓는 게 꿈입니다."

크라운해태제과의 국악 공연은 공연으로서만 끝나는 것이 아니라 영업과 마케팅에도 접목하고 있다. 크라운해태제과의 고객인 점주들을 위해 과자 외에 부가 서비스로 공연을 제공함으로써 점주들의 사업장에 고객을 불러 모아 매출 상승을 일으키고 있다. 이러한 국악 공연들로 크라운해태제과는 1년에만 백만 단위의 고객을 끌어 모은다. 창신제는 하루에만 2만 명가량, 아리랑페스티벌은 한 번에 10만 명의 고객을 불러 모으니 그 마케팅 효과는 작다고 할 수 없다. 그래서 크라운해태제과는 별도로 광고비를 쓰지 않는다.

코로나로 공연이 잠시 쉬는 틈을 타 현재는 '국악 동요 프로젝트'를 진행 중이다. 30여 곡의 국악 동요를 만들어 각 학교에 보급해 우리 어린이들에게 우리 전통의 가락을 선보일 생각이다.

경기도 양주시에는 100만 평 규모의 크라운해태 연수원 부지가 있다. 골프장으로 개발해보라는 주위의 권유를 뿌리치고 누구나 찾아와 예술을 즐길 수 있는 복합 문화 공간으로 만들었다. 이것이 지금의 '아트밸리'이다. 아트밸리를 조성하기 위한 첫 단계로 주변의 모텔을 매입해 미술가들을 위한 공간으로 제공했다. 처음에는 화가와 조각가들을 함께 지원했는데 현재는 조각가들만 '크라운해태 창작 스튜디오'에 거주하면서 작품 활동을 하고 있다.

윤영달 회장은 과자가 가진 조형성에 주목하며 조각을 경영에 적극 도입했다. 그는 창의력은 손끝에서부터 시작되며 체험에서 나온다고 생각한다. 그래서 2004년부터 직원들에게 다양한 조각 체험을 시키면서 직원 내부의 창조 본능을 일깨우고 있다. 그 덕분에 크라운해태제과 직원들은 직접 다양한 조각을 체험하고 있다.

크라운해태제과가 야심차게 기획해 진행하는 조각 전시회로, 지금까지 45회까지 진행된 '견생전'이 있다. 견생전은 2017년 서울 세브란스

병원 어린이 병동과 암 병동에서 환자들에게 삶의 의지를 북돋우기 위해 조각전을 열었던 것이 계기가 되어 지금까지 이어졌다. '보면 생명이 생긴다'는 뜻으로 '견생전見生展'이라고 했으나 '견생전'에는 조각가를 지원하려는 윤영달 회장의 또 다른 바람도 숨어 있다. 한국 조각계가 처한 열악한 현실에서 그들에게 물질적으로 도움을 주고자, 조각품들이 많이 팔리기를 바라는 마음을 담았다. 견생전은 다른 의미에서 아름다운 작품을 보고 견물생심見物生心이 생기도록 한다는 뜻이다. 생명력을 불어넣기 위한 작은 전시회에서 출발한 견생전이 지금은 관객들의 호응 속에 공공기관 청사와 공원 등 다양한 곳에서 열리는 정기적인 행사가 되었다.

2016년에 서울 시청 앞 광장에서 전시회를 가질 때만 해도 견생전은 푸대접을 받았다. 관객들의 반응은 좋았지만 다른 사회단체에 쫓겨나 할 수 없이 다른 장소를 물색해야 했다. 그때 찾은 것이 구청마다 있는 공원들이었다. 구로구, 종로구, 노원구순으로 무료로 견생전을 열며 처음에는 음료수 한 잔 못 얻어먹는 신세였지만, 구민들의 좋은 반응 속에 점점 작품비를 내놓는 곳이 하나둘 생겨났다. 나중에는 차츰 입소문을 타 지방에서까지 전시회 요청을 받게 되었다.

전시회 때 받는 작품비는 모두 작가들에게 나누어 주었다. 작가들이 수개월 동안 작업해서 다시 수개월 동안 전시하는 데 드는 비용에 비하면 턱없이 적은 금액이지만 전시회를 함으로써 대중의 관심을 불러 모아 작가들의 창작 욕구를 높이고 있다. 그러다 뜻하지 않은 코로나 사태로 견생전을 할 수 없게 되자 윤영달 회장은 '드라이브 스루drive-thru 코로나 바이러스 검사' 방법에서 아이디어를 얻어, 지금은 '드라이브 스루 견생

작품전'으로 이어가고 있다. 조각전에 대한 반응이 좋아질수록 후원사인 크라운해태제과의 기업 이미지도 향상되고 있다.

크라운해태제과에서는 조각가들만 작품을 만드는 것이 아니다. 직원들도 조각에 직접 참여한다. 회사 내의 전문 조각가들의 도움을 받아 직원들이 직접 작품을 창작해 아트밸리에 전시하고 있다. 이제는 직원들의 조각 실력이 늘어 기존 작가 못지않은 작품들이 아트밸리를 찾는 사람들의 주목을 받고 있다. 윤영달 회장은 직원들의 작품이 작가들 것보다 나은 것도 많다며 흐뭇해했다.

직원들은 또한 '한여름 밤의 눈 조각전'을 열어 시민들에게 시원한 여름을 선물하고 있다. '한여름 밤의 눈 조각전'은 20여 년 전 강원도 태백시로 현장 시찰을 다녀오던 중 폭설을 만나는 바람에 시작된 일이다. 점주의 상점을 위해 눈을 치워주다가 좀 더 재미있는 방법은 없을까 고민하던 중 눈으로 작품을 만들어 상점 앞에 전시해주면서 시작되었다. 물론 눈 조각의 반응은 좋았다. 그 이후 윤영달 회장은 2014년부터 경기북부 최대 겨울 축제인 '양주 눈꽃 축제'를 열고, 임직원과 조각가들이 눈 조각 작품을 현장에서 만들어 전시하도록 했다.

천 개가 넘는 눈 조각 작품 중 우수작을 선정해 매년 직원 100여 명을 일본 삿포로 눈축제, 중국 하얼빈 빙등 축제 등으로 보내 세계 각국의 눈 조각과 얼음 조각을 보고 오게 했다. 그리하여 2017년에는 직원들이 1년 동안 준비해 서울 광화문 광장에서 대규모 눈 조각전을 열어 시민들의 큰 호응을 얻었다. 임직원 600명이 만든 300개의 눈 조각이 전시되어 그 일대의 온도를 4도가량 떨어뜨렸다고 한다. 이날의 행사는 세계 첫 대규모 여름철 눈 조각 전시회로 세계 기네스 기록에도 올랐다. 눈 조각전은 해마다 개최되었지만, 지금은 견생전을 할 때 눈 조각 몇 개를 함께 전시하고 있는 정도이다.

크라운해태제과 직원들의 '박스아트'도 유명하다. '박스아트'란 버려지는 과자 상자로 조형물을 만드는 것이다. 박스아트 작품은 매장에서 고객의 관심을 한몸에 받아 매출 상승을 일으키는 중요한 역할을 담당했다.

박스아트의 시초는 '오예스 장미 프로젝트'였다. '오예스' 포장 상자 뒷면에 심명보 작가의 장미 그림 '패션 포 뉴 밀레니엄Passion for New Millennium'을 1/3씩 인쇄해 3개의 제품을 잇달아 진열하면 하나의 작품이 완성되도록 한 것이다. 심명보 작가의 장미 작품은 1,999송이 작은 장미로 한 송이의 대형 장미를 구성한 작품540×235cm이다. 그것을 대형 마트나 소매점에 설치 미술처럼 전시해 놓으니 수천 송이의 장미가 장관을 이루었다. 당시 '오예스'의 매출은 30%가 늘었다.

크라운해태제과 직원들은 시도 잘 짓는다. 2005년 해태제과 인수 이후 양사의 화학적 결합을 위해 수요일 아침마다 크라운과 해태의 간부급을 모아 '모닝아카데미'를 열었다. 동문수학하면서 유대관계를 가지라는 의미에서였다. 여러 해 동안 다방면의 전문가를 초청해 강의를 듣다가 어느 순간부터 시인들을 초청하기 시작했고, 그 이후로 직원들도 시작詩作 활동을 하기 시작했다. 거의 일주일에 한 편씩 시를 써냈다. 우수한 시들은 시집으로도 출간했는데, 벌써 여러 권의 시집이 나왔다. 윤영달 회장은 매우 우수한 작품들이 많아 어떨 땐 전문 시인이 쓴 게 아닌가 의심이 들 정도라고 극찬했다.

> "문학적 소양이 없다고 단정 짓지 말아야 합니다. 계속하다 보면 실력이 늡니다. 처음부터 시인인 사람이 어디 있고, 처음부터 미술가인 사람이 어디 있겠습니까? 우리가 천재처럼 할 게 아닌 이상 누구든 노력하면 실력이 늡니다."

크라운해태제과에서는 술자리에서도 시로 건배 제의를 한다고 한다. 시를 배운 이후 카피 문구가 달라졌을 정도로 변화를 느낀다는 윤 회장은 이렇듯 직원들이 예술가로 거듭나 과자에도 예술적 감성이 자연스럽게 녹아들기 바란다. 또한 일하랴 예술하랴 직원들이 바쁠지 모르지만, 회사를 위해 자신을 위해, 나아가 고객 만족을 위해 집중하고 정진해야 한다고 말한다.

과자의 본질은 기쁨이다

테이블 위에 놓인 탐스럽고 예쁜 과자집 한 채가 눈에 들어왔다. 이것이 무엇이냐고 여쭈었더니 윤영달 회장은 코로나를 맞아 많이 팔리는 과자집 키트 제품이라고 한다. 설명서대로 과자를 물엿으로 붙이면 동화 속에나 나올 법한 과자집이 된다는 것이다. 육면체에 삼각뿔을 올리고, 그 위에 물엿으로 과자를 붙이고 초콜릿으로 그림을 그리면 완성되는 이 제품은 어른인 필자의 동심까지 자극할 정도로 탐스러웠다.

윤영달 회장은 이제 과자는 단순히 먹기만 하는 것이 아니라 과자로 조형을 배울 수 있다고 설명한다. 집을 지으면서 집의 구조도 익히고 맛있는 과자도 먹고 창의성도 키우는 일석삼조의 역할을 할 수 있다는 것이다. 이 제품은 출시된 지 15년이 넘었지만 재미를 못 보다가 이번 코로나 사태로 집콕 생활을 하는 아이들이 늘면서 큰 히트를 쳤다고 한다. 너무 바빠서 윤영달 회장까지 포장 작업을 하고 있다며 호탕하게 웃는다. 앞으로 공룡이나 자동차, 로봇, 동물 시리즈 같은 제품도 출시할 예정이라고 한다. 과자를 교구화한다면 재미있고, 예쁘고, 안전해서 아이들도 무척 좋아할 것 같았다.

크라운해태제과에는 국민 과자로 불릴 만한 스테디셀러가 많다. 우선 한국형 시리얼의 시초인 죠리퐁은 그가 미국에서 유학할 당시 시리얼을 보고 만든 제품이다. 한국 자체 기술력으로 시리얼을 생산하기 어려워 시리얼을 대신할 수 있는 재료가 없을까 고민하던 중 뻥튀기를 떠올렸다. 그는 곡물을 뻥튀기하면 시리얼과 유사한 형태를 만들 수 있겠다는 생각으로 제품 개발에 돌입했다. 여러 번의 시행착오 끝에 질감과 맛에서 가장 뛰어난 밀쌀이라는 원재료를 찾아내고 건조기까지 발명해 과자를 만들었지만, 출시 후 시장 반응은 기대 이하였다. 다행히 용산에 거주하는 미군들과 외국인들에게는 인기가 많았다. 죠리퐁은 미국인에게 열광적 인기를 얻은 다음부터 유명세를 타기 시작해 도매상들이 크라운제과 공장에 줄을 서야 할 정도로 인기 상품이 되었다.

버터와플은 그가 크라운제과 대표이사로 복귀한 후 만들었다. 과자 생산을 위해 큰 비용으로 네덜란드에서 기계를 수입했지만 기계 결함으로 많은 어려움을 겪었다. 버너를 바꿔 끼우고 콘트롤 시스템을 교체하는 우여곡절을 겪고 난 뒤에야 비로소 과자를 생산했지만, 생산한 뒤에는 너무 딱딱해서 팔리지 않겠다는 걱정을 들었다. 하지만 윤영달 회장은 '과자의 귀족'이라는 슬로건 아래 우유와 버터의 양을 파격적으로 늘려 고소함을 살리고, 유통기한도 단축해 신선함을 유지하도록 했다. 유통기한 3개월이 지난 제품은 과감하게 모두 폐기했다. 그렇게 생산한 버터와플은 타사 제품보다 뛰어난 품질로 지금까지 인기 상품으로 자리잡았다.

아이비 비스킷은 밀가루 반죽이 숙성되는 동안 모차르트, 바흐 등의 클래식 음악을 들려주고, 맛동산은 유산균이 첨가된 반죽을 숙성시키는 동안 '수제천' 같은 다양한 국악을 들려주어 효모의 움직임을 촉진하고 있다. 이러한 공법을 '음악 숙성 촉진법'이라고 하는데, 우리가 평소 즐겨 먹는 과자들의 보이지 않는 곳에서 예술이 이렇게 역할을 하고 있다는 것은 아마 알지 못했을 것이다.

허니버터칩은 2014년 열풍을 불러일으킨 과자다. 감자칩은 짜다는 불문율을 깨고 달콤한 감자칩을 만들어 출시하자마자 대단한 인기를 끌었다. 출시 100일 만에 매출 50억 원을 달성했고, 중고 사이트에서 정가의 세 배 가격에 거래되는 희귀한 장면을 연출하기도 했다. 당시 허니버터칩은 품귀 현상을 보이며 장안의 화제였다.

윤영달 회장은 과자가 비만과 아토피의 원인으로 지목되는 현실을 타개하기 위해 고민하고 있다. 이대로 가다가는 몇십 년 후에는 과자 산업이 없어질지도 모른다는 위기의식을 느끼고 있다. 그는 "과자를 입으로 먹는 시대는 갔다. 과자는 추억이 담긴 콘텐츠다."라고 주장하며 과자 산업을 '꿈과 행복을 파는 일'로 새롭게 규정하고자 한다. 아이들의 꿈을 찾아주는 과자, 느끼고 즐기는 과자를 만들겠다는 것이다. 이것은 그가 아트 경영을 적극적으로 했던 이유이기도 하다.

앞으로 크라운해태제과는 아트 경영을 기반으로 발상의 전환이나 기발한 상상력이 가미된 다양한 제품을 추구할 계획이다. 한국인의 애송시를 새긴 비스킷이나 초콜릿, 에르메스나 루이비통같이 원가를 따지지 않고 지갑을 열게 만드는 명품 과자, 질병을 개선하거나 예방해주는 기능성 과자 등이 그 예일 수 있다.

윤영달 회장은 여전히 꿈 부자이다.

"인제 나이를 먹으니까 꿈이 없으면 안 되겠더라고요. 그래서 계속 꿈을 만듭니다. 나이 먹었다고 끝났다고 하면 진짜 끝나버립니다. 끝이 어디 있습니까, 계속 꿈이 있는데. 내 욕심 같지만 저는 꿈을 가지려고 노력합니다. 젊은이들에게도 꿈을 가지라고 말하고 싶어요. 꿈이 있었기에 제가 여기까지 오지 않았나 생각합니다."

그의 꿈은 사방에 맺혀 있다. 사회에 기여하는 꿈, 견생전을 잘 발전시켜 조각가들에게 좋은 환경을 만들어주는 꿈, 영재국악회를 통해 국악 영재를 키우는 꿈, 아트밸리 일대를 중심으로 조각가들과 국악인들이 모여 재능을 최대한 발휘할 수 있도록 하는 시스템을 만드는 꿈….

그리고 그의 꿈 중에는 '조각 작품 세컨더리 마켓'도 있다. 이것은 조각 전시회를 하면서 그에게 떠오른 아이디어이다. 조각 작품을 사서 싫증이 날 수도 있고, 더 좋은 것을 사 와서 기존에 있던 작품이 천덕꾸러기가 될 수 있는데, 이때 조각 작품 시장이 있다면 그것들을 시장에 전시하면서 팔 수 있어서 고가의 작품이 방치되거나 버려지는 일이 없어진다는 것이다. 아트 페어나 갤러리에서는 중고품을 취급하지 않으니 벼룩시장 같은 조각품 시장을 만들어 공간만 제공한다면 중고 조각품에 또 다른 생명력을 불어넣을 수 있다는 것이다. 큰돈을 버는 사업은 아니지만 미술 시장에 기여하는 의미 있는 사업이 될 것이라고 말한다.

그는 손주 사랑이 지극한 할아버지다. 크라운해태제과에서 과자를 만들면 손주에게 먹여보고 맛을 평가받는다. 손주야말로 맛없는 것을 '맛없다'고 냉정하게 평가해주는 사람이라고 한다. 손주와 함께 먹는 과자이기 때문에 절대 함부로 만들 수 없다고 한다. 지금은 경영에서 한발 물러난 상태지만 변함없이 한 봉지의 추억, 한 입 한 입의 기쁨을 위해 그는 아트 경영에 열정을 쏟고 있다. 그의 바람처럼 과자가 또 다른 형태로 아이들의 기쁨이 되고 꿈이 되는 그날이 오길 바란다.

참고문헌

- 《과자는 마음이다》 윤영달, 지에이북스, 2018.
- 《AQ 예술지능》 윤영달, 이아소, 2014.
- [CEO 성공스토리] '재계가 인정하는 '아트경영인' 크라운해태제과 윤영달 회장', 강현숙 기자, 2012. 7. 1.
- '윤영달 회장, 사고방식을 바꿔 스스로 개조하라', 이필재 인터뷰 대기자, 2017. 11. 16.

유튜브

- Crowdfunding100 '당신에게 예술은 무엇입니까? 한국메세나협의회 부회장 윤영달 편', 2013. 2. 15.
- '당신에게 예술은 무엇입니까? 한국메세나협의회 부회장 윤영달 편' Crowdfunding 100, 2013.
- EBS CEO Lecture '고객을 행복하게 하는 감성 경영'-윤영달, 2008. 5. 15.
- '왕종근의 초대-아트 경영 윤영달', 광주 MBC, 2009.

9인의
경영 구루에게
듣다
헤르메스
CEO

창조 경영의
아이콘

이승한(넥스트앤파트너스그룹 회장)

현)
- 넥스트앤파트너스(Next&Partners) 회장
- 숙명여자대학교 재단 이사장

전)
- 삼성물산 유통부문 대표이사
- 삼성테스코 홈플러스 대표이사 사장
- KMA 한국능률협회 전략경영위원회 위원장
- 서울상공회의소 비상근부회장
- 대한상공회의소 부회장
- 유엔글로벌콤팩트 한국협회 회장
- 가족친화포럼 공동대표
- 홈플러스 그룹 회장

- 한국능률협회 고객만족경영대상 최고경영자상(2001)
- 품질경영 최고경영자상(2002)
- 한국능률협회 녹색경영대상 최고경영자상(2004)
- 한국표준협회 회장상(2007)
- 제5회 서울정책인대상 대상(2007)
- 코리아씨이오서밋 창조경영대상(2008)
- 대영제국 커맨더 훈장(2008)
- 한국서비스대상 최고경영자상(2009)
- 글로벌 CEO 대상(2009)
- 국민훈장 동백장(2010)
- 제10회 자랑스러운 한국인 대상 경영혁신부문(2010)
- 제9회 한국윤리경영대상 최고윤리경영인 부문(2011)
- 대한민국 좋은 기업 최고경영자상(2012)
- 제19회 BPW 골드 어워드(2013)
- 월드 리테일 콩그레스 아시아퍼시픽 평생업적상(2015)

선릉역 골목에선 문화의 향기가 난다

선릉역 5번 출구 아남타워 뒤쪽에선 빵 냄새와 커피 향을 품은 문화의 향기가 흐른다. 향기를 따라가 다다른 이곳, 문을 열고 들어서면 드라마 속 주인공이 된 듯한 착각을 불러일으키는 이곳은 바로 '북쌔즈Booksays'이다.

"이곳은 북카페가 아닙니다. 복합 문화 공간입니다."

이 공간의 주인장은 여기가 '복합 문화 공간'임을 강조한다.

이곳은 알고 보면 아주 특별한 곳이다. 이곳 주인은 유통업계 꼴찌의 홈플러스를 업계 2위까지 끌어올리며 샐러리맨의 성공 신화를 만들어낸 이승한 회장이다. 창조 경영의 대가라는 그의 명성에 걸맞게 그는 기존에 없던 새로운 창조의 공간을 만들어냈다. 우리가 흔히 말하는 '북카페'라는 용어로는 이 공간을 다 담아내지 못한다.

세련되고 품격 있는 널찍한 홀에는 언뜻 보면 카페와 서점이 조화를 이루고 있다. 그러나 조금만 더 들여다보면 높은 천장, 잘 갖추어진 조명과 음향 시설, 그랜드 피아노가 눈에 들어오며 이곳이 단순한 쉼의 공간이 아니라는 것을 알게 된다. 이승한 회장은 기획과 설계, 인테리어까지 전 과정에 참여하여 공간 곳곳에 그만의 의미와 스토리를 담으며 정성을 쏟았다.

복합문화공간 북쌔즈

1층에는 카페와 홀, 서점, 잠수함 라운지가 있고, 2층에는 멤버십 라이브러리와 발코니, 우주선 라운지가 있다. 1층 잠수함 라운지와 2층 우주선 라운지에는 이승한 회장의 어린 시절 꿈이 담겨 있어 찾아오는 손님의 동심을 자극했다. 잠수함과 우주선처럼 꾸며진 내부에서 지인들과 커피를 마시며 오순도순 담소를 나누노라면 마음속 깊은 이야기까지 다 풀어낼 것만 같은 공간이었다. 주인장의 이야기가 가득한 공간은 그것을 돌아보는 손님에게도 특별한 기억으로 저장되었다.

1층 서점에는 '미래'라는 큰 주제를 담은 다양한 분야의 책이 총 1천여 권가량 비치되어 있다. 서점 옆 카페에서는 천연 효모 빵과 최고급 커피로 고객들에게 건강과 맛을 제공한다. 필자는 '깨 못난 쿠키'라는 작은 쿠키가 기억에 남는다. '깨 못난 쿠키'란 이름은 이승한 회장이 붙인 이름인데, 깨가 박힌 고소한 풍미의 쿠키는 이름처럼 못생겼지만 꽤나 맛이 있었다.

이곳은 여섯 가지 복합 목적을 수행할 수 있도록 설계되었다. 서점, 카페와 베이커리, 콘서트 공연, 강연 교육, 비즈 미팅, 방송 촬영이 모두 가능하다. 그만큼 음향이나 조명 등과 같은 시설을 잘 갖추어 놓았다는 뜻이다. 여기 조명은 예술의 전당 조명을 맡았던 전문 기술자가 설계했다. 조명뿐만 아니라 음향 시설도 콘서트홀에나 있을 법한 대형 음향 시설을 갖춰 실내악 공연, 클래식 토크 콘서트, 비즈 인문학 강의 등 다양한 행사를 하기에 손색이 없다. 마에스트로 금난새 씨가 몇 차례 여기서 실내악 공연을 했고, 영국의 유명 성악가 폴 포츠도 이곳에서 노래를 불렀을 정도라니 이승한 회장이 얼마나 이 공간에 공을 들였는지 짐작할 수 있다. 국내는 물론 해외에도 이와 같은 기능을 모두 갖춘 곳은 없다고 한다.

코로나로 지금은 잠시 멈춘 상태지만 그동안 여기서 여러 차례 강의나 교육도 이루어졌다. 전 서강대 철학과 교수이자 현재 건명원 원장인 최진석 교수, 전 연세대 철학과 김형철 교수, 카이스트 김대식 교수, 카이스트 정재승 교수, 포노사피엔스의 최재붕 교수, 최재천 이화여대 석좌교수, 설민석 씨 등 철학과 역사, 과학 등 일반인들이 쉽게 접하기 어려운 명강사들을 초빙해 강연회를 개최했다. 최진석 교수의 인생 강의도 정례적으로 열었다.

한때 삼성그룹과 홈플러스에서 수많은 경영 신화를 써 내려갔던 이승한 회장이 선릉역 근처 골목길에 이토록 정성을 들인 이유는 무엇일까?

"직장인들, 일반 직장의 리더들, 개인 사업을 하는 사람들은 많은 돈과 시간을 할애해서 고급문화를 체험하거나 강연을 들으러 다니기 어렵거든요. 그런 사람들이 여기 와서 커피를 마시면서 적은 비용으로 그런 것들을 체험할 수 있는 것이죠. 북쌔즈는 사람들이 모인 곳으로 공연장을 가져온 형태입니다. 이웃의 개념입니다. 친근한 이웃의 문화적인 공간입니다. 유럽 여러 곳에서는 지역별로 이런 형태의 공연장이 많지만 국내에서는 찾아보기 어려운 실정입니다. 이곳은 인근 직장인만 4만여 명에 달하지만 문화 활동을 즐길 수 있는 곳이 거의 없습니다. 가까운 이웃에 이런 공간이 있음으로써 사람들의 라이프 스타일을 바꿔 나갈 수 있는 것이지요."

그는 이런 공간이 우리의 이웃에 확산할 수 있도록 북쌔즈가 작은 불씨가 되길 바란다. 교육, 강연, 공연과 같은 문화 사업을 통해 지속 가능하면서도 이웃에게 도움이 될 수 있는 모델을 만드는 것이 북쌔즈의 사명이라고 한다.

"국민의 의식 수준은 무형의 고정 자산입니다. 우리나라는 유형 자산에 비해 무형 자산은 아직도 빈약합니다. 강남의 뒷거리를 둘러보면 고깃집, 호프집, 편의점 등 모두 엇비슷한 가게들이 되풀이됩니다. 이 골목

어디에 문화적인 시설이 있습니까? 이것은 어머어마한 국부의 부족이 라고 할 수 있습니다. 아쉽게도 우리의 문화적인 품격은 선진국 수준이 라 말할 수 없습니다. 북쌔즈가 잘되면 결국 국부가 창출되는 것이라는 믿음을 갖고 있습니다."

그는 그동안 성공한 CEO로서 명성을 얻었고 세상에서 받은 복이 많다며 수익보다는 좋은 세상을 위해 사회의 연장자로서 선한 영향력을 끼치고 싶단다.

"Every little helps! 지금까지의 인생이 성공의 인생이었다면 이제는 성공보다는 사회에서 받은 것을 어떻게 환원하느냐에 관심을 갖는 의미의 인생을 추구하고 싶습니다."

문화는 골목에서 피어난다는 말이 있듯이 그는 골목 문화야말로 북쌔즈의 지향점이라고 말한다. 갈수록 개인화되고 각박해져 가는 도심 한복판에서 문화를 매개로 한 이웃 간의 네트워크가 형성된다면 이승한 회장의 말처럼 사람들의 문화 품격이 올라가 국가 경쟁력도 덩달아 향상되지 않을까?

"북쌔즈는 하나의 플랫폼이나 플래그 모델이라고 생각합니다. 나 같은 입장의 CEO들이 각 지역 사회에 작은 도움이 될 만한 것들을 하나씩만 만들어준다면 세상 참 좋아지지 않을까요? 가령 이런 것이 전국에 2천 개가 깔린다면 사람들의 라이프 스타일에 다른 각도로 선한 영향력을 발휘하리라 생각합니다."

일흔을 훌쩍 넘긴 나이지만 그는 여전히 이렇게 새로운 일에 도전 중이다. 북쌔즈에 대해 주위에서 적자 보는 것 아니냐는 우려의 시선도 적지 않지만, 그는 이런 사회적 기업이 백 년 이상 유지될 수 있는 모델을 만들기 위해 오늘도 탐색 중이다.

이승한 회장이 의미의 인생에 관심을 가진 지는 아주 오래되었다.

영국 주재원으로 있던 시절, 유치원에서 돌아온 아이가 "친절한 코끼리는 언제나 숙녀에게 자기 자리를 양보한다."는 말을 반복하는 것을 듣고 어릴 때부터 작은 도움을 실천하도록 교육하는 선진국의 모습이 무척 부러웠고, 이상적이라고 생각했다. 그러다 한국에 돌아와 보니 작은 질서조차 지키지 않는 것을 보고 배려와 나눔, 교육을 통해 국민의 의식을 높여나가는 것이 무엇보다 중요하다는 것을 깨달았다.

좀 더 전으로 거슬러 가면 어린 시절 방앗간을 운영하면서 이웃에게 베풂의 정의 나누었던 그의 어머니가 있다. 그의 어머니는 장날이면 찾아오는 손님들에게 무료로 국수를 대접하며 그들이 배고프지 않도록 배려했다. 어머니는 이것저것 계산하지 않고 배곯는 사람의 마음과 사람의 도리를 먼저 생각하는 분이었다. 고아도 한 명 어릴 때부터 도와주어 교회에서 결혼까지 시키는 등 그의 어머니는 포용하고 베푸는 모습으로 자식들의 본이 되었다.

그가 직접 모셨던 이건희 회장의 영향도 빼놓을 수 없다. 이건희 회장은 늘 국가의 미래를 생각하고 걱정하는 분이었다. 한 예로 이승한 회장이 비서실에서 근무할 당시 이건희 회장은 출산율을 걱정해 전국에 탁아소를 설치하려 했다. 그러나 부지를 매입하는 과정에서 부동산 투기가 아니냐는 강한 부정적 여론에 부딪혀 부득이하게 그 사업을 접고 말았다. 이승한 회장은 만일 그때 삼성의 탁아소가 전국에 퍼졌다면 다른 기업들도 동참했을 것이고, 그렇게 되면 육아 문제를 덜어 지금과 같은 급격한 출산율 저하는 오지 않았을 것이라며 아쉬움을 드러냈다.

어린 시절 부모님으로부터, 주재원 시절 영국 문화로부터, 그리고 가장 가까이서 모셨던 이건희 회장으로부터 받은 영향은 오랫동안 그의 가슴에 남아 있었다.

마음속 깊이 내재해 있던 바람은 넥스트앤파트너스Next & Partners 그룹의 바탕이 되었다. N&P 그룹에는 복합 문화 공간 북쌔즈, 별책부록, 무료로 가족 상담을 해주는 UFCi 연합 가족상담연구소, 차세대 리더 양성을 목적으로 하는 EoM 경영연구원이 있다.

UFCi 연합 가족상담연구소는 사회를 이루는 가장 기본 단위인 가족을 치유함으로써 사회를 치유해간다는 목적으로 설립되었는데, 1년에 1,000~1,500여 건을 상담하고 있다. 이곳은 이 회장의 아내이자 가족상담학 교수인 엄정희 교수가 담당하고 있다.

EoM 경영연구원은 소수 정예의 토론식 수업으로 진행하는 차세대 리더 양성 교육원으로 원생들이 자신만의 회사 모델과 리더십을 스스로 구축해 나갈 수 있도록 도움을 주는 곳이다. 경영에 대한 단편적 지식이 아니라 통찰의 시선을 기르는 데 주력하고 있다. 이승한 회장 본인이 성공한 경영자였기에 어디서도 듣기 어려운 귀한 경험이 공유되리라 생각한다. 복합 문화 공간 북쌔즈와 별책부록은 앞서 언급했듯 골목에 문화를 전파하는 역할을 담당하고 있다.

N&P 그룹은 이렇듯 북쌔즈와 별책부록, 가족상담연구소, 경영연구원을 통해 이윤보다는 사회의 바탕에서 선한 변화의 바람을 불러일으키길 원하며, 한국 사회에서의 기업가 정신을 되살리고자 한다. 그래서 이승한 회장은 이 법인에 그의 마지막 열정을 쏟고 있다.

그는 이제 북쌔즈에 일손이 부족하면 직접 의자를 나르는 진짜 체어맨이 되었다.

세계적 기업을 사로잡은 지독한 승부사

이승한 회장 하면 홈플러스 경영을 빼놓을 수 없다. 그는 삼성물산의 말단 직원에서 시작해 CEO까지 올랐고, 업계 12위였던 홈플러스를 10년 만에 매출 10조 원대, 4년 만에 업계 2위로 끌어올린 입지전적 인물이다. 그는 당시 주류였던 창고형 할인점에다 쇼핑과 생활을 아우른 원스톱 생활 서비스를 제공하는 신개념의 가치점으로 승부를 걸어 유통업계의 판도를 뒤엎은 바로 그 주인공이기도 하다.

홈플러스는 글로벌 유통기업인 테스코와 삼성의 합작 회사였다. 홈플러스가 합작 회사가 된 배경에는 IMF 위기가 있었다. 1997년 외환위기 당시 삼성물산은 부채 비율이 높아 현금 확보가 지상 과제였고, 그 문제를 해결하기 위해 유통 사업 부문의 합작을 추진하게 되었다. 그때 당시 삼성물산의 유통 부문을 책임지고 있었던 사람이 바로 이승한 대표이사였고, 이승한 대표이사가 나서서 합작 프로젝트를 주도하게 되었다.

삼성은 합작사를 찾는 데서부터 난항을 겪었다. 골드만 삭스, 월마트, 까르푸 등 세계 유수의 유통기업에 합작 의사를 타진했지만 모두 실패하고 마지막으로 협상에 들어간 곳이 영국의 테스코사였다. 국토의 크기나 물류 상황이 우리나라와 가장 비슷하고 기업 문화도 유사한 점이 있어 테스코사를 정하고 강하게 협상에 들어갔다.

합작의 과정은 길고도 험난했다. 합작 회사가 출범하기 전 이승한 회장은 약 8개월 정도를 테스코사와 협상했다고 한다. 그때 목을 떼어 책상 위에 올려놓고 다닌다고 할 정도로 배수진을 치고 임했다. 얼마나 피를 말리는 과정이었던지 당시의 이야기를 들려주던 이승한 회장의 목소리에 그때의 팽팽한 긴장감이 묻어났다.

가장 먼저 어떤 방법으로 삼성물산의 유통 지분을 매각할 것인지를 결정해야 했다. 테스코사가 부동산 가치로 협상하자는 것을 이승한 회장은 DCF(Discounted Cash Flow Method, 현금할인법)로 하자고 제안했다. DCF란 미래에 얼마나 많은 돈을 벌 수 있는지를 예측하여 현재 가치로 환산해 투자 가치를 정하는 것이다. 그러기 위해서는 15년간 테스코사와 합작 사업을 운영했을 때 얻을 수 있는 수익을 도출해 내야 했다.

이승한 회장은 합작 사업으로 예상되는 매출액을 산출하기 위해 예상되는 모든 조건을 감안하여 하나하나 계산해 테스코사 측에 내밀었다. 매출, 원가, 관리비, 인건비, 부동산 가치, 확장 가능한 점포 수, 입지 조건, 상권 분석 등을 모조리 조사해서 그들 앞에서 일일이 확인시켰다. 그랬더니 장부가보다 200억 원이 더 나오는 DCF 결과를 손에 쥐게 되었다. 부동산 가치로 평가했다면 절대 나올 수 없는 수치였다. 놀라운 DCF 결과와 집요한 그의 설득력 덕분에 결국 테스코사는 합작에 동의

하고 MOU를 맺게 되었다. 그 이후에도 그는 우리나라에서 삼성의 브랜드 네임이 가진 영향력을 피력해 테스코사 측으로부터 점포 하나를 열 때마다 4억 원을 더 받아내기도 했다.

그러나 테스코사는 계약을 전제로 한 가지 조건을 내걸었다. 합작 회사의 CEO는 반드시 이승한 회장이 맡아야 한다는 것이다. 협상을 주도한 이승한 회장이 부임해 DCF 결과에 대한 책임을 지라는 것이다. 당시 삼성의 이건희 회장은 이 소식을 듣고 테스코사에 편지를 써서 이승한 회장의 삼성 복귀를 요청했지만 거절당했다. 그들의 요구를 들어주지 않는다면 계약이 파기될 수도 있기에 어쩔 수 없이 이승한 회장이 합작 회사의 CEO로 간다는 조건하에 계약은 성립되었다. 그러나 삼성과 테스코사 간에는 계약서상에 이승한 회장의 거취를 명시할 정도로 이승한 회장을 사이에 둔 팽팽한 줄다리기가 있었다고 한다.

그가 이토록 테스코사의 마음을 사로잡은 이유는 무엇일까? 그는 '지독한 설득력' 때문이라고 말했다. 서구 사람들은 자료와 과학적 근거를 바탕으로 하면 잘 설득되기에 입증할 수 있는 모든 자료를 조사하고 찾아내어 지독하게 설득하니 그들의 마음이 움직였다는 것이다. 아울러 합작 과정에서 보여준 이승한 회장의 치밀하고 열정적인 태도가 이 사람이라면 믿고 맡겨도 되겠다는 강한 믿음을 주었기 때문이다.

계약 막바지에도 위기 상황은 도사리고 있었다. 합의를 해놓고도 양측이 번복하는 사태가 발생하면서 이승한 회장은 중간에서 난처한 입장에 처하게 되었다. 삼성 측에서는 너무 싸게 파는 것 아니냐는 볼멘소리를 들었고, 테스코사 측으로부터는 합의를 번복한다며 의심의 눈총을 받았다. 양측이 고집을 꺾지 않는 가운데 계약이 파기될 지경에 이르자 이승한 회장은 마지막 승부수를 던졌다.

"만약 이번 안건들에 대해 테스코 측에서 양보하지 않으면 우리는 매각을 포기하겠습니다."

테스코 측 협상 대표는 그의 돌발 발언에 몹시도 당황했고, 그러한 상황은 이승한 회장이 예상했던 결과였다. 협상이 결렬되면 테스코 측도 아시아 시장 진출에 차질이 생겨 결코 좋을 게 없는 형국이었기 때문이다.

삼성 측에는 주머니에 사표를 지참하고 가서 엄포를 놓았다.

"이번에도 타결되지 않으면 물러나겠습니다."

더 이상의 다른 요구는 안 된다는 뜻을 분명히 했다. 지지부진하던 막바지 협상에서 그의 승부수로 양측은 결국 결단을 내리고 합작 계약을 맺게 되었다. 이렇듯 그는 협상의 중요한 순간마다 상대방의 허를 찌르는 수를 쓰며 주도권을 행사했다.

지금까지의 이야기는 홈플러스가 탄생하기 전의 이야기에 불과하다. 합작 계약 이후에도 그는 다국적 회사의 CEO이지만 그들의 지시에 따르기보다는 철저하게 시장을 조사하며 현실에 맞는 경영 방법을 찾았다. 영국 테스코의 경영 원칙은 영국에서 전략을 짜면 해외 법인은 거기에 따라야 하는 것이었지만 이승한 회장은 경영의 현지화를 끊임없이 주장했다.

이승한 회장의 경영 키워드 중에는 '글로컬스탠더드GloCal Standard'라는 말이 있다. 글로벌Global과 로컬Local을 결합해 그가 만들어낸 신조어이다. 여기에는 로컬 프랙티스Local Practice, 즉 현지화를 중시하는 그의 경영 의지가 담겨 있다. 경영 원칙과 유통 노하우, 운영 시스템 등은 글로벌 스탠더드를 따르되 상품과 서비스, 마케팅, 점포 구성 등은 철저히 한국 시장과 문화에 맞추겠다는 것이다. 그는 제대로 된 경영을 위해서는 한국 실정에 맞는 투자를 하지 않으면 안 된다고 생각해 기회가 있을 때마다 그들에게 현지화 전략의 중요성을 인지시켰고, 결국 테스코로부터 독립 경영권을 얻어내고야 만다.

홈플러스는 삼성과 테스코사의 5대5 합작 회사지만 이승한 회장은 이렇듯 자신이 창업한 회사나 마찬가지라고 생각하고 오너십을 발휘했다. 그는 홈플러스에서 퇴임하는 마지막 순간까지 회사에 대한 남다른 애정으로 글로컬 경영에 열정을 쏟아부었다.

그는 리더의 중요한 자질 중 하나가 '설득력'이라고 강조한다. 일을 추진하는 데 있어 설득 없이는 아무것도 이루기 어렵다는 것이다. 필자는 여기에 하나 더 열정을 덧붙이고 싶다. 불가능을 가능으로 만든 그의 설득에는 늘 열정이 뒷받침되어 있었다. 열정이 더해진 설득력은 힘이 있을 수밖에 없다. 테스코사와의 협상 과정에서 보여준 집요한 설득의 과정이 그것을 잘 보여주고 있다.

2008년 홈에버舊 까르푸를 인수할 때도 그의 설득력은 빛을 발했다. 2006년 까르푸가 철수할 때 테스코의 까르푸 인수는 거의 다 된 밥이나 마찬가지였다. 그런데 막판에 테스코가 원칙만 고집하다 까르푸를 이랜드그룹에 넘겨주었고, 이승한 회장은 그 순간부터 다시 까르푸를 가져오기 위한 인수 전략을 짜기 시작했다.

홈에버의 경영 악화설이 터지며 2년 만에 다시 기회가 왔지만 또 다시 인수가에 대한 의견 차로 홈에버를 놓칠 위기에 처했다. 그때 이승한 회장은 테스코사와 이랜드그룹을 오가며 설득했다. 이랜드그룹 쪽에는 그동안 그가 눈여겨 보아왔던 영업 문제를 지적하며 왜 홈에버가 홈플러스와 결합해야 하는지를 집요하게 어필했고, 테스코 측에는 지금이야말로 홈플러스가 업계 1위로 도약할 기회라고 말했다.

양측을 오가며 온몸으로 설득한 끝에 거의 사모펀드로 넘어간 홈에버의 계약 파기를 이끌어내고 이사회 동의까지 얻어내어 간신히 인수를 완료시켰다. 극적으로 계약이 완료된 시점은 인수 발표 기자 회견 25분 전이었다. 그야말로 피를 말리는 첩보 작전이었다. 수차례 포기할까 생각했지만 굴하지 않고 관계자들을 설득한 끝에 홈에버 인수를 완료했고, 이로써 홈플러스는 점포 수가 76개에서 111개로 늘어나며 이마트를 바짝 추격할 수 있게 되었다.

걸림돌이 생길 때마다 끈질기게 설득하여 뜻을 이루어내는 것, 남의 눈치 보지 않고 오히려 새로운 길을 제시하며 자신의 판으로 상대방을 끌어들이는 것, 오너십을 갖고 확신과 기대로 길을 제시하는 것은 대단한 자신감이 아니고는 할 수 없는 일이다.

그는 여담으로 정치하는 사람도 설득을 잘해야 한다고 은근한 일침을 놓는다. 설득하기 위해 오만 노력을 다하는 과정이 보이지 않는다는 것이다. 당을 떠나 서로 설득하는 과정이 필요하다는 그의 말이 정치인들의 가슴에 새겨지기를 기대해 본다.

한국에서는 한국 방식으로 이승한식 창조 경영

우리에게 친숙한 '홈플러스'라는 브랜드 이름은 어떻게 탄생했을까? 합작사의 이름에 대해 테스코사는 절대적으로 '테스코'라는 이름을 고집했다. 테스코사의 13개 해외 법인 모두가 '테스코'인데 한국만 다른 이름을 지을 수 없다는 것이다. 하지만 이승한 회장도 만만치 않았다. 그는 테스코사를 설득하기 위해 고객과 대학생을 상대로 설문 조사에 나섰다. '테스코'라는 이름과 '홈플러스'라는 이름의 선호도와 이미지를 조사한 것이다. 결과는 그의 예상대로였다. '테스코'라는 이름을 들은 고객들은 "정유 회사인가?", "기술을 기반한 기업인가?"라며 유통과는 전혀 다른 이미지를 떠올렸고, '홈플러스'라는 이름에서는 '가정에 도움이 되는 어떤 것'으로 이미지를 그렸다. 선호도 면에서도 홈플러스가 압도적이었다. 그는 이 조사 결과를 가지고 테스코 이사회로 달려갔다.

"왜 '홈플러스'라는 이름이 필요한지 말씀드리겠습니다. 홈플러스는 더 이상 영어가 아닙니다. 한국에서 '홈Home'이란 말이나 '플러스Plus'라는 말을 모르는 사람은 없습니다. 이 말은 이미 한국화된 말입니다. 홈플러스라는 이름 아래 두 합작 회사의 이름을, 삼성은 한글로, 테스코는 영어로 표시한다면 가정에 도움이 되는 회사라는 이미지에 두 거대 기업의 이미지가 더해져 강한 시너지 효과를 창출할 수 있습니다. 여기 조사 결과가 그것을 말해주고 있습니다."

이승한 회장은 설문 조사 결과를 그들 앞에 내밀었다. 그의 브리핑에 절대 'NO'를 외치던 테스코 측 인사들도 기를 꺾을 수밖에 없었다. 우리나라에만 있는 친숙한 이름 '홈플러스'는 그렇게 탄생한 것이다.

테스코사의 한국 주재원의 숫자를 파격적으로 줄인 것도 이승한 회장의 결단으로 이루어진 일이었다. 테스코사는 해외 주재원을 12~20명씩 두고 본부장, 부문장, 팀 리더 등 중요한 직책을 도맡았다. 한국에는 열두 명을 보내겠다고 통보해왔다. 테스코 측의 사람이 많을수록 독자 경영이 어렵다는 판단하에 이승한 회장은 테스코 측에 주재원의 수를 세 명으로 줄여줄 것을 요구했다. 재무부문장CFO, Chief Financial Officer, 운영부문장COO, Chief Operating Officer, 상품부문장CCO, Chief Commercial Officer 세 사람만 보내달라고 한 것이다.

이승한 회장은 이를 위해 영국에 가서 테스코 회장과 총괄 CEO를 만나 담판을 짓기도 했다. 홈플러스가 한국의 10대 기업, 100대 기업으로 성장하길 원한다면 자신의 뜻에 따라 달라는 이승한 회장의 설득에 테스코사에서는 전례 없는 일이었지만 결국 무릎을 꿇고 말았다. 이승한 회장은 영국 주재원의 빈 자리는 한국 사람으로 앉혔다.

주재원을 줄인 이후에도 이승한식 경영은 계속되었다. 당시 다국적 기업의 미팅은 전부 영어로 진행하고 통역을 해주는 식이었다. 처음 영어로 회의를 진행할 때는 참석자들이 대부분 고개를 끄덕이며 "Yes!"를 연발했다. 참석자들의 반응으로만 봐서는 회의 내용이 잘 전달된 것처럼 보였지만 회의장 밖에서 물어보면 못 알아들은 사람, 엉터리로 알아들은 사람이 수두룩했다. 회의 시간도 두 배로 길어졌다. 회의 내용이 전 직원에게 전달되어야 하는데 이러다가는 전부 다 엉터리로 소통하겠구나 싶어 그는 또 한 번 결단을 내렸다.

"테스코의 한국 미팅은 한국어로 하겠습니다."

그의 선언에 영국 주재원들은 세계 어느 나라에서도 이런 경우는 없다며 아연실색했다. 이에 이승한 회장은 너희는 세 명이고 우리는 열다섯 명, 어떨 때는 스무 명도 참석하니 숫자가 많은 쪽의 언어인 한국말로 회의를 해야겠다고 배짱을 부렸다. 대신 세 명의 영국 주재원에게는 동시통역을 붙여주겠다는 조건을 달고 한국어 회의를 밀어붙였다. 그의 뜻대로 이루어진 한국어 미팅 이후 회의 시간은 반으로 줄고 소통은 더욱 원활해졌다. 영국인들도 조목조목 바른말로 설득하는 이승한 회장을 당해낼 재간이 없었다.

한국의 문화에만 있는 '회의비(일명 회식비)'를 다국적 기업에서 인정받은 것도 재미있는 에피소드다. 다국적 기업에서는 '회의비'라는 것을 인정하지 않는다. 그들은 전부 더치페이 문화이다. 그에 반해 우리나라는 퇴근 후 회식 자리를 통해 업무의 스트레스를 풀고 팀워크를 다지는 문화가 일반화되어 있다. 그러므로 직원의 사기 진작을 위해 식사비나 회식비를 회사에서 지원해 주어야 하는데, 테스코사 측에서는 전혀 그런 비용을 인정해주지 않았다. 한 번도 그런 적이 없다는 것이다.

이승한 회장은 이에 기묘한 설득 논리를 생각해냈다. 한국의 문화는 영국과 다르며, 한국에서는 조직 단합을 위해 월급에서 얼마를 떼어 회식비 형태로 지급하는 것이니 회식비는 월급의 일부라고 주장했다. 급여를 주고 회식비를 추렴하려면 번거로우니 처음부터 회식비라는 명목을 만들어서 사용한다고 말했다. 그의 기가 막힌 설명에 그들은 꼼짝을 못하고 이승한 회장의 요구대로 회의비를 인정하게 되었다고 한다.

세계 처음으로 할인점에 문화센터를 도입한 것도 그였다. 홈플러스는 세계 최대 규모의 문화센터를 운영했다. 문화센터 강사 수와 연간 회원들의 수도 엄청났다. 처음 할인점에서 문화센터를 운영하겠다고 했을 때 국내 유통 전문가들은 '미쳤다'고 비판했을 뿐만 아니라 테스코사에서도 반신반의했다고 한다. 왜냐하면 가장 핵심적인 공간인 1층에 문화센터를 들인다는 것은 할인점의 상식에서 완전히 벗어난 행동이었기 때문이다. 하지만 그는 설파했다. 문화센터 운영은 단기적인 전략이 아니라 장기 비전에 관한 전략이라고.

문화센터는 수익보다 사회 공헌 사업에 가까웠다. 저렴한 수강료는 문화센터를 유지하는 데 소요되고, 남는 수익은 프로그램의 질적 향상이나 사회 공헌 사업에 쓰도록 해 이익 창출과는 무관한 것이었다.

그러나 문화센터를 운영함으로써 고객의 충성도를 이끌어내고 매장 방문 횟수를 높여 소비를 이끌어내는 효과를 가져왔다. 또한 프로그램의 70%가량이 어린이를 대상으로 하는 것이기 때문에 미래 고객인 어린이들에게 브랜드 이미지를 긍정적으로 고취시키고, 나아가서는 브랜드 가치를 높이는 역할까지 담당했다. 지금 대형 유통 업체들이 이를 벤치마킹하고 있는 것을 보면 정말 탁월한 통찰력이 아닌가!

이와 유사한 예는 또 있다. 그의 시선은 항상 시대를 앞서 있어서 그가 실행하는 일들이 자칫 보통 사람의 시각에서는 이해할 수 없는 일들로 보일 때가 많았다.

홈플러스에서는 2000년부터 어린이 환경 운동을 시작했다. 지금이야 너 나 없이 환경에 관심이 많지만, 그때는 지금처럼 환경에 심각하게 접근하는 곳은 없었다. 이승한 회장은 해외 출장을 다녀오던 중 우연히 본 잡지를 통해 환경오염의 심각성을 깨닫고 환경 문제를 기업의 브랜드 가치와 연결지으면 어떨까 생각했다.

출장에서 돌아오자마자 어린이 환경 캐릭터를 만들어보자고 제안했다. 그러자 직원들로부터 홈플러스는 유통 사업을 하는 곳이지 디즈니랜드가 아니라는 반응이 돌아왔다. 이제 겨우 문을 연 기업이 환경이 웬 말이냐는 것이다. 하지만 그의 생각은 달랐다. 어릴 때부터 환경에 대한 인식을 갖도록 교육하는 것이 중요하고, 무엇보다 진정성 있게 환경 운동을 한다면 기업의 브랜드 이미지에도 분명 좋은 영향을 미칠 것이라고 생각했다. 단 이것은 순수성을 갖고 전략적으로 해야 한다는 조건하에서의 이야기였다.

그는 환경 운동을 하되 어린이만 대상으로 한다는 목표를 세웠다. 당시 어린이만을 대상으로 환경 운동을 하는 곳이 없어 홈플러스의 환경 운동은 시작과 동시에 최고의 권위를 가지게 되었다.

유통업계 최초로 'e파란'이라는 환경 캐릭터를 만들고 'e파란 어린이 환경 그림 공모전'을 실시했다. 시간이 흐르자 문화센터에서도 어린이 환경 그림을 가르치는 강좌가 개설되었고, 사설 학원에서조차 환경 그림 대회 출품을 위한 반이 만들어지더니 환경 그림 대회는 우리나라 최대의 어린이 미술대회로 자리 잡았다. 대회를 열 때마다 3만 명 이상의 어린이들이 몰려 장충체육관에서 그림을 펼쳐놓고 심사하려면 청계천 왕복을 몇 번이나 해야 할 정도로 어마어마한 양의 그림이 몰렸다. 급기야 지역 예선을 거쳐야 할 정도로 환경 그림 대회는 사회에 엄청난 영향력을 미치게 되었다.

> "어린이가 환경 그림을 그리면 그 집안의 모든 식구가 환경에 관심을 가집니다. 개념을 잡기 위해서는 어머니나 아버지가 관심을 갖게 되고, 옆에서 지켜보는 형제들, 친척들이 관심을 갖습니다."

대회가 커지자 환경부장관상, 국무총리상, 각 지역 상공회의소회장상 등으로 상의 권위가 점점 높아지고, 이 대회의 그림들이 세계 어린이 환경 그림대회에 출품되어 수상의 영예를 안는 등 커다란 파급 효과를 일으켰다. 2000년부터 시작된 'e파란 어린이 환경 그림, 글짓기 대회'는 18회나 개최되면서 이 분야에서는 최고의 대회로 자리매김했다. 환경 그림 대회의 명성이 높아질수록 주최사인 홈플러스의 브랜드 이미지

또한 상승했을 것이고, 어린이들에게 환경에 대한 경각심을 일깨우는 사회적 공헌에도 기여했으니, 환경 운동을 전략적으로 접근해야 한다는 그의 말이 무슨 뜻인지 알 것 같다. 과연 리더의 시각이 얼마나 중요한지를 보여주는 사례라 하겠다.

우리나라 인천 무의도에 세계 최고의 아카데미를 만든 것도 바로 이승한 회장이다. 그는 창립 초기부터 인재의 중요성을 절감하고 글로벌 아카데미를 만들어야겠다는 생각을 가졌다. 합작 2년 차부터 테스코 측에 아카데미 설립을 건의했지만 테스코 측은 물론 주변에서도 '어림없다'는 반응이었다. 그때까지 글로벌 유통 기업이 해외에 아카데미를 연 사례가 없었기 때문이다. 그가 끈질긴 근성으로 2000년부터 거의 10년을 줄기차게 설득하자 테스코는 결국 700억 원 전액을 투자해 대지 면적 5만 9,303㎡(1만 7,970평)에 300명을 수용할 수 있는 대강당을 포함해 총 22개의 교육장과 일 200명이 이용 가능한 숙소, 식당 등의 시설을 건립했다. 이런 아카데미는 영국 본사에도 없는 것으로 매우 이례적인 일이었다.

친환경 건물로 지어진 이 아카데미는 삼성이나 GE의 연수원보다 낫다는 평가를 받았으며 외관이나 시설, 교육 면에서 세계 최고를 자랑한다. 그는 무의도 아카데미뿐만 아니라 이파란 사회 공헌 재단도 만들었는데, 이 역시 영국 본사에는 없고 한국에만 허락한 것이었다. 이처럼 그는 포기를 모르는 사람이었다.

그 외에도 그의 파격적인 경영은 계속되었다. 금쪽 같은 대형 할인점

1층에 테라스 카페를 만드는가 하면(잠실점) 태양광과 풍력 발전으로 에너지를 절약하는 그린 스토어(부천 여월점)를 최초로 개점하기도 하고, 매장 1층에 해당하는 지상에 공원(대구 성서점)을 만들기도 했다. 어떤 점포(부천 상동점)는 미술관처럼 꾸몄다. 선릉역에 세계 최초로 온라인과 오프라인이 결합된 가상 스토어를 열기도 했다.

이처럼 그의 창조 경영은 나열하기 벅찰 정도로 많다. 그의 파격은 처음에는 사람들을 어리둥절하게 하지만 결국엔 그를 따라 하게 만들었다. 시대를 앞서는 눈과 강한 자신감, 끊임없는 도전 정신이 바로 이승한식 창조 경영이다.

보이지 않는 너머를 보라

홈플러스가 설립되던 1999년의 할인점 시장은 11개 회사가 각축을 벌이던 레드오션이었다. 이마트, 롯데마트, 까르푸, 월마트 등 여러 할인점 사이에서 홈플러스는 업계 12위에서부터 출발했다.

> "똑같은 점포와 포지셔닝으로 시장에 뛰어든다면 게임에서 이길 수 있을까?"

이승한 회장의 머릿속을 맴도는 생각이었다. 결론은 이길 수 없다였다.

> "상황이나 환경을 이길 수 있는 게임으로 만들자."

그러기 위해서는 달라져야 한다는 깨달음을 얻었다.

이길 수 있는 판을 짜기 위해 그는 수많은 외국 유통 기업을 찾아다녔다. 유럽, 미국, 일본, 동남아 등지로 유통의 최신 경향을 알아보기 위해 발품을 팔았다. 슈퍼마켓, 할인점, 카테고리 킬러, 백화점까지 다양한 유통점과 복합 쇼핑 센터까지 아침부터 저녁까지 돌아다니며 벤치마킹할 요소들을 수집했다.

소비자를 대상으로 한 시장 조사도 무척 다양하게 진행했다. 대한민국에서 가장 많은 고객의 소리를 들었다고 자부할 정도로 시장 조사를 철저히 했다. 그랬더니 업계 안에서와는 다른 고객의 목소리가 들려오기 시작했다.

홈플러스의 점포는 지역 점포이다. 백화점과는 그 성격이 다르다. 백화점의 경우는 서울시에 하나만 있어도 서울 시민 전체가 이용할 수 있고, 고객도 대부분 혼자 오거나 여성이 주류를 이룬다. 하지만 홈플러스 점포는 어떤 지역, 어떤 구에 위치해 동네 중심으로 영업하는 곳으로 주로 가족 단위로 오는 유통 형태이다. 지역 사회와 밀착된 마트라 해서 이승한 회장은 이것을 DBD[District Business Discount store]라고 한다.

당시 업계는 창고형 할인점이 대세였다. 물건이 잔뜩 쌓여있어 가격은 저렴하지만, 고객이 쉴 공간은 전혀 없는 삭막한 구조였다. 이승한 회장은 마트에 가족들과 자주 가는 고객들은 원스톱 쇼핑뿐만 아니라 원스톱 생활 서비스까지 원한다는 것을 알았다.

여기서 그는 새로운 블루오션을 발견한다. 생활 서비스와 쇼핑 서비스를 결합한 커뮤니티 서비스를 만드는 것이었다. 이때 탄생한 것이 세계 그 어디에도 없는 '가치점'이라는 개념이다. 가치점은 기존 할인점과 다른 새로운 가치를 고객에게 제공한다는 뜻이 담긴 말이다.

그의 첫 가치점은 안산점이었다. 그곳에 어린이들이 가장 많이 오는 마트, 즉 가족들이 함께 쇼핑하기에 제일 좋은 마트를 목표로 쇼핑과 생활 서비스가 모두 이루어지는 커뮤니티 센터를 구축한다. 유통업계 최초로 1층의 제일 좋은 자리에다 문화센터, 푸드코트, 어린이 놀이터, 주민센터, 클리닉 등을 넣었다. 매장은 2층부터였다. 쇼핑 서비스와 생활 서비스를 결합한 커뮤니티 서비스를 제공하는 이런 개념의 점포는 세계 어디에도 없었다. 그야말로 '파괴적 혁신'이었다. 그러나 유통 전문가들의 눈에는 유통의 '유' 자도 모르는 바보 같은 짓으로 보였다. 그들은 얼마 못 가 홈플러스가 문을 닫을 것이라고 예언했다. 테스코사도 당혹스러워했다.

첫 가치점인 안산점을 오픈하자 그들의 예상과는 반대로 어마어마한 사람들이 몰려오기 시작했다. 첫날, 근처에서 가장 강력한 경쟁사 점포 두 개를 합한 것의 1.5배가 되는 매출을 올렸다. 파괴적 혁신이 나은 엄청난 결과였다. 세계 최고 기업들을 벤치마킹한 데다 한국 고객의 니즈를 더한 결과는 매출액 신기록으로 이어졌다. 처음에 경쟁사들은 홈플러스의 성공을 운이 좋았던 탓으로 돌렸지만 2~3년이 지나 실적에 현격한 차이를 보이자 경쟁사들도 홈플러스의 가치점 개념을 도입하기 시작했다. 이승한 회장은 유통사들의 각축장 속에서도 '원스톱 생활 서비스' 가치점이라는 블루오션을 창조해 보란 듯 대성공을 이루어내었다.

홈플러스는 개업 4년 만에 대한민국 유통업계에서 2위로 올라서면서 대한민국 역사상 가장 빠른 속도로 성장한 기업이 되었고, 8년 만에 존경받는 기업 올스타에 등극하는 등 유통업계에서 가장 소비자 만족도가 높은 기업으로 우뚝 자리매김하게 되었다. 매출로 보면 유통업계 2등이지만 단위면적당 매출을 놓고 보면 홈플러스가 세계에서 1등이었다.

그 때문에 이승한 회장은 2005년 3월, 세계적으로 성공한 기업인만 한다는 하버드 경영대학원 초청 강연을 하기도 했다. 2015년에는 유통 업계에서 뛰어난 업적과 혁신을 이룬 사람에게 주는 '월드 리테일 콩그레스 아시아 퍼시픽[WRC]'에서 한국인 최초로 '평생업적상'을 수상했다. 이 상은 알리바바 그룹의 마윈 회장도 수상했던 상이다.

그에게는 홈플러스뿐만 아니라 대한민국의 유통 산업을 세계적 수준으로 끌어올리겠다는 꿈이 있었다.

물류센터가 없던 시절 홈플러스는 우리나라 최초로 충남 목천에 세계 최고 수준의 물류센터를 만들었다. 유통의 대동맥이라 불리는 물류센터가 없다는 것은 유통 산업의 발전을 위해서 시급히 개선해야 할 사항이었다. 당시 우리나라 유통 산업은 선진국 수준에 비해 15년 정도 뒤처져 있었다. 이에 홈플러스는 아시아 최대 규모[14만 8,101㎡]로, 자동 분류 시스템에 의해 물품 처리 속도를 높이고 정확도가 99.9%에 이르는 물류센터를 건설했다. 물품 처리 속도와 정확도가 세계 최고 수준이었다.

홈플러스가 물류센터를 처음으로 세우자 이어서 이마트가 벤치마킹했고 뒤따라 롯데마트도 만들었다. 당시 롯데마트의 이철우 사장은 이마트에서는 거절당하고 홈플러스의 물류센터를 벤치마킹해 물류센터를 건설하였다고 한다. 물류센터를 보고 싶다는 이철우 사장의 전화를 받았을 때 이승한 회장은 물류센터장에게 전화해 샅샅이 친절하게 물류센터를 소개해줄 것을 당부했다. 그러나 그것은 마치 경쟁사에 비밀 병기를 다 보여주는 일이나 다름없는 일이었다.

왜 그랬을까? 물론 이철우 사장은 삼성 쪽에서 같이 일한 사람이기도 했지만 그것이 주된 이유는 아니었다. 그에게는 대한민국의 유통시장을 세계적 수준으로 끌어올리겠다는 거대한 목표가 있었다. 선진적인 시스템으로 혼자만 앞서나가는 것이 아니라 함께 공유함으로써 유통 산업 전반의 발전을 끌어올려야 한다는 생각이었다. 그는 홈플러스 CEO로 오기 전에도 이건희 회장 앞에서 선진국에 비해 15년 뒤처진 우리나라 유통 산업을 세계적 수준으로 발전시키겠다는 포부를 밝히고 온 바 있다.

> "유통 산업의 발전을 위해서는 그렇게 해야 한다고 생각했습니다. 대신 우리는 다른 고객 서비스로 그보다 더 잘하면 되는 것이지요. 그때 사람들이 저보고 그랬습니다. 정부 기관에 있어야 할 사람이 왜 여기에 있느냐고요. 하하하!"

그는 이렇듯 전체를 보았고, 미래를 보았다.

회사를 만들 때부터 역사관을 만든 것도 그런 시각에서다. 안산점을 만들 때 그는 매장 옆 교육센터 뒤 조그마한 공간에 역사관을 만들라고 했다. 그때 직원들은 이제 시작하는 판에 역사도 없는데 무슨 역사관이냐며 모두 이해할 수 없다는 반응이었다. 그는 자신을 괴상하게 쳐다보는 사람들에게 말했다.

> "역사는 만들어가는 것입니다. 역사관을 만드는 이유는 역사의 기록이 될 만한 것들을 이제부터 하나하나 남기기 위해서입니다."

역사관 역시 그의 큰 그림 중의 한 부분이었다.

주5일 근무를 제일 처음 시작할 때도, 업계에서는 유통은 안 그래도 되는데 홈플러스에서 먼저 시작해서 업계를 곤혹스럽게 만들었다며 욕을 먹었다. 그는 주 5일 근무를 하는 대신 업무 강도를 높여 효율을 높이는 것이 장기적 안목에서 낫다고 생각했다. 당시 그는 절대적으로 세태가 주 5일 근무제로 갈 것임을 확신했기에 기왕에 할 바에야 홈플러스가 제일 먼저 하자는 생각으로 결단을 내린 것이었다.

그는 경영자의 '통찰의 시선'을 특히 강조한다. 시대를 미리 내다보고 가장 빨리 선도적으로 기업을 이끌어야 한다는 것이다. 세상은 일등밖에 알아주지 않으니 내가 The First, The Best, The Only 쪽으로 치고 나가야 브랜드 빌딩이 된다는 것이다. 그것은 국가 지도자도 마찬가지라고 강조했다.

메타포의 힘

"예수님 말씀이 왜 잘 전파되었는지 아십니까?
비유로 말씀하셨기 때문입니다."

이승한 회장은 언어의 마술사처럼 다양한 경영 이론과 신조어를 만들어냈다. '큰바위 얼굴 경영', '병풍이론', '자전거 이론', '비전하우스 이론', '신바레이션 문화', '케이크앤데코레이션 이론' 등 일일이 나열하기 어려울 정도로 수많은 자신만의 경영 이론을 내놓았는데, 조금만 관심 있게 들여다보면 모두 비유[메타포]로 이루어져 있다는 것을 알게 된다. 그가 그렇게 비유를 쓰는 이유는, 이론을 있는 그대로 얘기하면 똑같은 잔소리밖에 되지 않기 때문이란다. 메타포를 사용함으로써 선명하게 각인시키고 오래도록 기억하게 만든다는 것이다. 메타포를 이용하면 그의 철학이 쉽게 하부 조직까지 전달되어 일사불란하게 움직이게 하는 힘이 된다는 것이다.

한 예로 홈플러스는 최초로 베이커리사와 합작 사례를 만들었다. 절대 홈플러스 내에 제빵업체를 만들 수 없다는 테스코의 경영진을 7년간 끈질기게 설득한 끝에 2008년 호텔신라와 합작한 '아티제브랑제리'를 탄생시켜 매출을 향상시키는 결과를 얻어냈다.

그런데 한 2년쯤 지나자 제과제빵 매출이 뚝 떨어졌다. 이승한 회장은 매출이 떨어지는 이유를 찾기 위해 베이커리 업체의 내부를 관찰하고 원인을 찾아냈다.

임원회의 때 그는 아티제브랑제리 자회사 K 사장에게 질문을 던졌다.

"○○○ 사장, 아티제브랑제리의 업의 개념이 무엇입니까?"

알 수 없는 질문에 당황하던 K 사장은 소신껏 대답했지만 이승한 회장이 생각한 핵심을 빗나간 대답이었다.

"베이커리 사업의 업의 개념은 탁구입니다."

탁구라는 말에 참석한 임원들은 무슨 말인지 금세 이해되지 않아 눈만 껌벅였다. 핑퐁을 말하는 건가, 중국과 관련한 말씀을 하시려나 하면서 모두 헛다리를 짚을 때 이승한 회장은 말했다.

"드라마에 나오는 김탁구 모릅니까?"

당시는 '제빵왕 김탁구'라는 드라마가 국민적 인기를 누리던 때였다. 김탁구는 빵의 진정한 맛을 살리기 위해 혼신의 노력을 다하는 인물로 등장한다.

"아티제브랑제리에 처음에는 김탁구가 있었는데, 체크해 보니 지금은 김탁구가 보이지 않는 것 같습니다. 김탁구들이 왜 떠나는 겁니까?"

베이커리의 핵심은 맛인데, 김탁구 같은 실력 있는 제빵사들이 다른 자리로 옮겨감으로써 빵 맛이 점점 떨어지고 있었던 것이다. 실력있는 제빵사들은 전문 제빵업계에 들어가면 주류가 되지만 제빵업이 유통업계의 한 부분을 차지하는 홈플러스에서는 주류가 되지 못한다고 생각한다. 그래서 더 대우가 좋은 곳으로 옮겨가는 것이었다. 이승한 회장은 제빵사들이 주류가 될 수 있도록 그들을 대접하고 사기를 북돋우라고 말했다. 자신이 주류라는 인식을 갖도록 하면 맛은 살아나게 되어 있다고 하면서.

그때 만약 회의 자리에서 '품질 관리 제대로 해라.', '맛을 올려라.'라고 이야기했다면 흘려듣는 잔소리로 생각했을 것이지만 '탁구'라고 말하니 그들의 머릿속에 선명하게 각인되고 더 잘 전파되었다는 것이다.

또 한 사례로, 그는 다른 회사 점포에서 고객들이 계산대 뒤에 줄을 길게 서 있는 것을 보고 무척 놀랐다. 유통업에서 이렇게 고객들을 기다리게 하는 것은 범죄 행위와도 같다고 생각했다. 회사로 돌아온 그는 효율적인 업무를 가르치기 위해 질문을 던졌다.

"점포가 무엇인지 아십니까?"

모두가 어리둥절할 때 그가 말했다.
"점포는 무궁무진한 과학이 들어있는 과학의 상자입니다."

점포라고 하면 대부분 서비스나 사람만 생각하는 직원들의 고정 관념을 깨는 답이었다. 그리고 한 포스기당 직원 몇 명이 서 있어야 하는지 과학을 동원해 생각해보라고 했다.

그의 말에 따르면 1년 52주, 평일과 주말, 국경일 등에 고객이 얼마나 되는지 3년 치 정도를 분석하면 정확하게 몇 주차 몇 시 몇 분에 몇 명의 직원이 필요한지가 나온다는 것이다. 그것을 바탕으로 정확하게 직원을 배치하면 고객에게 불필요하게 줄을 세우는 일도 없고 인건비 절감 효과도 가져온다는 것이다. 그렇게 해서 홈플러스에서는 '원 인 프론트', 즉 한 고객당 한 사람이 대응할 수 있는 '스태프 스케줄링 시스템'을 개발했다고 한다. '점포는 과학의 상자'라고 하면 직원들이 점포를 바라볼 때마다 서비스뿐만 아니라 과학도 생각하게 된다는 것이다.

듣고 보니 과연 그의 메타포는 힘이 있었다. 이건희 회장이 신경영을 선포할 때 "마누라 자식 빼고 다 바꾸라"고 말한 것도 메타포를 썼기 때문에 더 심각하게 변화의 필요성을 인식했다는 것이다.

> "메타포를 쓰면 파급 효과가 있습니다. 그리고 그 얘기를 듣는 순간 몰입이 되고 그것은 전파가 빨리 됩니다. 몰입성, 전파성, 최아성催芽性이 빠릅니다. 그게 메타포의 힘입니다."

그의 이런 창의성은 어디서 나왔을까?

그는 여섯 형님과 독서의 영향일 것이라고 대답했다. 일곱 형제의 막내로 태어난 이승한 회장은 모두 다른 성격의 여섯 형님을 둔 덕분에 다양한 시각을 배울 수 있었다. 또한 서울에 계시던 형님이 만화책을 비롯해 몽테크리스토 백작, 타잔, 걸리버 여행기 등과 같은 명작을 사주면 책을 읽을 때마다 꿈이 바뀌었다. 타잔을 읽을 때는 타잔이, 걸리버 여행기를 읽을 때는 걸리버가 되고 싶었다. 너무 책을 읽으니 어머니가 장롱 위에 책을 숨길 정도였다고 한다. 무협지, 소설, 철학서까지 섭렵하고, 대학 때는 의미도 잘 모르는 철학서를 읽으며 어설픈 철학자 흉내를 내기도 했다. 이런 과정을 통해 전체를 먼저 보고 지금 내가 하는 일이 전체 중 어디에 있는가를 파악하고 이해하는 습관이 생겼다고 한다.

그는 메모지를 꺼내어 여덟 글자의 한자를 써 내려갔다.

"着眼大局착안대국, 着手小局착수소국,

Broaden your eyes, Narrow the focus."

크게 보고 난 뒤에 작은 것, 실질적인 것부터 한다는 뜻이다. 그의 경영 전반을 아우르는 말이다.

그는 경영자이기도 하지만 도시계획학 박사로서 태평로 로댕갤러리와 한남동 리움미술관, 종로타워, 도곡동 타워팰리스, 영종도 국제자유무역도시 등의 프로젝트에 참여했고, 오세훈 시장과 함께 디자인 서울 프로젝트를 이끌기도 했다. 평소 미술에도 조예가 깊어 미술품을 애장하고, 경영에도 예술적 시각으로 접근하는 등 문화 예술 방면에서도 탁월한 식견을 가지고 있다. 그 때문인지 남달리 창조를 많이 하는 경영자로 소문이 나 있다.

그의 창조적 도전은 여전히 진행형이다. 글이나 현상을 늘리는 재주는 없어도 줄이는 재주는 있다며 가능하다면 경영을 시(詩)로 표현해보고 싶다며 웃는 이승한 회장, 그의 인생 2막은 또 어떤 창조적 경영으로 이어질까? 선릉역 골목에서 피어나는 문화의 향기가 조용하고 은은하게 전국의 골목으로 퍼져나가기를 바라 본다.

참고문헌

- 《창조바이러스 H2C》 랜덤하우스, 2009.
- 강석진 회장의 'CEO to CEO' '집념의 '창조 바이러스'로 유통 패러다임을 바꾸다' 이코노미플러스, 2011. 8.
- "이승한 홈플러스 회장, 대학생 멘토 자청한 샐러리맨의 신화 '아들딸 14명 얻었습니다'", 《주간조선 ECONOMY》 2195호, 이동훈 기자, 2012. 2. 27.
- '홈플러스그룹 이승한 회장의 큰바위 얼굴 경영철학과 마케팅 경영사', 《경영사학》 제27집 제1호(통권 61호), (사)한국경영사학회, 2012. 2. 31.
- '이승한 회장, 최장수 CEO에서 리더 양성으로 인생 2막' 한경머니 제159호, 공인호 기자, 2018. 8. 2.
- [Interview] 이승한 N&P그룹 회장 "직장인 문화 바꾸고 싶어 복합공간 '북쌔즈' 만들어", 《ECONOMY Chosun》 300호, 박순욱 기자, 2019. 5. 20.
- [COVER syory] 현대경영 단독 인터뷰 "성공한 인생보다 의미 있는 인생", 《월간현대경영》 4월호, 2019. 4. 12.
- [HELLO CEO] '창조경영 전도사 이승한 홈플러스 회장' 《매일경제》, 박봉권, 김인수 기자, 2010. 7. 23.
- '이승한 회장, 한국인 첫 WRC 평생업적상', 《파이낸셜뉴스》, 이환주 기자, 2015. 3. 7.
- [르포] '테스코 홈플러스 무의도 아카데미 가보니…', 《디지털타임즈》, 심화영 기자, 2011. 10. 16.
- '이승한 회장 K-팝 넘어선 K-듀 만든다', 연합뉴스, 김지연 기자, 2011. 10. 16.
- [유통] "홈플러스, '스마트 가상 스토어' 시대 연다", https://kcsnews.tistory.com/2304 [한국언론인포럼], 2011. 8. 25.

유튜브

- '조동성이 만난 글로벌 CEO 09 삼성테스코 홈플러스 이승한', 2007.

9인의
경영 구루에게
듣다

헤르메스
CEO

한국의 세계화를 설계하는 리더

주영섭(한국디지털혁신협회 회장)

현)

- 고려대학교 공학대학원 석좌교수
- 한국디지털혁신협회 회장

전)

- GE써모메트릭스코리아 대표이사 사장
- GE써모메트릭스 아시아태평양총괄 사장
- ㈜본텍 대표이사 사장
- ㈜현대오토넷 대표이사 사장
- 지식경제부 R&D 전략기획단 주력산업 총괄 MD
- 서울대학교 융합과학기술대학원 초빙교수
- 국가과학기술심의회 미래성장동력 특별위원회 위원
- 서울대학교 기계항공공학부 객원교수
- 서울대학교 공과대학 산학협력추진위원장
- 국가과학기술연구회 융합연구위원회 위원
- 대통령 직속 국민경제자문회의 위원
- 중소기업청 청장

한국 기업을 세계 최고로 만드는 꿈

전대미문의 코로나 사태로 세상은 한순간에 변화의 소용돌이에 휩싸였다. 변화는 너무도 급작스럽게 찾아와 세계는 지금 여기저기서 몸살을 앓고 있다. 변화는 이제 선택의 문제가 아니라 살아남기 위한 필수 과제가 되었다. 실업과 폐업, 생활 패러다임의 변화로 우리의 삶과 사고방식이 송두리째 흔들리는 속에서 다시 코로나19가 없던 시절로 돌아가기를 소망하지만 한 번 바뀐 삶과 사고의 체계를 쉽게 되돌릴 수는 없을 것 같다.

초변화 시대에 맞추어 변화해야 한다면 어떤 모습과 속도여야 할까? 무엇을 어떻게 바꾸어야 할까? 변화와 혁신을 주도해나가야 하는 리더들에게는 미래를 통찰하는 능력이 무엇보다 필요한 때가 아닌가 한다.

여기 혼돈의 시대에 '한국의 세계화'를 역설하며 한국이 나아갈 미래를 설계하는 석학이 있다. 바로 주영섭 한국디지털혁신협회(前 한국ICT융합네트워크) 회장이자, 고려대학교 특임 교수이다. 그는 현재 4차 산업혁명의 핵심이라고 할 수 있는 디지털 트랜스포메이션을 연구하여 디지털 트랜스포메이션이 모든 산업에 적용될 수 있도록 강연과 콘퍼런스, 발간, 기업 지원, 정책 제안 등 활발한 활동을 하고 있다. 한마디로 국가와 기업이 미래에 살아남기 위한 방법을 연구하고 조언하는 역할을 한다고 할 수 있다.

주영섭 회장은 서울대 기계공학과 출신으로 한국과학원 석사, 미국 펜실베니아주립대 박사 학위를 취득하고, 기업에서 30년, 정부에서 5년, 대학에서 6년 해서 산학연관을 두루 거친 화려한 이력을 가진 인물이다. 우리에겐 중소벤처기업부로 승격하기 전의 마지막 중소기업청장으로 더 잘 알려져 있다.

그는 공학도였지만 늘 기업가가 꿈이었다. 대학을 졸업할 무렵 친구들은 대부분 학계에 남았지만 그는 교수의 길은 너무 따분하다고 생각했다. 운동도 좋아하고 활동적인 성격이어서 학계보다 기업을 선택했다. 1980년 무렵은 우리 경제의 성장기로 명문대생은 기업을 골라서 취업하던 시기였기에 그는 어렵지 않게 내로라하는 대기업에 입사할 수 있었다. 당시 우리나라 4대 기업이라고 할 수 있는 삼성, 대우, 현대, 엘지에서 프로포즈를 해왔지만 그가 선택한 곳은 대우그룹이었다.

그때부터 벌써 그는 한국 기업의 세계화에 관심이 많았다. 한국은 부존 자원도 없고 국토가 좁아 세계화하지 않으면 살아남기 힘들다고 늘 생각했기 때문이다. 그런 그에게 대우의 '세계 경영'은 충분히 매력적이었다. 당시 대우는 '세계 경영'을 기치로 해외 신흥 시장을 공략해 급성장하던 시기였다. 그렇게 그는 1980년 대우자동차 중앙연구소 엔진 설계팀에 입사해 1999년 대우그룹이 워크아웃될 때까지 대우전자 정보통신사업부장, 경영기획본부장, 전략기획본부장 등을 역임하며 20년을

'대우맨'으로 살았다.

> "그때부터 지금까지 정말 끊임없이 노력했던 제 필생의 목표는 한국의 기업을 세계 최고로 만드는 것이었습니다. 사실 대우그룹을 세계적 기업으로 만들 기회도 있었습니다. 대우전자가 톰슨멀티미디어라는 다국적 기업을 인수하는 작업을 제가 했었는데, 인수자로 선정되고 거의 마무리 단계에서 프랑스 데모대들의 대대적인 극렬 시위로 결렬됐습니다. 만약 그 인수 작업이 성공했다면 대우가 삼성이나 엘지를 일거에 앞지르는 세계 최고의 기업이 되어 망하지 않았을 것입니다."

대우를 세계적 기업으로 만들 기회를 놓친 것이 그에게는 지금까지 아쉬움으로 남았다. 대우가 워크아웃된 이후 그는 내 손으로 세계 최고 기업을 만들지 못한다면 세계 최고 기업에 들어가 보자는 생각으로 당시 세계 최고의 GE[General Electric] 그룹에 들어갔다. GE에서 그는 센서 사업 그룹사인 GE써모메트릭스의 아시아 태평양 총괄 사장 겸 GE써모메트릭스 코리아 대표이사 사장을 역임했다. GE써모메트릭스 아시아 태평양 총괄 사장으로서 그는 한국에다 각각 센서 공장을 보유한 법인을 두 개 설립하고 전 세계에 수출하여 한국의 센서 산업 발전에도 기여했다.

세계 최고의 기업 GE에서의 4년은 기업가 주영섭에게는 매우 의미 있는 시간이었다. 그곳에서 세계 최고 기업의 문화를 체험하며 배운 것이 많았기 때문이다. 우선 기업이 살아남기 위해서는 먼저 존경받는 기업이 되어야 한다는 경영 철학을 갖게 되었고, 권한 위양을 통해 사람을 육성하는 기업의 문화를 배웠다. 변화의 시대에는 탑다운Top Down식 의사소통 방식으로는 살아남기 어렵다는 것과 기업 내에서는 정보가 대칭화되어 비밀이 없어야 한다는 점, 이해관계자 간 협업의 중요성 등도 이곳에서 체험하며 깨달았다. GE에서 경험하며 배웠던 경영 마인드는 향후 그의 경영 활동에 큰 영향을 미쳤다.

50세가 되어갈 무렵, 그는 다시 한국 기업으로 돌아왔다. 그에겐 '한국 기업을 세계 최고의 기업으로 만들겠다'는 목표가 있었기 때문이다. 마침 기아자동차의 전자전장 제품을 담당하던 본텍의 사장으로 오라는 러브콜을 받아 현대차그룹에 들어오게 되었다. 그러다 2006년, 본텍, 현대자동차 전자전장을 담당한 현대 오토넷, 현대모비스의 전자전장 부문의 3개사를 합병해 만든 통합 현대오토넷의 사장으로 선임되어 그는 여기서 마지막까지 기업인으로서의 역량을 발휘했다

그는 현대오토넷 사장으로 재직하면서 현대오토넷을 우리나라 자동차 전자전장 분야 대표 기업으로 육성해 한국 자동차 산업의 발전에 크게 기여했다. 현대오토넷이 독일의 벤츠, 미국의 제너럴모터스GM와 크라이슬러의 전장품 공급자로 선정되는 데 주도적인 역할을 했다. 국내 자동차 부품업체들이 벤츠에 부품을 납품하려다가 번번이 실패하던 시기에 현대오토넷은 설계 및 소재, 디자인 등 분야별 기술만 전문적으로 제공하는 독일 현지 기술전문기업ESP과 현대오토넷 엔지니어들로 팀을 꾸려 독일 기업이 원하는 제품을 개발해 납품을 성공시켰다. 벤츠에 부품을 공급하기 위해서는 독일 자동차 부품 생태계 속으로 들어가 제품의 신뢰성을 높여야 한다는 그의 생각이 적중한 것이었다.

그는 여기서도 현대오토넷을 세계적인 기업으로 만들겠다는 꿈을 품었지만 회사의 생각은 달랐다. 현대차그룹에서 전자 회사인 현대오토넷과 기계 회사였던 현대모비스의 합병을 추진한 것이다. 주영섭 회장은 전자 회사와 기계 회사는 따로 커야 한다는 논리를 갖고 합병을 반대했지만 현대모비스가 현대차 내에서 거의 지주 회사에 준하는 위치였기에 합병을 막을 수는 없었다. 그렇게 그는 다시 현대차그룹을 떠났지만 그의 기업 인생 30년은 국내 기업을 세계화하는 데 올인한 삶이었다.

기업을 떠나서도 그의 삶은 오로지 한국의 세계화에 초점이 맞춰져 있었다. 2010년부터 그는 지식경제부 'R&D 전략기획단' 주력산업총괄 MD(Managing Director, 차관급)를 맡아 3년간 일했다. 'R&D 전략기획단'은 대기업 공학박사 출신의 CEO를 모아 우리나라 R&D 전략을 마련하는 곳이었는데, R&D 예산 배분과 정책을 결정하는 역할을 담당했다. 우리나라 최초로 본격적인 전기차 개발을 하는가 하면 대한민국의 주력 산업 발전과 세계화를 위한 고민을 끊임없이 했던 나날이었다.

3년 임기를 마친 후에 그는 서울대학교 공과대학에 초빙교수 겸 산학협력위원장으로 합류했다. 여기서도 그는 서울대학 공대 교수 280명이 참여한 거대한 공학 컨설팅 센터인 'SNU공학컨설팅센터'와 기술 인재 양성을 위한 '공학전문대학원'을 만드는 데 주도적으로 참여했다. SNU 공학컨설팅센터에서도 기업의 애로 기술을 해결해주고 교수가 보유한 기술을 사업화하는 등 우리 기업의 글로벌 경쟁력 확보 지원에 열정을 쏟았다. 2016년에는 제14대 중소기업청장이 되었는데, 그때도 그의 관심은 우리 중소기업을 어떻게 하면 글로벌 경쟁력을 갖춰서 세계에 진출시킬까였다.

그는 40년 넘게 산학연관을 두루 섭렵하며 일했지만 항상 목표는 하나였다. 바로 '대한민국의 세계화'였다.

> "중기청장 시절 직원들이 자주 하는 질문이 있었습니다. 산학연관을 두루 다녀보니 뭐가 제일 좋으냐는 질문이었습니다. 저에게는 하나도 다른 일이 없었습니다. 단지 모자만 바꿔 썼을 뿐 저는 어디서나 대한민국 기업들의 세계화를 위해 일했습니다. 저에게는 전부 같은 일인 셈입니다."

그는 학창시절 한 번도 일탈해본 적 없는 공부밖에 모르는 모범생이었다. 그렇지만 장남인 자신에게 막내 같다는 소리가 모욕적으로 들려 대학에서는 '좀 놀았다'고 한다. 운동도 좋아하고 사람도 좋아해 대학 때부터는 쾌활한 사나이가 되었고 진로도 기업 쪽을 택했다. 하지만 하나의 목표를 향해 한눈팔지 않는 모습은 변하지 않은 것 같았다. 자신의 이야기를 들려주는 주영섭 회장의 모습에서 반듯함과 겸손함 속에 숨어 있는 일에 대한 열정을 엿볼 수 있었다.

공짜 지원은 없다

'첫 기업인 출신'이란 타이틀을 달고 주영섭 회장은 제14대 중소기업청장이 되었다. 그동안 산업부나 중소기업청의 수장 중에 완전한 기업인 출신은 한 명도 없었다. 주영섭 회장이 청장이 됨으로써 기업을 다루는 정부 부처에서 사실상 처음으로 기업인이 청장이 된 것이다.

'최초의 기업인 출신 중소기업청장'이란 호칭은 그에게는 커다란 부담감으로 작용했다. 기업을 다루는 부처에 기업인이 수장으로 왔으니 주위의 기대에 부응해 전임자들보다 잘해야 한다는 생각 때문이었다. 막중한 부담감 때문이었을까, 그는 누구보다 기업의 생리를 잘 아는 청장으로서 임기 동안 중소기업의 발전과 국가 경제 정책의 변화를 이끌어내기 위해 열정을 바쳤다. 그러한 그의 열정과 사명감은 결과적으로 임기 동안 중소기업 정책의 패러다임을 바꾸는 중대한 전기를 마련했다.

그는 취임 당시 '중소 · 중견기업 중심의 경제'를 만들겠다는 뜻을 품었다. 대기업 중심의 우리나라 경제 체제 속에서 중소기업은 늘 비주류였고 도움의 대상이었다. 그러나 저성장의 시대에 국민 경제의 핵심은 일자리라는 것을 감안하면 우리나라 83%의 일자리를 창출하고 있는 중소기업의 중요성은 절대 간과할 수 없는 것이었다. 이에 주영섭 회장은 대기업 중심의 경제 구조를 중소 · 중견기업 중심으로 만들겠다는 생각으로, 중소기업을 '지원하는 정책'이 아닌 '육성하는 정책'으로 패러다임을 바꾸고자 했다. 중소기업이 경쟁력을 갖추기 위해서는 공짜로 지원해주는 정책에서 벗어나 기술력과 실력을 갖춘 유망한 중소기업을 키우는 것이 우선되어야 한다는 것이 그의 생각이었다.

"중소기업 정책에서 더 이상 공짜는 안 된다고 생각했습니다. 공짜로 지원해주다 보니 20년 동안 지원하고도 흔적이 남지 않는 겁니다. 제가 청장이었을 때까지만 해도 잘하는 중소기업을 왜 도와주느냐는 생각이 많았습니다. 그러나 중소기업이 경제의 중심이 되고 나아가 해외에서까지 경쟁력을 갖추려면 우수한 기업을 많이 만들어서 나머지 기업들이 따라가도록 해야 한다고 생각했습니다. 그런데 우리의 중소기업 정책은 우수한 중소기업은 전부 다 배제한 채 안 되는 기업만 도와주는 패러다임이었습니다."

그는 한국에서 골목대장만 할 게 아니라면 우리 기업의 경쟁력을 명문화하고 평가해서 글로벌 경쟁력을 가질 수 있도록 정부의 R&D나 투자 및 자금, 마케팅을 지원해주어야 한다고 강조했다. 그는 더 이상 공짜 지원은 안 된다는 입장이었지만, 그러나 주변에는 넘어야 할 산이 많았다. 우선 국회의원들부터 설득해야 했다. 그는 국회의원들을 하나하나 찾아다니며 그의 뜻을 피력했다. 그의 설득력 있는 주장에 대부분의 국회의원이 동의해 주었고 그때부터 중소기업 정책은 육성 정책으로 전환되기 시작했다.

누구보다 기업을 잘 아는 경영인이었기에 그는 무척 의욕적인 기관장이었다. 비록 1년 7개월이란 짧은 임기였지만 중소기업의 경쟁력 향상을 위해 눈여겨 보아야 할 정책들을 많이 펼쳤다. 우선 저성장 시대 핵심 과제인 일자리 문제를 위한 노력이다.

주영섭 회장은 전 세계 정부가 일자리 창출에 매달리고 있는 만큼 양질의 일자리를 위해 창업을 활성화하는 정책이 중요하다고 생각했다. 창업을 활성화해 중소 · 중견기업이 많이 생겨나 경쟁력을 키우면 세계로 진출해 더 많은 고용과 분배가 이루어진다는 것이다. 그러나 당시 우리나라는 2000년대 1차 벤처붐 이후 버블이 꺼지면서 신용 불량자가 늘었고, 창업은 위험하다는 트라우마가 생긴 상태였다. 신용불량자가 생겨난 원인은 1차 벤처붐 당시 창업을 하면 대출을 해주는 제도 때문이었다. 대출로 인해 회사가 망하면 은행 빚 때문에 신용불량자가 되어 재기의 꿈도 가질 수 없는 상태가 되고 마는 것이다.

주영섭 회장이 중소기업청장으로 있을 2016년 당시는 2차 벤처붐이 막 시작되고 있었다. 벤처 투자도 사상 최대였고, 벤처 투자 펀드 결성액도 사상 최고였다. 그는 대출을 받아서 창업하게 되면 과거의 실수를 답습하게 된다며 2차 벤처붐을 잘 살리기 위해서는 대출이 아닌 투자를 받아서 창업해야 한다고 강조하고, 창업 생태계 중 투자 생태계를 강화하도록 했다. 좋은 아이디어가 있으면 벤처캐피털, 엔젤투자, 크라우드 펀딩 등 다양한 방법으로 투자를 받아 창업하고, 실패해도 실패의 경험을 딛고 재창업과 재도전이 가능한 구조를 만드는 쪽으로 정책을 펼쳤다. 또한 미국처럼 M&A를 활성화해 창업, 성장, 회수의 채널을 활성화시켜 창업 생태계에 활력을 불어넣어야 한다고 강조했다. 그는 이런 제도의 변화를 통해 실패해도 재도전의 기회가 있고, 재창업으로 성공 확률을 높이는 창업 생태계를 만들기 위해 노력했다.

해외 의존도가 높은 우리나라 경제 구조상 중소·중견기업의 수출 정책은 무엇보다 중요했다. 중소·중견 기업의 수출 실적은 그가 중소기업청장으로 재임할 당시 40%에 육박하는 수준까지 올라가며 경제 주역으로서의 가능성을 보여주었다.

그는 중소·중견기업의 수출 활성화를 위해 성과 중심의 '수출 목표 관리제'를 시행했다. 성과 중심 '수출 목표 관리제'란 중소·중견기업의 수출에 관련된 모든 기관을 한데 묶어 콘트롤타워를 세우고 그들이 함께 목표를 추진해 나가는 것을 말한다. 즉 중소기업청, 코트라, 중소기업진흥공단, 산업단지공단, 수출입 은행, 수출입 관련 공사 등을 전부 하나로 묶어 중소기업청의 각 지방청장을 12개의 수출지원센터 센터장으로 세워 모든 기관장이 함께 전년 대비 10% 이상의 수출 신장을 추진하는 것이다.

또한 좀 더 민간 역량을 강화하기 위해 기존의 코트라 중심의 해외 중소·중견기업 지원 체제에 GMD[Global Market Developer]라는 민간 조직을 만들어 수출 성장 잠재력이 높은 유망 중소기업의 해외 진출 전 과정을 밀착 지원하도록 했다.

수출 전략 품목의 다변화도 추진했다. 과거 중국 일변도의 시장이나 특정 부품 중심의 제품에서 벗어나 전략 시장 및 품목을 다변화함으로써 수출 역량을 강화하는 것이다. 그 외에도 수출 활성화를 위해 급격하게 커지는 온라인 시장의 수출을 지원하고, 목표로 하는 시장의 정부와 우리 정부 간 협력 체제를 만들어 해외로 나가는 중소 · 중견기업의 다리가 되어주는 작업도 진행했다.

글로벌 강소기업의 지원 정책도 중기청의 중요한 임무였다. 국가 경제가 탄탄하려면 창업부터 중소기업, 중견기업, 대기업으로 커가는 '성장 사다리'가 잘 형성되어야 하는데, 우리나라의 경우는 중소기업과 대기업 사이의 중견 · 강소기업이 적었다. 여기서 주영섭 회장은 중소기업이 중견기업이 되지 않으려는 현상을 발견했다. 이유는 '지원 절벽' 때문이었다. 이를 막기 위해 중기청에서는 지원 제도를 재설계해 중소기업이 중견기업으로 넘어가는 과정에 유예기간 3년을 두고 중견기업을 위한 세제 혜택 등을 지원하도록 했다. 중소기업과 대기업 사이에 중간 구간을 마련하여 큰 절벽 없이 자연스럽게 중소기업이 중견기업으로 성장해 나갈 수 있도록 유도한 것이다.

중견기업 중에는 글로벌 시장 점유율 1~3위 안에 드는, 소위 히든 챔피언으로 불리는 글로벌 강소기업들이 많아야 한다. 그래야 양질의 일자리가 창출되어 국가 경제를 굳건히 뒷받침해 주기 때문이다. 이를 위해 중기청에서는 '월드클래스 300'의 후보군과 글로벌 강소 기업군을 포함해 1000개의 강소기업 후보군을 육성해 R&D와 자금, 해외 마케팅 등을 지원해왔던 기존의 정책을 더욱 강화했다.

그런데 중소 · 중견기업이 경쟁력을 갖추고 싶어도 우수한 인재가 없다면 불가능하다. 중기청에서는 인력난을 겪고 있는 중소 · 중견기업을 지원하기 위해 다양한 대책을 마련했다.

먼저 '미래 성과 공유제'를 추진했다. 우수 인력이 대기업에 몰리는 이유는 대기업과 중소기업 간의 급여차가 크기 때문인데, '미래 성과 공유제'는 이러한 문제를 해소하기 위해 근로 계약을 할 때부터 사업자와 근로자 간에 미래의 성과에 대해 스톡옵션이나 이익 공유를 약정하는 것이다. 그렇게 되면 회사와 직원이 운명 공동체가 되어 성장을 위해 더욱 노력하게 되고, 회사가 성장하면 대기업보다 더 많은 월급을 받는 사람도 나오게 되는 것이다. 대신 정부는 미래 성과를 많이 공유하는 기업에 R&D나 마케팅 자금 지원 등의 혜택을 주는 것이다.

그밖에 대기업과 중소기업 간의 급여 차를 줄이기 위해 정부와 기업과 직원이 일대일대일씩 분담하여 적립한 공제금을 5년 이상 장기 재직한 사람에게 성과보상금 형태로 지급하는 '내일채움공제' 제도도 강화했다.

우수한 인력을 유치하는 것 못지않게 인력을 양성하는 것도 중요하다. 중기청은 인재 양성을 위해 4차 산업혁명이라는 새로운 트렌드에 맞춰 SME-MOOC를 도입해 기존의 네트워크와 협력하여 대규모로 재직자를 훈련할 수 있는 시스템도 구상했다. SME-MOOC란 중소기업 재직자 직무 역량 향상 및 기업 경쟁력 강화를 위한 무료 온라인 공개 강좌이다. 이러한 대규모 교육 체계를 통해 기업 직원의 역량을 강화하고 대학과 출연연에 있는 고급 인력들이 중소 · 중견기업을 지원하게 하여 인력난을 해소해 나가도록 한 것이다.

주영섭 회장은 대기업과 중소기업의 동반 성장에도 관심이 많았다.

과거 동반 성장 정책은 한국 시장에 국한했기 때문에 한쪽이 잘되면 한쪽이 안 되는 제로섬 게임이 되어 대기업과 중소기업 간에 갈등이 커질 수밖에 없다고 지적했다. 우리나라의 시장이 커질 때는 대기업과 중소기업이 함께 성장할 수 있지만 어느 정도 성숙기에 접어들면 정체되면서 시장을 차지하기 위한 갈등이 커진다는 것이다.

이를 해소하기 위해서는 해외 시장으로 나가야 한다고 주장한다. 대기업과 중소기업이 함께 팀을 이뤄 세계 시장에서 다른 나라와 경쟁해야 한다는 것이다. 결과적으로 대기업과 중소기업은 경쟁 구도가 아니라 협력 구도로 서로 약점을 보완해주면서 글로벌 시장에서 경쟁해야 한다며 지금까지의 동반 성장 패러다임을 완전히 바꿔야 한다고 강조했다.

UN본부 중소기업장관회의 시 공동 의장으로 회의를 주재하는 모습(2016. 6. 16)

민생 경제의 85%를 차지하는 소상공인들을 위해서는 전통시장을 그들의 특색에 맞게 특성화하는 작업을 했다. 글로벌 명품 시장, 문화 관광형 시장, 골목형 시장 등으로 특성화해 고객의 다양한 수요를 충족시켜 고객을 끌어들이도록 유도했다. 전통시장이 변화되면 주변 상권으로 변화를 확대해 도심까지 재생하도록 하는 사업을 진행했다. 그리고 소상공인들을 집체화해 협동조합을 만들고 네트워크를 형성해 공동 개발, 공동 생산, 공동 브랜드를 통해 수익성을 높이고 자생력을 키우는 작업도 했다.

주영섭 회장은 이렇듯 중소기업청장 임기 동안 중소·중견기업의 수출 정책, 창업 활성화 정책, R&D 정책, 소상공인 정책을 하나하나 혁신해 전반적인 중소기업 정책을 육성 정책으로 개선하고자 했다.

현장에 답이 있다

중소기업청 청장으로서 주영섭 회장은 거의 매일 현장을 누볐다. '현장 속에 답이 있다'는 생각으로 1년 7개월여 임기 동안 300회가 넘게 현장을 방문했다. 국내뿐만 아니라 중국, 유럽, 중동, 아세안, 인도, 중남미 등 해외 출장도 많아 그의 현장 행보 거리는 무려 지구 다섯 바퀴에 달할 정도라고 한다.

"제가 기업인 출신이어서 기업인들의 상황을 잘 안다고 하지만 사실 기업의 상황은 굉장히 급변하고 있습니다. 기술과 시장이 빨리 바뀌는 만큼 정책도 기업 환경을 따라가야 하기 때문에 현장 행정은 매우 중요합니다. 그런 면에서 현장을 나갈 때마다 잘 나왔다는 생각이 들었습니다. 직접 기업 상황을 듣고 시대에 맞는 정책을 펼쳐야겠다는 사명감도 들었습니다."

그는 중소기업청장 시절 이틀에 한 번꼴로 전통시장이나 산업 현장을 찾아 소상공인과 중소기업인들의 어려움을 청취했다. 특히나 취임하자마자 개성 공단 폐쇄가 결정되어 숨돌릴 틈 없이 현장을 뛰어다녀야 했다. 그의 솔선수범하는 현장 행정이 있었기에 개성 공단 문제와 같은 난제를 순탄하게 해결하고 공직 사회를 움직여 리더십을 발휘할 수 있었다.

주영섭 회장은 취미가 '일'이라고 말할 정도로 대단한 워커홀릭으로 소문이 나 있다. 중기청장 시절의 그는 정책간담회와 산업 현장, 강연장과 시장까지 종횡무진 누비고 다녔다. 개성 공단 폐쇄 후에는 거의 매일 강행군이었다. 그가 청장으로 있는 한 직원들도 마찬가지였다. 그는 협회나 단체 등을 만날 때는 국장들을 모두 참석시켰고, 기업인들과 만날 때도 '어느 하나 연결되지 않는 것이 없다'며 관련 간부들과 함께 다녔다. 중소기업청 내에서도 협업이 필요하다는 이유에서였다. 갑작스럽게 공직 사회에 불어닥친 변화의 바람에 중기청 간부와 직원들은 '죽을 맛'이었다고 한다.

그에게는 주말도 없었고, 명절도 없었다. 평일에도 밤 11시 넘어서까지 업무를 챙긴 적도 많았다고 한다. 심지어 집에 갈 때도 검토 보고서를 한 보따리씩 들고 갔다는 후문이다. 그러나 중기청 직원들은 "주 청장 재직 시 힘들었다."는 사람도 있지만 그만큼 여러 가지를 배웠다는 사람이 더 많았다. 현장 행정은 일에 대한 주영섭 회장의 열정이라고 달리 표현할 수 있겠다.

그의 일에 대한 열정은 현대오토넷 사장 시절에도 대단했다. 그는 기업 경영에서 '소통'을 중시한 리더로서 '경영 설명회'를 매우 열심히 했다. '세계 속의 한국', '대한민국의 세계화'라는 궁극적 목적을 위해 현대오토넷에서는 한 달에 한 번씩 경영 설명회를 했다. 근 2천 명의 사원을 대상으로 경영 설명회를 하려면 400명씩 다섯 번을 해야 했다. 한 강당에 400명을 모아놓고 경영 설명회를 하다 보면 한 시간을 예정해도 한 시간 반씩 걸렸다. 찬찬한 강의가 아니라 직원들에게 역설하기도 하고 질의응답을 받으면서 역동적으로 하게 되어 경영 설명회는 오후 6시가 넘어서야 끝나는데, 설명회를 끝내고 나면 하늘이 노래질 정도였다고 한다.

경영 설명회도 매우 구체적으로 했다. 경영 실적을 보고하고 무엇이 잘되고 잘못되었는지를 분석해 직원들에게 모든 경영 상황을 투명하게 제공했다. 그렇게 하면 직원들 역시 회사 상황을 빠르게 인식하고 자신이 무엇을 해야 할지 안다는 것이다.

그는 구성원 간의 소통을 매우 중시한다. 구성원 간 소통이 이루어져 한 방향으로 나아갈 때 힘과 경쟁력이 생긴다고 강조한다. 이러한 소통 행보는 중기청에서도 타운홀 미팅 등으로 이어졌다. 타운홀 미팅뿐만 아니라 지방청을 돌아다니며 정책간담회를 하는 등 공직 사회에 기업 문화를 도입해 변화의 에너지를 불어넣었다.

개성 공단 문제가 해결된 이후에는 토요일마다 '팁스TIPS'라는 프로그램에 참여하는 젊은 스타트업 기업인들을 만났다. '팁스'는 중기청에서 초기 단계 스타트업 기업을 육성하기 위해 2013년부터 실시한 '민간 투자주도형 기술 창업 지원' 프로그램이다. 당시 팁스 제도 관련 법적 문제가 발생해 팁스에 대한 우려가 고조되었지만 주영섭 회장은 벤처 창업 생태계 조성을 위해 보완책을 내놓으며 팁스를 더욱 활성화시켰다.

그는 주중에는 시간이 없어 토요일마다 팁스에 참여하는 젊은 기업인들 6~8명씩을 초청하여 조찬 간담회를 가졌다. 당시 팁스에 참여하는 스타트업 CEO가 400명쯤 되었는데, 이들을 모두 만나기 위해서는 매주 토요일마다 나와야 했다. 토요일로 미팅을 잡는 것이 매우 실례라는 것을 알았지만 스타트업 기업인과 다양한 경험을 공유하며 도움을 주기 위해 실례를 무릅쓰고 토요일 미팅을 실시했다.

미팅 실시 초기에는 토요일 아침 모임에 대해 다소 불만스러워하는 모습도 보였지만 기업인들만의 언어로 소통하며 코칭하고 도움되는 기관과 엮어주니 호응을 얻어 참여율도 매우 높았다. 토요일마다 전도유망한 젊은 기업인들을 멘토링하는 일은 그에게는 또 하나의 큰 즐거움이자 보람이었다.

주영섭 회장은 요즘 젊은이들을 보면 안타까운 마음이 든다. 도전 의식이 예전 같지 않기 때문이란다.

> "옛날에 비하면 여건이 얼마나 좋습니까? 젊은 기업인들이 도전했으면 좋겠는데 위험보다는 안정을 추구하려는 것 같아 안타깝습니다. 편하게 살 수 있으면 좋지요. 그러나 아버지 세대에서 아등바등 살았기 때문에 우리가 이런 생활을 하는 것 아니겠어요? 우리가 즐겨버리면 그다음 세대는 쪽박을 차야 합니다. 한국 경제의 숙명적 구조를 잘 이해해서 젊은이들이 세계화라는 목표를 가지고 도전했으면 좋겠습니다. 그래서 과거에 우리가 그랬듯이 미국, 일본, 독일이 찾아와 한국 기술 좀 가르쳐달라고 애원하는 모습을 보고 싶습니다."

그와의 대화를 통해 일을 사랑하는 열정과 미래 세대를 향한 애정을 느낄 수 있었다. 그의 바람대로 젊은이들이 공무원 시험이나 공기업만 쳐다보지 말고 도전 정신을 발휘하여 오늘보다 나은 미래, 세계 속의 한국을 만들어가길 바라본다.

개성 공단 입주 기업을 살려라

주영섭 회장이 중소기업청장에 취임한 지 3주째, 북한은 제4차 핵 실험에 이어 장거리 로켓을 발사하며 한반도를 긴장에 빠뜨렸다. 정부는 남북 교류 협력의 상징인 개성 공단 폐쇄를 결정했다. 개성 공단에는 123개의 우리 중소기업이 있었다. 갑작스러운 안보 상황으로 개성 공단이 문을 닫게 되자 123개 기업은 하루아침에 위기에 봉착했다.

취임하자마자 터진 국가적 결정으로 중소기업청도 커다란 숙제를 떠안게 되었다. 정부에서는 개성 공단 중단 발표 이후 정부합동대책반을 구성해 입주 기업 지원에 돌입했고, 중소기업청 역시 12개 지방청을 중심으로 '기업별 일대일 전담반'을 꾸려 사흘 만에 123개 기업을 전부 방문하는 등 해결책 찾기에 나섰다.

중기청에서는 개성 공단 기업들을 맞춤형으로 지원하기 위해 기업들의 상황에 따라 A, B, C 세 개의 그룹으로 분류했다. A그룹은 도와주지 않아도 스스로 도생할 수 있는 기업, B그룹은 조금만 도와주면 살아날 수 있는 기업, C그룹은 도와주지 않으면 당장 망하는 기업이었다. C로 분류된 기업이 40여 개가 되었다. 청장으로 취임하자마자 터진 일이라 경황이 없었지만 주영섭 회장은 이때야말로 중소기업청의 존재 의미를 일거에 보여줄 기회라고 생각했다. 6개월 동안 휴일을 반납하고 비상 근무 체제로 돌입하자고 직원들을 설득했다. 국가적 위기 상황에서 다행히 직원들이 흔쾌히 참여해주어 중기청은 123개 기업을 살리는 데 하나로 똘똘 뭉치게 되었다.

> "첫 한 달은 휴일도 없이 7일 내내 일했습니다. 그때 한 일이 123개 기업을 일일이 다 방문하는 것이었습니다. 특히 C로 분류된 40여 개 기업은 몇 번을 방문한 적도 있습니다. 저도 기업인 출신으로서 그분들의 입장에서 필요한 조언도 해드렸습니다. 123개 기업들 중 하나도 망하는 기업이 없도록 하는 것이 저의 목표였습니다."

중기청 직원들 역시 휴일도 없이 피해 기업들을 찾아 지원책을 강구해주고 각종 제도를 소개하는 등 기업들이 위기를 잘 극복할 수 있도록 온 힘을 다했다.

주영섭 회장은 생산지를 잃어 납기일을 지킬 수 없게 된 기업들의 바이어들에게 직접 편지를 써서 상황을 설명하고 오더를 취소하지 말아달라고 호소하기도 했다. 정부가 보증하는 좋은 기업이라는 점도 부각하며 그들의 이해를 구했다. 패러글라이더를 제조하는 J 사의 경우 주영섭 회장이 해외 바이어와 협력사에 편지를 보내 정부에서 적극 협력하여 문제를 해결할 테니 거래와 협력을 지속해달라고 요청해 바이어의 이해를 끌어내기도 했다. 기능성 덧신을 제조하는 H 사에는 지자체가 내어

준 주민센터 별관을 개조하여 공장으로 제공하고 자활센터와 협업해 저렴한 인건비로 인력까지 제공해 주었다. 그 외 소비재 기업들은 공영 홈쇼핑을 통해 한시적으로 특별 인하된 수수료로 새로운 판로를 제공했다.

단기 유동성 부족에 빠진 기업에는 신용도와 관계없이 특별 자금을 지원했고, 공장을 확보하지 못한 7개 기업은 산업단지공단으로 입주시켰으며, 어떤 곳은 피해를 최소화하여 해외에 대체 부지를 마련하여 이주시키기도 했다.

그런 속에서 폐업의 위기를 전화위복으로 바꾼 기업도 나타났다. 경기도 소재 T 기업은 위기 속에서도 첨단 생산 설비를 확충하고 연구 개발을 확대해 품질을 강화했다. 그 덕에 매출이 상승하여 100여 명을 신규 채용하고 군포 신규 공장에 200여 명을 채용하며 지역 일자리 창출에 크게 기여하는 모습을 보여주었다. 경기 지방청과 노동청 등에서 전담팀을 꾸려 경영 현황과 애로 사항을 실시간으로 모니터링하며 맞춤형 지원을 실시한 덕분이었다.

이렇듯 중기청은 피해 기업에 맞게 일대일 맞춤형 지원을 실시하여 123개 기업이 큰 무리 없이 위기를 극복하도록 도왔다. 입주 기업들도 처음에는 정부를 불신하며 반신반의하다가 정부의 진정성 있는 노력에 하나하나 마음을 열고 정부 방침을 따르며 경영 정상화를 이루어 나갔다. 기업과 정부가 합심하여 위기를 극복해 나간 일련의 과정은 주영섭 회장에게 시험대와 같은 시간이었지만 감동적인 경험이기도 했다.

개성 공단 중단 사태로 휴일도 없이 현장을 누비며 내 일처럼 뛰어다

냈던 중기청 직원들에게도 변화가 생겼다. 중소기업청은 대전에 본부가 있고, 지방마다 지방청이 있다. 본부는 상급 부서로서 항상 우위에 있었기에 상대적으로 지방청 직원들의 자존감이 떨어져 있었다. 그러나 기업들과 직접 접촉하는 곳은 지방청이었기에 주영섭 청장은 현장 행정을 이어가며 의도적으로 지방청에 힘을 실어 주었다. 그는 본부의 차장과 국장 등 전 간부와 함께 지방청마다 돌아가면서 회의를 열고 지방청 직원들과 같이 회의를 했다. 이런 일은 지방청이 생기고 처음 있는 일이었다.

청장이 왔다가 그냥 가는 경우는 있어도 전 간부가 와서 함께 회의하고 식사하는 것은 전례 없던 일이라 지방청의 존재감이 올라갈 수밖에 없었다. 지방청이라고 홀대받던 직원들의 사기도 진작되었다. 기업가 출신 중기청장으로서 주영섭 회장은 복지부동으로 표현되는 공직 사회에 변화의 활력을 불어넣은 셈이다.

개성 공단 123개 업체가 대부분 위기를 극복할 수 있었던 것은 민관이 서로 믿고 합심하였기에 가능한 일이었고, 민관이 서로 합심할 수 있었던 것은 몸을 사리지 않고 현장을 누비며 진정성 있게 다가간 주영섭 청장과 모든 중기청 직원들의 현장 행정이 있었기에 가능한 일이었다.

포스트 코로나 시대에 살아남는 법

2019년 1월 한국ICT융합네트워크(회장, 주영섭)는 중소벤처기업부의 정책 과제 결과로 '스마트 제조 혁신 전략'이라는 보고서를 냈다. 협회 전문가들과 7개월간 스마트 제조 혁신에 대한 연구를 진행해 우리나라가 제조업 강국으로 가기 위한 3대 전략과 8대 추진 과제를 정부에 제안했고, 8대 추진 과제가 지금 하나하나 정책에 반영되고 있다.

정부와 모든 산업에서 'ICT 융합'이 핵심 키워드로 자리잡은 지 오래다. 그중에 제조업의 ICT 융합에 포커스를 맞추어 협회에서는 '스마트 제조 혁신'이라고 하며, 스마트 제조 혁신을 통해 궁극적으로 신제조업 강국으로 재도약할 방법을 모색하고 있다. 부존 자원도 없고 인구도 늘지 않는 상황에서 내수를 늘려 경제 성장을 이룬다는 것은 상당히 어렵기 때문에 결국 성장을 위해 주목해야 할 것은 수출이다. 수출의 대부분이 제조업을 통해서 발생하므로 제조업은 앞으로의 경제 성장에서 간과해서는 안 될 중요한 산업이다. 또한 우리나라는 제조업 비중이 GDP의 30%가량을 차지하는데, 제조업과 관련한 연관 산업, 즉 영업, 금융, 유통, 서비스업 등을 생각한다면 제조업을 살리지 않으면 연관 산업까지 다 무너지게 된다. 산업 구조에서 제조업만 따로 떼어서 생각할 수 없는 구조여서 제조업을 살리는 것이 대한민국의 미래를 살리는 길이라고 한다.

4차 산업혁명 시대를 맞아 제조업이 서비스업 등 다른 산업 분야와 융합하여 매우 커진 새로운 비즈니스 모델을 '신제조업'이라고 부른다. 주영섭 회장은 여러 강연이나 콘퍼런스를 통해 이 신제조업 강국을 만드는 것이 대한민국 경제를 살리는 가장 중요한 명제임을 역설해왔다. 제조업 강국을 만드는 일은 우리나라뿐만 아니라 지금 전 세계적 추세이기도 하다. 제조업이 경기 회복기에 성장을 견인하는 결정적 역할을 하기 때문이다. 협회에서는 이러한 추세를 반영해 스마트 제조 혁신의 기간과 시행착오를 줄이기 위해 제조업 발전 상황이 우리와 유사한 독일의 경우를 주목하고 한국의 '스마트 제조 혁신'과 독일의 '인더스트리 4.0' 정책을 협력하는 작업도 진행하고 있다.

주영섭 회장은 최근의 무역 환경에 대응하기 위해 '글로벌 동반성장 모델'을 역설하고 있다. 최근처럼 자국우선주의, 보호무역주의가 커지는 상황에서 수출은 한국에서 만들어 외국에 내다 파는 구조, 곧 이익을 100% 국내로 가져오는 구조로는 살아남기 어렵다고 한다. 이제는 현지 기업과 협력해 현지 고용과 그 나라의 경제에 기여하여 그 나라와 함께 발전하는 모델로 나아가야 오래 살아남을 수 있다는 것이다. 이렇게 현지의 파트너와 협력하여 비즈니스를 하고 이익을 나누는 구조를 '글로벌 동반 성장 모델'이라고 한다.

주영섭 회장은 중소기업에 충고하기를 해외에 나가서 내가 다 먹고 오겠다는 생각을 버리고 현지 파트너와 합작회사를 만들어 현지 고용과 경제에 기여하는 방식으로 비즈니스를 풀어간다면 매우 많은 글로벌 진출 기회가 생기고 해외 영업의 잠재력도 커진다고 조언한다. 또한 글로벌 동반 성장 모델은 현지에 파트너가 있기 때문에 포스트 코로나 시대에도 얼마든지 적용 가능한 모델이라는 것이다.

글로벌 동반 성장 모델이 국내 일자리 문제라든가 국내 경기에 도움이 되겠느냐는 질문에 주영섭 회장은 글로벌화는 선택의 문제가 아니라고 강조했다. 한국에서 만들어서 해외에 나갈 수 있다면 국내 일자리나 경기에 도움이 되겠지만 그것이 안 되는 상황에서 그것만 고집하다 결국 다 죽을 수 있다는 것이다. 우리 기업의 글로벌 진출은 선택 사항이 아니라 살아남기 위한 필수 요건이라고 말한다.

> "그럼 국내 일자리는 어떻게 해야 할까요? 해외 비즈니스를 하면 그 부가가치가 결국엔 한국으로 많이 떨어집니다. 예를 들어 설계 및 개발과 함께 핵심 소재나 부품은 한국에서 하고, 제품은 해외에서 조립하는 것이죠. 사업이 확장되면 설계나 엔지니어링, 소재나 부품 쪽의 인력을 더 많이 필요로 하게 되겠죠. 그러면 국내 일자리도 늘어납니다. 또 해외에서 외화를 벌어오면 그것으로 내수가 커지게 되고 서비스 산업이 발달하게 됩니다. 그렇게 해서 전체적인 산업이 발전하는 것이죠. 일자리도 늘어나게 됩니다."

그는 또한 일자리 문제에 있어서도 한 가지를 덧붙였다.

> "4차 산업혁명으로 인해 일자리 문제가 부각되고 있습니다. AI가 나오면 단순 작업하던 사람들의 일자리는 기계가 차지하게 되겠죠. 그럼 잉여 인력은 어떻게 해야 할까요? 여기서 중요한 것은 시대를 거스르는 것이 답이 아니라 그 사람들을 다시 재교육해서 새로운 일자리를 찾아 주는 것이 중요합니다. 재교육하는 것을 '리스킬링Reskilling', 또는 '업스킬링Upskilling'이라고 하는데 기술 수준을 높여서 단순 직업 쪽에서 지식 기반 쪽으로 일자리를 이동시켜 주는 것이죠. 그래서 사회 전체적인 재교육이 필요한 것입니다. 이것은 국민이 받아들여야 할 문제입니다. 여기서 정부의 역할이 중요해지는 것입니다."

그렇다면 어디로 나가야 할까? 현재 우리나라가 가장 많이 수출하는 지역은 중국이다. 중국에 직간접적으로 수출하는 비중이 전체 수출의 35%가 넘을 정도로 압도적이다. 그다음 미국이 12%, 베트남 등의 아세안이 12~13% 정도이고 그 외 동구권이나 옛 소련 연방이던 독립 국가들 쪽은 아주 미미하다. 주영섭 회장은 미국, 일본, 유럽, 중국은 이미 많이 진출해 있는 지역이어서 우리 중소기업 입장에서 침투하기가 녹록지 않다며 전략 지역이라면 아세안, 인도, 아중동, 중남미 정도가 될 것이라고 말한다.

주영섭 회장은 광속으로 변하고 있는 초변화 시대에 변화만이 살길이라고 강조한다. 변화는 어느 한 곳에서만 일어나는 것이 아니다. 4차 산업혁명이라고 하는 새로운 기술 혁신이 모든 비즈니스 모델을 바꾸고 있고, 글로벌 금융 위기로 고성장 시대에서 저성장 시대로 접어들었다. 그 밖에도 기술, 세대, 자본주의, 경영 철학 등 모든 것이 변하고 있고, 여기에 코로나 사태가 더해져 변화의 속도와 크기를 가늠하기 어렵게 되었다. 주영섭 회장은 이번 코로나 사태로 경제적인 면의 충격은 가히 쓰나미급이 될 수도 있지만 위기가 곧 기회가 될 수 있다는 점을 강조했다.

세계는 지금 자국우선주의와 보호무역주의가 급부상하는 가운데 코로나 사태 이후로 탈세계화 논쟁까지 불거졌다. 주영섭 회장은 미국과 유럽 중심으로 세계화가 확대되면서 글로벌 공급망이 중국 중심으로 구축되어 왔기에 탈세계화는 결국 탈중국화를 통한 글로벌 공급망 재편을 의미한다고 말한다. 탈중국화로 미국이나 유럽 기업들이 중국을 빠져 나올 때 탈중국의 방향을 한국으로 돌린다면 우리에게는 큰 기회가 된다는 것이다.

탈중국을 한 기업들이 전부 자국으로 유턴하기에는 현실적으로 어렵기 때문에 우리나라로 공장이나 구매처를 이전하도록 유도할 수 있고, 비록 한국으로 오지 않더라도 우리가 소재, 부품, 장비 수출 등을 통해 지원하는 것이 가능하므로 위기일수록 기술 투자를 대폭 확대하여 글로벌 경쟁력을 확보하라고 강조한다. 전 세계가 탈세계화할 때 한국은 세계화를 오히려 더 확대하는 기회로 삼아야 한다는 것이다.

> "이런 초변화의 시대에서 우리나라는 혁신 없이는 생존하기 어렵습니다. 중장기적 R&D 투자를 확대해 기술 혁신을 꾀해야 하고, 제품과 서

비스, 제품과 금융 등의 융합을 통해 비즈니스 모델을 혁신해야 합니다. 또한 제조 시스템을 고도화해 스마트 제조 시스템을 구축해야 하며, 과거 기업 문화를 개선하고 인적 투자를 늘려 사람 혁신을 이루고, 사람 중심 경제 모델로 가야 합니다. 무엇보다 중요한 것은 이 같은 혁신을 데이터 기반 디지털 트렌스포메이션으로 추진해야 합니다. 그리고 이 같은 총체적 혁신을 토대로 글로벌 동반 성장을 도모해 탈세계화에 대응해야 합니다."

코로나 사태 이후 중소 제조업 취업자 수가 전례 없는 규모로 급감했다는 소식이 들려오고 있다. 제조업 강국으로서 경제 성장을 이뤄온 우리나라의 큰 위기가 아닐 수 없다. 이럴 때일수록 '위기가 기회'라는 주영섭 회장의 말처럼 변화를 두려워하지 말고 적극적으로 받아들여 도약의 기회로 삼아야 할 것이다. 공학도이자 기업인이자 학자인 그는 누구보다 우리 경제가 나아갈 길을 잘 알고 있다. 그의 말을 귀담아들어야 할 이유다.

참고문헌

- "'우문현답' 정신으로 기업 현장 누비는 첫 CEO 출신 청장', 《서울경제》, 서정명 · 백주연 기자, 2016. 4. 10. 참조
- '개청 20년 만의 첫 기업인 출신 주영섭 중소기업청장', 《머니투데이》, 2016. 2. 29.
- [이슈&뷰스] '비정상의 정상화' 위해 뛰는 개성공단, 주영섭 중소기업청장, 《동아닷컴》, 주영섭, 2016. 3. 28.
- [서초포럼] '지금이 세계화 절호의 기회', 주영섭 전 중소기업청장, 《파이낸셜뉴스》, 2020. 11. 5.
- 주영섭 前 중소기업청장 "코로나19發 탈세계화 파고, '글로벌 동반성장'으로 극복해야", 《시사오늘》 256호, 박근홍 기자, 2020년 5. 15.
- [피플&컴퍼지] 한국ICT융합네트워크 주영섭 회장, 스마트 제조 혁신과 디지털 트윈으로 '스마트 기업' 양성, CAD&Graphics, 최경화, 2020. 1. 31.
- ICT융합네트워크 주영섭 회장, SIMTOS 2020에서, SIMTOS 2020, 이성숙 기자, 2019. 12. 6.
- 사람 중심 기업가정신 기반 기업 문화 혁신, 사람중심블로그, 김기찬, 2018. 12. 13.
- [Who Is] 주영섭 중소기업청장, 《BUSINESS POST》, 김디모데 기자, 2016. 9. 22.
- "비즈니스 모델 혁신이 中企 최우선 과제", 《중소기업뉴스》, 손혜정 기자, 2020. 12. 14.

유튜브

- 서울경제TV '이규진의 더 인터뷰', 2017. 4. 22.
- [파워인터뷰 The CEO] 중기청-주영섭 청장, 한국경제TV, 2016. 11. 29.
- 대한민국 제조업 재도약을 위한 스마트 제조 혁신 전략, 대한토목학회, 2020. 7. 10.
- 물류와 E모빌리티 포럼 주영섭 교수 "포스트 코로나와 초변화 시대의 혁신", 메트로신문, 2020. 10. 8.

헤르메스 CEO
9인의 경영 구루에게 듣다

초판 1쇄 2021년 06월 29일

지은이 박봉규
발행인 김재홍
총괄 이사 정대용
기획 전재진
디자인 김다윤
교정 · 교열 전재진, 박순옥
마케팅 이연실

발행처 도서출판지식공감
등록번호 제2019-000164호
주소 서울특별시 영등포구 경인로82길 3-4 센터플러스 1117호(문래동1가)
전화 02-3141-2700
팩스 02-322-3089
홈페이지 www.bookdaum.com
이메일 bookon@daum.net

가격 25,000원
ISBN 979-11-5622-609-3 03320